Hans Friebertshäuser

Kleines hessisches Wörterbuch

Hans Friebertshäuser

Kleines hessisches Wörterbuch

Verlag C. H. Beck München

Mit 4 Karten

CIP-Titelaufnahme der Deutschen Bibliothek

Friebertshäuser, Hans:
Kleines hessisches Wörterbuch / Hans Friebertshäuser. –
München : Beck, 1990

ISBN 3 406 34192 6
NE: HST

ISBN 3 406 34192 6

Umschlagentwurf: Andreas Brylka, Hamburg

Satz: Fotosatz Otto Gutfreund, Darmstadt
Druck und Bindearbeiten:
Hieronymus Mühlberger GmbH, Gersthofen
Printed in Germany

Inhalt

Vorwort

Dieses Buch haben wir verfaßt auf Anregung des Verlages und zahlreicher Kollegen – Sprachwissenschaftler, Volkskundler, Historiker u. a. –, es verdankt seine Entstehung aber auch dem Bedauern vieler anderer innerhalb und außerhalb Hessens darüber, daß noch kein kleines, modernes Mundartwörterbuch vorliegt, in dem alle Sprachräume der Region Hessen berücksichtigt werden und in dem aus der großen Fülle charakteristischer mundartlicher Ausdrucksformen eine kurze Zusammenschau vorgestellt wird.

Das vorliegende Büchlein bietet nun in einem zwanglosen Gang durchs Alphabet einen Eindruck von der Vielfalt des mundartlichen Wortschatzes und vermittelt gleichzeitig eine Vorstellung von Lebensweise und Arbeitsformen der Menschen in unserer Region im Spiegel der Sprache.

Natürlich haben wir uns bei der Ausarbeitung der einzelnen Artikel stets den beiden großlandschaftlichen Wörterbüchern verpflichtet gefühlt, dem „Hessen-Nassauischen Volkswörterbuch“ und dem „Südhessischen Wörterbuch“, auf deren exakte und umfassende wissenschaftliche Dokumentation hier ausdrücklich verwiesen sei. Da aber ein Abschluß dieser beiden Werke noch nicht abzusehen ist, halten wir die Publikation dieses kleinen Wörterbuchs für berechtigt und sinnvoll.

Wir hoffen, daß unsere Dokumentation nicht nur als Nachschlagewerk, sondern auch als „Lesebuch“ benutzt wird: Zahlreiche Satzbeispiele sind in den einzelnen Artikeln zu finden, oft mehrere, die aus den unterschiedlichen Sprachlandschaften stammen, so daß die verschiedenen Regionen Hessens sprachlich repräsentiert sind.

Großen Dank schulden wir den Landsleuten, die sich als Informanten zur Verfügung gestellt und uns in nie versagender Geduld unterstützt haben. Sie haben mit dazu beigetragen, daß mit dem vorliegenden Büchlein ein sprachlicher Beitrag zur regionalen Kultur erbracht und ein Zeugnis der materiellen, der geistigen und der religiösen Lebenswelt unserer Heimat vorgelegt werden kann. Danken möchte ich auch meiner Frau, die mir bei der Sammlung und bei der Darstellung geholfen hat. Wenn unsere Informanten, aber auch die anderen Leser Berichtigungen oder Ergänzungen mitteilen können, dann bitten wir sie, uns an folgende Adresse zu schreiben:

Prof. Dr. Hans Friebertshäuser
Forschungsinstitut für deutsche Sprache
Abteilung für Sprache in Hessen
Philipps-Universität Marburg
Wilhelm-Röpke-Straße 6A
3550 Marburg an der Lahn

Ihre Einsendungen sollen, wenn irgend möglich, bei einer Neuauflage Beachtung finden.

Hans Friebertshäuser

Einleitung

I.

Mundarten und Mundartforschung in Hessen

Die wichtigsten Ergebnisse der Mundartforschung zur Region Hessen haben wir vor kurzem der Öffentlichkeit vorgestellt (Friebertshäuser 1987), hier mag ein kurzer Überblick genügen.

Die sogenannte *Mundartwelle* hat auch Hessen voll erfaßt: Seit Beginn der 70er Jahre kam es in unserer Region zu einer veränderten Einstellung vieler Menschen zu den Dialekten. Die Zahl derer, die in den Mundarten „verdorbenes Deutsch", „Armeleutesprachen" oder „minderwertige Sprachvarianten" sehen, nahm deutlich ab. Das Selbstwertgefühl der Mundartsprecher wuchs, sie fühlen sich nicht mehr oder nicht mehr in dem Maße wie früher sozial deklassiert. Ein großer Teil der Bevölkerung in unserem Lande hat erkannt, daß gerade die Mundart dem Bedürfnis nach optimaler Verständigung entsprechen kann, besonders in Situationen des menschlichen Nahbereichs, in der Gruppe, der Familie, dem Freundeskreis. Man hat auch allmählich begriffen, daß die Dialekte die Lebens- und Arbeitswelt der Vergangenheit, teilweise auch der Gegenwart widerspiegeln, daß sie einen Eindruck vermitteln von der Vielfalt des kulturellen Gemeinschaftsbesitzes einer Region.

Eine entscheidende Ursache in der sozialen Aufwertung des Dialekts ist in dem überall feststellbaren Interesse und dem neuen Verständnis für den Begriff „Heimat" zu sehen. Die Menschen in unserem Raum suchen Schutz vor den Anonymisierungstendenzen des modernen Lebens, der Uniformierung vieler Lebensbereiche, den negativen Folgen, die mit der Urbanisierung des ländlichen Lebensraums verknüpft sind, und sie suchen ihre eigene Identität in der Überschaubarkeit der regionalen Lebenswelt zu erhalten oder wiederzugewinnen. Der Dialekt dient dabei als wichtigstes Identitätssymbol der heimatlichen Gemeinschaft.

Gleichzeitig wuchsen in allen Schichten, allen Altersklassen und allen Landesteilen die Kenntnis und das Bewußtsein von den unterschiedlichen Mundarten innerhalb des Landes Hessen. Die Ost- und die Niederhessen z. B. wollten sich nicht (mehr) mit der Regionalsprache des Rhein-Main-Gebietes identifizieren.

Von der Wissenschaft ist die beigegebene Karte 1 erarbeitet worden, die einen genauen Eindruck von der *räumlichen Differenzierung der hessischen Mundarten* etwa aus der ersten Hälfte unseres Jahrhunderts gibt. Wir haben in Hessen demnach fünf Sprachräume – die Wissenschaftler sagen Kernräume –, die sich klar voneinander abgrenzen, nicht mit festen Linien, sondern im langsamen Übergang durch sogenannte Interferenzlandschaften, die auf der Karte schraffiert dargestellt sind. In diesen Interferenzgebieten addieren sich oft Spracherscheinungen beider benachbarter Kernräume. Diese Sprachräume gehen zurück auf die Territorien des späten Mittelalters und der Neuzeit (Landgrafschaften, Fürstentümer, Bistümer, etc.), mit denen weitgehend Deckungsgleichheit besteht: Weil es für die Menschen in den einzelnen Territorien jahrhundertelang kaum Kommunikation mit den Nachbarn gab, weil für sie der Verkehr an der Landesgrenze endete, haben sich auch unterschiedliche Sprechsprachen, also Mundarten, gebildet.

Die *moderne Dialektforschung* („kommunikative Dialektologie") beschäftigt sich nun u. a. mit folgenden Themenkreisen: mit Rolle und Funktion der Mundarten in der Gesellschaft (da gibt es wesentliche Unterschiede zwischen alt und jung, zwischen den Geschlechtern, zwischen Stadt und Land, zwischen den einzelnen Landesteilen); mit der Bedeutung von Sonder-, Fach- und Fremdsprachen in Hessen und ihrer Beziehung zu den Mundarten; schließlich mit der „situativen Schichtung" der Sprache. Diese Schichtung spielt eine große Rolle in der heutigen Kommunikation und soll durch ein charakteristisches Beispiel veranschaulicht werden:

Als Industriemeister Schulz, der zwei schulpflichtige Kinder hat und in einem mittelhessischen Dorf lebt, sich am letzten Ferientag seiner Kinder von seiner Frau verabschiedet, um nach Gießen zur Arbeit zu fahren, sagt er:

„Lang mer emool die Ken her, aχ muß en noch wos saa." (Hol mir einmal die Kinder her, ich muß ihnen noch etwas sagen.)

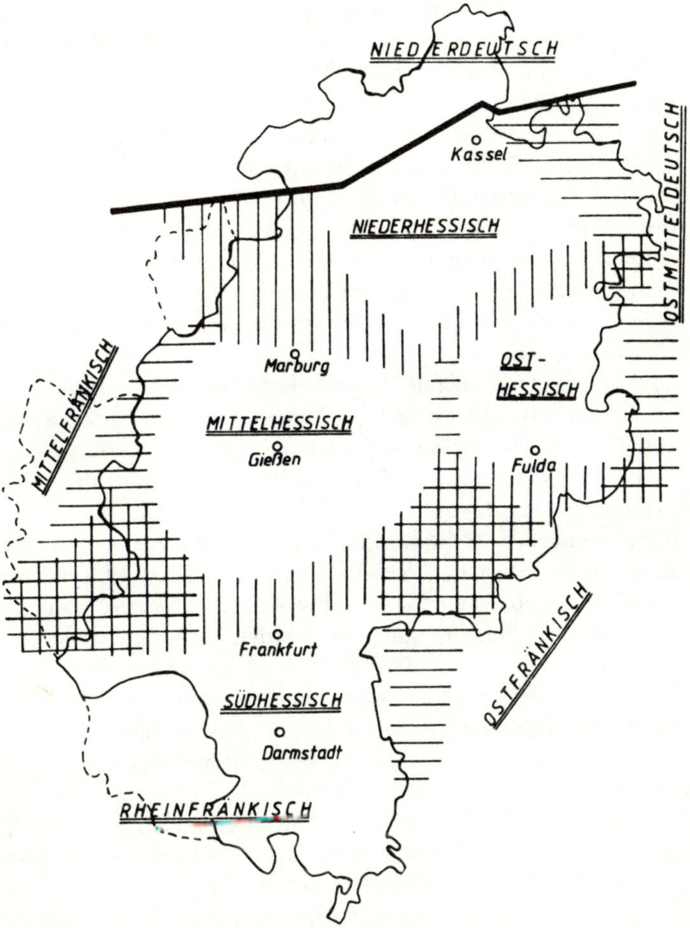

Karte 1: Die Dialekträume Hessens

Als die Kinder da sind, ermahnt er sie:

„Mon fängt die Schoul were ah, doo mist er hau die Oowed froi en die Better, domit ihr monse Mojed ausgeschloofe said. Ihr kinnt nit of maχ wode." (Morgen fängt die Schule wieder an, da müßt ihr heute abend früh in die Betten, damit ihr morgen früh [eigentlich: morgen am (zu) Morgen] ausgeschlafen seid. Ihr könnt nicht auf mich warten.)

Einigen Kollegen und Arbeitern, die ihn fragen, wie es ihm und seiner Familie im Urlaub gefallen habe, antwortet er u. a.:

„Uns hots goud gefann. Die Kinner waan so zefriede, doß se mer sogoor jeden Daach die Zeitung geholt hawwe. Awwer heut awend frih in die Better ze gih, doß fällt deene sicher schwer."

Und auf die Frage seines Vorgesetzten antwortet er u. a.:

„Es hat uns sehr gut gefalle. Die Kinder waan so zufriede, daß se mer sogar jeden Daach die Zeitung geholt haben. Awwer heut awend früh in die Betten ze geh'n, doß fällt ihnen sicher schwer."

Industriemeister Schulz wählt also in verschiedenen Kommunikationssituationen mit verschiedenen Gesprächspartnern drei voneinander abweichende Sprechweisen („Varietäten"), die einer optimalen Verständigung ohne Mißverständnisse angemessen sind:

a) einen ausgeprägten (mittelhessischen) Dialekt, ländlich, stark lokal gebunden, einen typischen „Basisdialekt";

b) einen räumlich sehr viel stärker verbreiteten und städtisch beeinflußten „Verkehrsdialekt";

c) eine großlandschaftliche „Umgangsprache", sie weist noch regionale Merkmale auf, steht der Standardsprache aber wesentlich näher als die Sprechweise b).

Ein wichtiger Gegenstandsbereich der Dialektologie ist auch die Sammlung und Publikation des mundartlichen Wortschatzes in *Dialektwörterbüchern*. In Hessen reichen die ersten Unternehmen bis ins 18. Jahrhundert zurück. 1767 gab Johann Georg Estor aus dem Marburger Land eine Wortsammlung aus Schweinsberg und Umgebung heraus, 1800 schloß sich ein Wörterbuch an, das der Westerwälder Pfarrer Karl Christian Ludwig Schmidt aus einem Teilgebiet seiner Heimat erarbeitet hatte. Danach folgten viele Wörterbücher: Ortswörterbücher (synoptische Wörterbücher), aber auch Regionalwörterbücher. Aber gerade in unserer Zeit sind zahlreiche, zum Teil umfangreiche Wortschatzsammlungen erschienen, etwa das von Rudolf Post 1985 im Selbstverlag vorgelegte Wörterbuch des Dialekts von Bad Salzschlirf oder die 18 Lieferungen umfassende Ausgabe des Frankfurter Wörterbuches, die hervorragende Leistung eines Wissenschaftlerteams. Die eigentlichen Jahrhundertprojekte für den Gesamtbereich Hessen aber stellen die beiden großlandschaftlichen, modernen Mundartwörterbücher dar: das „Hessen-Nassauische Volkswörterbuch" und das „Südhessische Wörterbuch", in denen der mundartliche Wort-

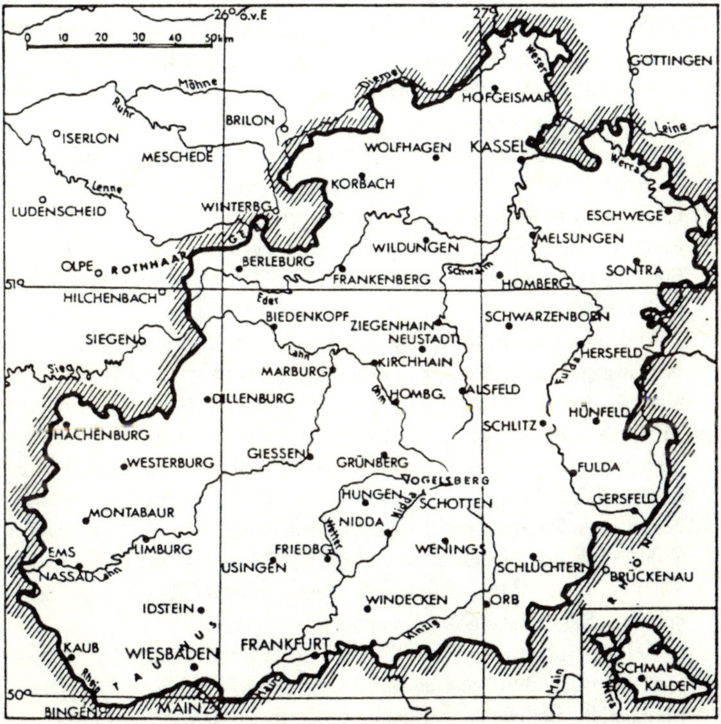

Karte 2: Der Arbeitsbereich des Hessen-Nassauischen Wörterbuchs

schatz umfassend dargelegt und wissenschaftlich exakt interpretiert wird.

Der Arbeitsbereich des Hessen-Nassauischen Wörterbuchs (Karte 2) erstreckt sich nördlich des Mains von Frankfurt bis nach Karlshafen und in west-östlicher Richtung von Bad Ems bis an die hessisch-thüringische Grenze. Seine Anfänge führen bis ins Jahr 1911. Damals begann der Leiter Prof. Wrede, gleichzeitig Direktor des international bekannten Dialektforschungsinstituts „Deutscher Sprachatlas“, mit der Materialsammlung, die vor allem in den zwanziger Jahren durchgeführt und in den dreißiger Jahren im wesentlichen abgeschlossen wurde. Er sandte Fragebogen an die einzelnen Schulorte, die von den Volksschullehrern, zusammen mit den dialektsprechenden Schulkindern, in die Mundart des jeweiligen Ortes übersetzt und dann nach Marburg zurückgesandt wurden. Die Belege wurden außerdem durch viele freiwillige Einsender, durch mündliche Befragung von Informanten aus allen Teilen des Wörterbuchgebietes u. a. mehr gewonnen. So kam sehr viel Material zusammen, das in alphabetischer Anordnung archiviert und in einzelnen Lieferungen (seit 1927) publiziert wird. Langjährige Leiterin und Bearbeiterin des Wörterbuchs war Prof. Luise Berthold, ohne die dieses große wissenschaftliche Heimatwerk nicht vorstellbar ist. Seit 1971 leite ich das Wörterbuch.

Die Geschichte des Südhessischen Wörterbuchs, dessen Bearbeitungsgebiet sich südlich des Mains von Offenbach bis nach Viernheim ausdehnt (Karte 3), begann Mitte der zwanziger Jahre. Sie ist verbunden mit dem Namen der großen Germanisten Friedrich Maurer und Friedrich Stroh, durch deren Initiative und Ausdauer das Material eingeholt und archiviert wurde. Nach dem Krieg setzten Rudolf Mulch und ab 1973 dann sein Sohn Roland Mulch ihre Arbeit fort, so daß schließlich das Südhessische Wörterbuch zu einem vorbildlichen großlandschaftlichen Wörterbuch wurde.

Leider sind diese Wörterbücher noch lange nicht abgeschlossen; damit teilen sie das Schicksal vieler ähnlicher Unternehmen, z.B. des Schweizerischen Idiotikons. Wir hoffen, beim Hessen-Nassauischen Volkswörterbuch die Publikation in Zukunft durch EDV-Einsatz beschleunigen zu können.

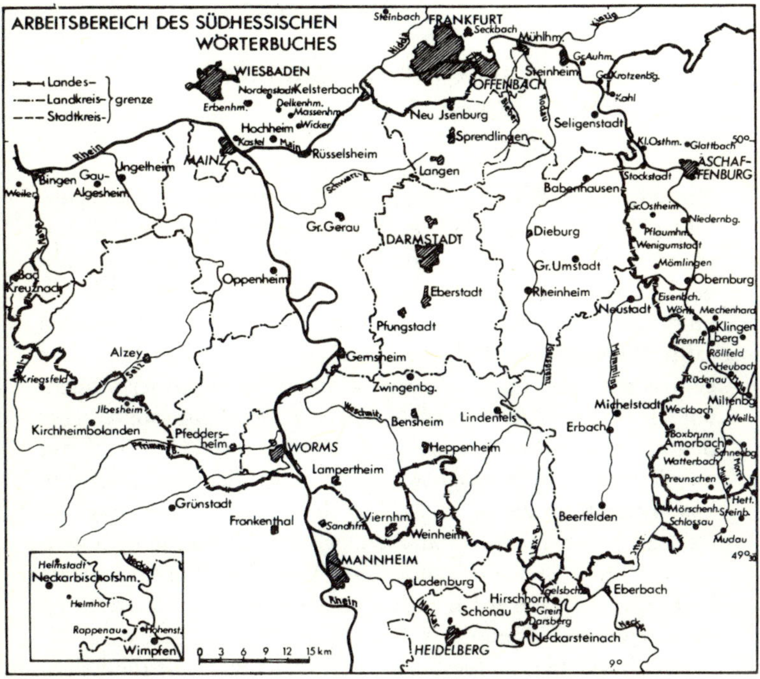

Karte 3: Der Arbeitsbereich des Südhessischen Wörterbuchs

II.

Zur Materialgrundlage

1. Quellen

Die wichtigste Belegquelle für das Gebiet nördlich des Mains bildet das Archiv des Hessen-Nassauischen Wörterbuchs. Natürlich wurden auch die schon im Druck vorliegenden Lieferungen des Volkswörterbuchs benutzt. Darüber hinaus wurde das umfangreiche Material ausgewertet, das ich selbst seit vielen Jahren aus diesen nord-, ost- und mittelhessischen Bereichen gesammelt habe und das durch Einzelarbeiten meiner Studenten wie Staatsexamens- und Magisterarbeiten ausgeweitet worden ist. Um zeitliche Verzerrungen zu vermeiden, d. h. damit alle Belege zeitlich möglichst nahe zusammenliegen, wurden aus meinem Material meist nur die Angaben, die von den ältesten Gewährsleuten stammen, benutzt. Nur wenn an besonderen Fällen die Entwicklung eines Wortes bis zur Gegenwart herausgearbeitet werden sollte, haben wir auch Material von jüngeren Gewährsleuten berücksichtigt.

Für das Gebiet Südhessen wurden in erster Linie die Belege benutzt, die ich alleine oder zusammen mit Studenten schon seit langem gesammelt habe. Um auch hierbei Heterogenität in der zeitlichen Ebene möglichst zu vermeiden, wurden für unser kleines Wörterbuch nur die Angaben der ältesten Gewährsleute benutzt. Eine wichtige Quelle für Südhessen war natürlich auch das Südhessische Wörterbuch; soweit wir Belege von seinem umfangreichen Wortmaterial übernommen haben, sind sie als Zitate [S. Wb. ...] gekennzeichnet. Dieses Werk wurde auch stets benutzt, um unsere eigenen Sammlungen zu überprüfen.

Aus den bisherigen Ausführungen ergeben sich einige wichtige Folgerungen:

Das Material ist zum größten Teil in die erste Hälfte, ja in vielen Fällen sogar in das erste Drittel dieses Jahrhunderts einzuordnen. Damals war die Mundart auf dem Lande noch die dominierende Sprachvarietät, sie genügte den Kommunikationsbedürfnissen. Der Zwang, in bestimmten Situationen den

„Verkehrsdialekt", die „Umgangssprache" oder gar die „Hochsprache" zu verwenden, war seltener vorhanden.

Das war und ist in der Stadt anders. Die hier benutzte mundartliche Variante war der „Hochsprache" näher, sie entsprach eher den oben (S. 14) angeführten Varietäten b und c.

Soweit heute noch der Basisdialekt in der Kommunikation verwandt wird, ist er nicht mehr in allen Fällen mit dem in diesem Wörterbuch angeführten Wortschatz identisch. Denn seit den meisten Aufnahmen hat sich der Wortschatz entscheidend gewandelt, vieles ist im Zuge der gesamtgesellschaftlichen und wirtschaftlichen Entwicklung geschwunden. Ländliche Arbeitsformen und -geräte, Bräuche, Lebensverhältnisse, die in manchen Artikeln deutlich werden, sind nicht mehr vorhanden. Unser Buch ist also in gewisser Weise ein kulturhistorisches Dokument unserer Region: Es spiegelt die Lebens- und Arbeitswelt unserer Eltern und Großeltern wider. Nun wäre jedoch die Annahme falsch, in unserem kleinen Wörterbuch seien nur veraltende, veraltete oder ausgestorbene mundartliche Bezeichnungen enthalten. Vieles von dem, was wir aufgezeichnet haben, ist auch heute noch gültig. Wenn wir das im Einzelfall nachweisen konnten, haben wir es an ausgewählten Beispielen vermerkt.

2. Regionale und zeitliche Differenzierung

Unser Untersuchungsraum umfaßt im wesentlichen den politischen Raum des heutigen Bundeslandes Hessen. Nur im Westen Nassaus, in Rheinhessen und im alten Wittgensteiner Land greifen wir über diesen Bereich hinaus. Diese westlichen Randgebiete sind sprachlich von den hessischen Regionen nicht zu trennen und werden auch vom Hessen-Nassauischen Wörterbuch und vom Südhessischen Wörterbuch mitbetreut.

Unserer Publikation „Hessischer Dialektzensus" (1989), in der Funktion und Geltung der modernen Dialekte Hessens beschrieben werden, entnehmen wir Karte 4 zur heutigen Raumstruktur des Hessischen, die die Grundlage für unsere Angaben zum räumlichen Vorkommen der Belege bildet. Sie unterscheidet sich in zweifacher Hinsicht von unserer Karte 1:

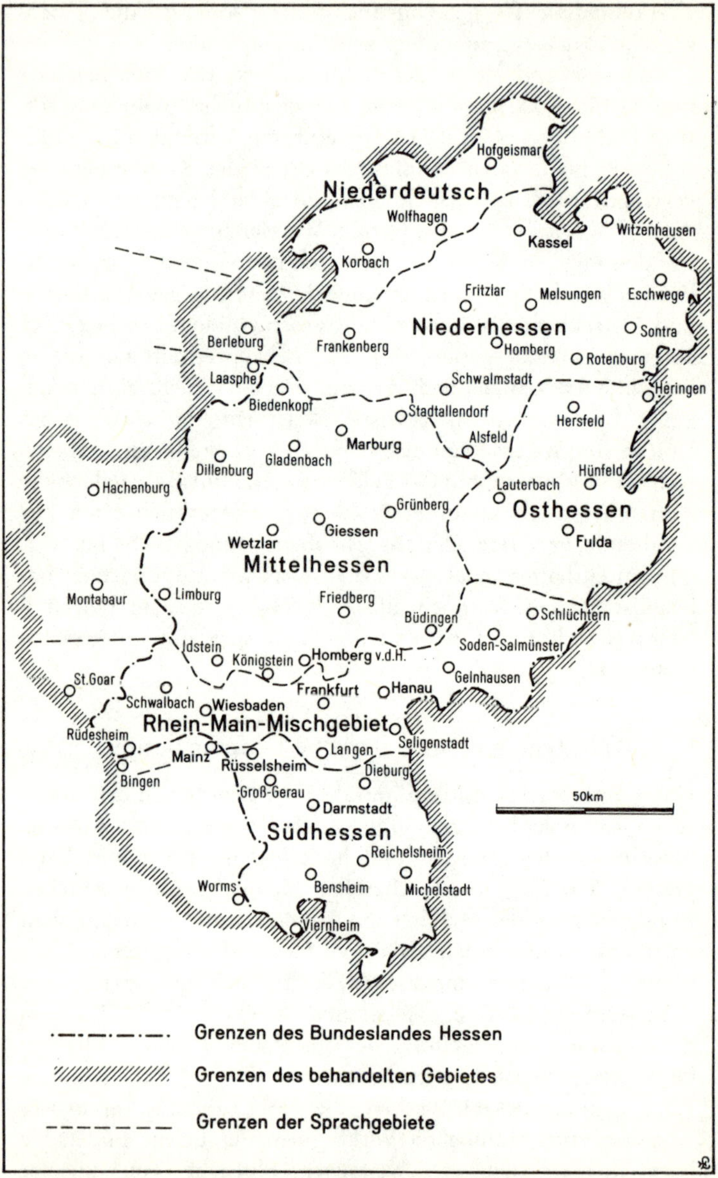

Karte 4: Die heutige Raumstruktur des Hessischen

1) Sie weist einen sechsten Kernraum auf, den des Rhein-Main-Gebiets. In dieser Landschaft haben in jüngster Vergangenheit südhessische Formen die mittelhessischen zurückgedrängt, und ein neues Sprachgebiet ist als eine Art Mischzone erwachsen.

2) Die Übergangs- oder Interferenzzonen der Karte 1 sind auf unserer Karte 4 nicht enthalten. Etwa in der Mitte der jeweiligen Übergangslandschaft wurde vielmehr eine idealisierte „Dialektlinie“ gezogen, die sich an der jeweiligen Begrenzung der Großgemeinden orientiert. Danach ergeben sich folgende Zuordnungen:

Zur *niederdeutschen Region* gehören: Landkreis Waldeck-Frankenberg mit den Gemeinden Arolsen, Diemelsee, Diemelstadt, Korbach, Lichtenfels, Twistetal, Volkmarsen, Waldeck und Willingen; Landkreis Kassel mit den Gemeinden Bad Karlshafen, Breuna, Calden, Grebenstein, Hofgeismar, Immenhausen, Liebenau, Oberweser, Reinhardshagen, Trendelburg, Wahlsburg, Wolfhagen und Zierenberg. Außerdem die nördliche Spitze des alten, zu Nordrhein-Westfalen gehörenden Kreises Wittgenstein.

Zur *niederhessischen Region* gehören: Kreis Waldeck-Frankenberg (soweit nicht niederdeutsch), Kreis Marburg-Biedenkopf mit den Gemeinden Münchhausen, Neustadt, Rauschenberg, Wetter und Wohratal; Kreis Kassel (soweit nicht niederdeutsch), Stadt Kassel, Schwalm-Eder-Kreis, Werra-Meißner-Kreis, Vogelsbergkreis mit den Gemeinden Alsfeld und Antrifttal, Kreis Hersfeld-Rotenburg mit den Gemeinden des Altkreises Rotenburg. Außerdem der zu Nordrhein-Westfalen gehörende Teil um Berleburg.

Zur *osthessischen Region* gehören: Kreis Hersfeld-Rotenburg mit den Gemeinden des Altkreises Hersfeld, Kreis Fulda, Vogelsbergkreis mit den Gemeinden des Altkreises Lauterbach.

Zur *mittelhessischen Region* gehören: Kreis Marburg-Biedenkopf (soweit nicht niederhessisch), Lahn-Dill-Kreis, Kreis Limburg-Weilburg, Kreis Gießen, Wetteraukreis, Vogelsbergkreis (soweit nicht nieder- oder osthessisch), Hochtaunuskreis, Rheingau-Taunus-Kreis mit den Gemeinden Hünstetten, Idstein, Niedernhausen und Waldems. Außerdem die westlichen Randgebiete, die nach dem letzten Krieg Rheinland-Pfalz zugeordnet wurden (Raum Hachenburg–Montabaur). Weiterhin das kleine Gebiet um Laasphe.

Zur *südhessischen Region* gehören: Kreis Groß-Gerau, Kreis Darmstadt-Dieburg, Stadt Darmstadt, Kreis Bergstraße und Odenwaldkreis. Außerdem die westlichen Randgebiete, die nach dem letzten Krieg Rheinland-Pfalz zugeordnet wurden (Raum Worms bis zur Linie südlich von Bingen und Mainz).

Zum *Rhein-Main-Mischgebiet* gehören: Rheingau-Taunus-Kreis (soweit nicht mittelhessisch), Stadt Wiesbaden, Main-Taunus-Kreis, Stadt Frankfurt, Stadt Offenbach, Kreis Offenbach und Main-Kinzig-Kreis. Außerdem die westlichen Randgebiete, die nach dem letzten Krieg Rheinland-Pfalz zugeordnet wurden (Raum Caub–St. Goar–Nastätten; aber auch der Streifen zwischen Mainz und Bingen).

Die geographische Verbreitung geben wir in unserem Wörterbuch bezogen auf die o. a. Sprachlandschaften an, z. B. s S-Hess., nw Rhein-Main, M-Hess., N-dtsch. Diese Angaben bedeuten nicht, daß der entsprechende Beleg in der gesamten genannten Sprachlandschaft vorkommt, sondern daß er öfter aus ihr gemeldet worden ist. Fehlen diese Hinweise, so gilt der Beleg meist für unser Gesamtgebiet.

Der Rückgang einer Sache, eines Brauches o. ä. und der damit verbundenen Bezeichnungen wird durch Formulierungen wie „veraltend“, „veraltet“ oder „ausgestorben“ bezeichnet. Die Angabe „mit dem Brauch, der Sache o. ä. ausgestorben“ besagt, daß der bezeichnete Sachverhalt schon in der ersten Hälfte des Jahrhunderts geschwunden ist. Können wir aufzeigen, daß ein Wort heute noch gilt – etwa durch Vergleich mit der „Wortgeographie der städtischen Alltagssprache in Hessen“ von 1988 – dann verweisen wir an ausgewählten Beispielen darauf. Wenn irgend möglich, führen wir somit nicht nur die räumliche Verteilung, sondern auch die zeitliche Einordnung in unserem Jahrhundert und gegebenenfalls auch die soziale Zuordnung (Vorkommen in der Stadt, bei der sozialen Unterschicht usw.) an.

III.

Benutzungshinweise

1. Ansatz der Stichwörter

Die Stichwörter, die fettgedruckt am Anfang der Artikel stehen und die man auch als Lemmata bezeichnet, sind alphabetisch geordnet, unser Buch ist also kein nach Sachgruppen angelegtes Werk. Die Stichwörter erscheinen nicht in ihrer mundartlichen Lautvariation, sondern in ihrer nhd. oder dem Nhd. angenäherten, also der „verneuhochdeutschten" Form. Da zu unserer Region auch oberdeutsche Gebiete gehören, hat die „Verneuhochdeutschung" meist auch den Konsonantismus erfaßt: So heißt das Lemma für den Geistlichen nicht *Pärrner, Parrer,* sondern *Pfärrner, Pfarrer.* Dieser für viele Leser aus den mittleren und nördlichen Bereichen Hessens auf den ersten Blick etwas befremdliche Ansatz unterbleibt, wenn die Wörter nur aus dem niederdeutschen Gebiet gemeldet sind. Hier wurden z. B. *p, t, k* nicht zu *(p)f, (t)z (ss), (k)ch* verschoben. Es heißt hier also *Pund, Water, maken* und nicht *Pfund, Wasser, machen;* im mitteldeutschen Raum erfolgte die Verschiebung der stimmlosen Verschlußlaute nur teilweise, unverschoben ist z. B. *Pund.* Der nhd. oder verneuhochdeutschte Ansatz hat v. a. praktische Gründe: Wollte man die Stichwörter nämlich in ihren mdal. Leitformen angeben, dann müßte jedes Wort an mehreren Stellen vorkommen: z. B. „Stein" bei *Stee, Staa, Staa^{n}, Stäi;* „Garten" bei *Gade, Gaade, Gäede* usw.

Komplizierter ist das Lemmatisieren bei vielen anderen Belegen, z. B. bei *Markolf* für „Eichelhäher" (d. i. der Spottvogel des Waldes). Da ist es für den Laien manchmal schwer, die Formen auf ihren Ansatz festzulegen: *Markolf, Marglof, Marglufd, Malglofdes, Margolwes, Madlerof, Märkel, Markalb, Markrabe, Maulgulwer, Morgwolf* u. v. a.: Belege wie *Markalb, Markrabe, Morgwolf* sind so undurchsichtig geworden, daß Volksetymologien (Volksumdeutungen, die etwa einen Zusammenhang mit *Kalb, Rabe, Wolf* herstellen) entstanden sind.

Wo sich die Lautformen von dem hochsprachlichen Ansatz

so weit entfernt haben, daß für den Nicht-Fachmann der etymologische Zusammenhang nicht mehr erkennbar ist, wird nur der erfahrene Dialektologe durch strikte Beachtung der Lautgesetze die Urform, den richtigen Ansatz, erkennen können. Ähnlich verhält es sich dort, wo Wörter keine lautlichen Entsprechungen in der Hochsprache haben: Sie haben nie zum standardsprachlichen Wortschatz gehört, oder sie sind im Laufe der Sprachgeschichte durch andere Wörter verdrängt worden, oder sie sind mit der Sache, die sie bezeichnet haben, ausgestorben. Dann geht der Dialektologe so vor, als ob das betreffende Wort zum hochsprachlichen Wortschatz gehöre, es wird sozusagen „künstlich verneuhochdeutscht". So etwa die Form *Moltwurf*, zu der die vielen darunter angeführten Varianten (unter Einbeziehung des mhd. *molt-werf* = Tier, das die Erde ‚*molt*' aufwirft) führen. Damit sich auch der interessierte Laie bei dem großen, oft verwirrenden Formenreichtum zurechtfindet, sind zahlreiche Verweise in den Text eingearbeitet worden, d. h. die wichtigsten, wenn auch nicht alle Lautformen werden mit Verweisen auf das Lemma angeführt (z. B. Fuchel ↑ Vogel). Ansonsten appellieren wir hier an die Phantasie des Lesers und an seine Lust zum Schmökern und Herumblättern.

2. Aufbau der Artikel

Jeder einzelne Artikel beginnt mit dem fettgedruckten Stichwort oder Lemma. Daran schließen sich grammatische Angaben an, z. B. *lehnen* sw. V. (regelmäßig gebeugtes, ‚schwaches' Zeitwort), *Pate* m., f. (der/die P.). Es folgen in ‚Anführungsstrichen' die Angaben zur Bedeutung. Oft hat das Stichwort mehrere Bedeutungen, z. B. neben der schriftsprachlichen eine oder mehrere (auch übertragene) mundartliche, deren Beschreibung natürlich besonders wichtig ist, wie etwa bei *Fahrt*. In vielen Fällen genügt eine einfache Bedeutungsangabe nicht: Um einen schwierigen Sachverhalt, einen Brauch, eine Arbeitsform, um allgemeine interessierende volkskundliche oder gesellschaftliche Zustände, um Denken, Empfindungen, Wertnormen, Zustände der Menschen u. v. a. verständlich zu beschreiben und vielleicht auch zu deuten, ist eine kurze Darstellung des Umfeldes, in das das Wort eingebettet ist, nötig: vgl. etwa *Kirb*,

Schlüssel, Sichel, Stopflaib. Vereinzelt werden auch stilistische Bewertungen gegeben, z. B. „scherzhaft“, „derb“.

An die Darstellung der Bedeutung(en) schließen sich die Angaben zur räumlichen Verbreitung an, zur „geographischen Staffelung des Wortschatzes“ in der Tradition der „Marburger Schule“, eines der wichtigen Anliegen dieses Wörterbuches. Auch die häufig anzutreffende Bezeichnungsvielfalt in den verschiedenen hessischen Sprachräumen, die reichhhaltige landschaftliche Synonymik (landsch. Syn.) wird herausgearbeitet, etwa wenn sich bei *Metzelsuppe* (2) die Ausdrücke *Metzelsuppe, Stichbraten, Schwartelkohl, Schlachtekohl, Wurst(e)-suppe/Würst(e)suppe* gegenüberstehen.

In vielen Fällen haben wir Beispielsätze angeführt, die die Bedeutung des einzelnen Wortes noch näher erschließen. Dazu gehört eine große Zahl von festen Wendungen, Redensarten und Sprichwörtern, in denen man manches erfährt über volkskundliche Tatbestände, über Sitte und Brauch, über Arbeit und Feiern, über Leben und Denken der Menschen in unserer Region: über die der Vergangenheit, aber auch die der Gegenwart. Angaben über das geographische Vorkommen der Beispielsätze selbst haben wir aus Platzgründen nicht gegeben. Wenn mehrere Beispielsätze in einem Artikel vorkommen, dann haben wir sie meist aus den verschiedenen Räumen Hessens angeführt. In den auf diese Weise vermittelten unterschiedlichen Lautformen im Satzganzen werden die charakteristischen Spracheigenschaften der einzelnen hessischen Landschaften deutlich. Diese Sätze geben dem Wörterbuch sein unverkennbares mundartliches Kolorit und mögen das Lesevergnügen steigern.

Die Artikel schließen, soweit es nötig erscheint, mit einer Aufzählung wichtiger, natürlich nicht aller Lautformen des Stichwortes („Lautf.“) und mit Angaben zu seiner Herkunft. Wir haben diese etymologischen Hinweise („Etym.“) aber nur gegeben, wenn wir eine bestimmte „Erwartungshaltung“ der Leser glaubten voraussetzen zu können. Komplizierte sprachhistorische Untersuchungen und Hypothesen zur Herkunft eines Wortes gehören nicht in ein solches Wörterbuch. Zum Teil wird [in eckigen Klammern] auf entsprechende weiterführende Literatur verwiesen.

3. Zur verwendeten Lautschrift

Wie in unserem hessischen Dialektbuch (Friebertshäuser 1987) verwenden wir auch in diesem kleinen Wörterbuch eine einfache, nicht wissenschaftliche Lautschrift. Nur auf diese Weise vermeiden wir eine starke Verfremdung des Schriftbildes, die der leichten Lesbarkeit schaden würde. Die verwendete Lautschrift lehnt sich eng an die deutsche Normalorthographie an, unsere Lautschriftzeichen und die schriftsprachlichen Buchstaben bezeichnen also in der Regel dieselben Laute. Regelmäßige Ausnahmen sind *b, d, g* und *s*, die in der Standardsprache stimmhaft sein können, die in den mittel-, ost- und sündhessischen Mundarten aber immer stimmlos sind. (Im Südhessischen ist allerdings *-s-* in der Verbindung *-st-* zu *-sch-* geworden; die Grenze zwischen *fest, gestern, hast, bist, Schwester* usw. im Norden und *fescht, geschtern* usw. im Süden verläuft südlich von Wiesbaden und Darmstadt; S. Wb. 2, Kte. 42.)

Nur einige Zeichen sollten besonders erklärt werden. Kurzer Vokal kann durch die Verdoppelung des folgenden Konsonanten (*schdobbe* ‚stopfen'), Langvokal durch Verdoppelung des Vokalzeichens (*Daach* ‚Tag') ausgedrückt werden. Sonderzeichen haben wir nur wenige eingeführt: *å* bedeutet, daß *a* gerundet, in Richtung *o* ausgesprochen wird. Ein hochgestelltes ^{n} drückt die Nasalierung beim vorausgehenden Vokal aus, ein hochgestelltes ^{r} ist stark reduziert. Der Diphthong (Zwielaut) wie in engl. *say* wird von uns als *äi* wiedergegeben. Bei „ch" wird der *ich*-Laut meist durch χ, der *ach*-Laut durch *ch* bezeichnet. Dieses einfache Lautschriftsystem kann natürlich nicht alle lautlichen Eigentümlichkeiten der hessischen Dialekte aufzeigen, für unsere Zwecke reicht es jedoch aus.

4. Abkürzungen

Allgemein:

Adj.	Adjektiv
Adv.	Adverb
Akk.	Akkusativ
afrz.	altfranzösisch
ahd.	althochdeutsch
allg.	allgemein
ausgest.	ausgestorben
Bed.	Bedeutung
bes.	besonders
Bez.	Bezeichnung
bildl.	bildlich
Dat.	Dativ
dgl.	dergleichen
Dimin.	Diminuitiv
dt.	deutsch
engl.	englisch
Etym.	Etymologie
f.	Femininum
Frankf.	Frankfurt am Main
fries.	friesisch
frühnhd.	frühneuhochdeutsch
frz.	französisch
Gegens.	Gegensatz
gel.	gelegentlich
germ.	germanisch
ges.	gesamt
hd.	hochdeutsch
hebr.	hebräisch
hess.	hessisch
intrans.	intransitiv
ital.	italienisch
Jhd.	Jahrhundert
jidd.	jiddisch
Kass.	Kassel
kath.	katholisch
kinderspr.	kindersprachlich
Konj.	Konjunktion
Kte.	Karte
landsch.	landschaftlich
landw.	landwirtschaftlich
lat.	lateinisch

Lautf.	Lautform(en)
M-Hess.	Region „Mittelhessisch“ (s. Karte 4)
m	mittler(es), mitten
m.	maskulinum
m. a.	mittelalterlich
md.	mitteldeutsch
Mda., Mdaa.	Mundart(en)
mdal.	mundartlich
mhd.	mittelhochdeutsch
mlat.	mittellateinisch
mnd.	mittelniederdeutsch
mnl.	mittelniederländisch
N	Norden
n	nördlich
N-Dtsch.	Region „Niederdeutsch“ (s. Karte 4)
N-Hess.	Region „Niederhessisch“ (s. Karte 4)
n.	neutrum
nd.	niederdeutsch
ndl.	niederländisch
nö	nordöstlich
nw	nordwestlich
O	Osten
O-Hess.	Region „Osthessisch“ (s. Karte 4)
obd.	oberdeutsch
ö	östlich
Part. Perf.	Partizip Perfekt
pers.	persönlich
Pl.	Plural
Präp.	Präposition
Prät.	Präteritum
Rda., Rdaa.	Redensart(en)
refl.	reflexiv, rückbezüglich
relig.	religiös
Rhein-Main	Region „Rhein-Main-Gebiet“ (s. Karte 4)

S	Süden	tlw.	teilweise
s	südlich	trans.	transitiv
s. a.	siehe auch	tschech.	tschechisch
S-Hess.	Region „Südhessisch“ (s. Karte 4)	Ugs./ugs.	Umgangssprache/umgangssprachlich
scherzh.	scherzhaft	ungar.	ungarisch
Schspr./schspr.	Schriftsprache/schriftsprachlich	urspr.	ursprünglich
		übertr.	übertragen
Sing.	Singular	verächtl.	verächtlich
slaw.	slawisch	Verbr./verbr.	Verbreitung/verbreitet
sö	südöstlich	vgl.	vergleiche
spätlat.	spätlateinisch	volkskdl.	volkskundlich
spätmhd.	spätmittelhochdeutsch	W	Westen
		w	westlich
Sprichw.	Sprichwort	weitverbr.	weitverbreitet
städt.	städtisch	Wndg.	Wendung
st. V.	starkes Verb, unregelmäßiges Zeitwort	Wortsp.	Wortspiel
		zit.	zitiert
sw. V.	schwaches Verb, regelmäßiges Zeitwort	↑	Verweis auf ein anderes Stichwort
		*	Form ist nur erschlossen
sw	südwestlich		
Syn.	Synonyme, Synonymik		

Bibliographische Angaben:

DSA	Deutscher Sprachatlas	Paul/Betz	Hermann Paul: Deutsches Wörterbuch. Bearb. v. W. Betz
DWA	Deutscher Wortatlas		
DWB	Jacob u. Wilhelm Grimm: Deutsches Wörterbuch	R. Wb.	Rheinisches Wörterbuch
		Röhrich	Lutz Röhrich: Lexikon der sprichwörtlichen Redensarten
F. Wb.	Frankfurter Wörterbuch		
H. d. A.	Handwörterbuch des deutschen Aberglaubens	S. Wb.	Südhessisches Wörterbuch
		T. Wb.	Thüringisches Wörterbuch
H.-N. Wb.	Hessen-Nassauisches Wörterbuch	Vwb.	Hessen-Nassauisches Volkswörterbuch
Kluge/Mitzka	Friedrich Kluge: Etymologisches Wörterbuch der deutschen Sprache. 21. Auflage v. W. Mitzka	WSAH	Wortgeographie der städtischen Alltagssprache in Hessen
KWAH	Kleiner Wortatlas von Hessen (n des Mains)		

Die Wörter von A–Z

A

Abbruch m. 1. ‚Fruchtabfall', ‚verkümmerte Getreidekörner', auch ‚abgebrochene Ähren' S-Hess. – 2. ‚Abbruch eines Gebäudes'. *Ein Haus uff A. verkaafe* (das abgerissen werden soll). Übertr.: *uff A. hairate* ‚einen alten Partner heiraten, um ihn bald zu beerben'. – 3. *einem Abbruch tun* ‚Einschränkungen auferlegen' S-Hess., M-Hess., N-Hess.

Abendbrot n. ‚die letzte Tagesmahlzeit'. Verbr. ↑ *Nachtessen.* Wetterregel: *Morgenrot gett en nasses Owetbrot.* Ergänzend heißt es im nö N-Dtsch.: *Owedrot – schöne Titt* ‚schöne Zeit', *Morgenrot – Rein beditt* ‚Regen bedeutet'.

Abendessen n. ‚die letzte Tagesmahlzeit'. Verbr. ↑ *Nachtessen. Owendesse mecht fett:* eine im w M-Hess. weitverbr. Ansicht. *Spääres* ‚spätes' *Owedesse leßt een net schloofe.* – Lautf.: *Oowedäesse, Obendessen, Owetäten, Aawedäesse.*

Abendmahl n. Wie schspr. ‚das heilige Abendmahl', bei Katholiken u. Protestanten. *A.* verdrängt *Nachtmahl, Nachtemahl,* das in Teilen von S-Hessen, M-Hessen u. O-Hessen gilt. In katholischen Gemeinden S-Hessens beginnt auch *A.* zu veralten, die Jüngeren gehen zur *Kommunion.* Das Nebeneinander von *A.* u. *Nachtmahl* ergab gel. Bedeutungsdifferenzierungen: *Nachtmahl* = katholisch; *A.* = evangelisch; oder: das *A.* wird in der Kirche gereicht, das *Nachtmahl* ins Haus gebracht. Rda.: *Man maand, du gingsd zum A.* sagt man zu jemandem, der langsam (feierlich) geht. – Lautf.: *Aawendmahl, Oowe(n)dmohl, Oowedmuuhl.*

Abendschule f. ‚Fortbildungsschule, die früher für Schulentlassene abends gehalten wurde' S-Hess., w Rhein-Main, M-Hess. Schon nach dem 1. Weltkrieg meist ausgestorben. Die *Pärrnerschkameraode* ‚Pfarrerskameraden' (d. h. ehem. Konfirmanden eines Jahrgangs) *ginge froijer en die Oowedschoul.*

Abendsuppe f. ‚die letzte Tagesmahlzeit'. Verbr. ↑ *Nachtessen. Ooweds, da gieh mer noch hejm en esse de Oowedsopp. Emm* *sewwe, da daoniχ* ‚tu ich' *die Oowedsob in de Oowe:* Hinweis darauf, daß die *A.* tatsächlich aus Suppe bestand. Häufig statt oder als Gesprächsbeginn: *No, äes de Åâwedsobbe gäesse* ‚gegessen'? Rdaa.: *Fegs* ‚Füchse' *koche die Oowedsobb,* sagt man, wenn bei Regenwetter die Berge in Dampf und Nebel gehüllt sind. *Ooweds noch der Oowedsobb den Webstuhl verlesse* ‚verlassen' *kenne:* man ist reich, wenn man nach dem Abendessen nicht mehr arbeiten muß.

aber 1. Konj. des Gegensatzes, des Widerspruchs, der Einschränkung. *He esje* ‚ist ja' *stärk, awer eχ fert* ‚fürcht' *meχ net.* Zum kleinen Mann: *Rääχt hoste, awwer schwaje mußt de.* Sprichw.: *De Fuchs leßt die Hoorn, äwwer nedd die Nauwe* ‚Fehler' [S. Wb. 1, 20] und *Ön Fuß verlöist* ‚Fuchs verliert' *de aale Haar, awwer de aalen Nauben net* (Untugenden bleiben bis ins Alter) [S. Wb. 1, 20ff. u. Kte. 2; Vwb. 2, 441]. – 2. ‚sondern'. Häufig n des Mains; drückt wie schspr. *sondern,* das es ersetzt, meist einen Gegensatz zum vorherigen Satz aus. *Viergestern wä die Strickschaul aus woar, do ging aiχ nitt nachheem, oawer aiχ ging uffs Eis.* – 3. Emphatisch zum Ausdruck von Empfindungen. *Hau es awwer haaß; do misse mer Hitzefrei en der Schaul gräje.* Bewunderung: *Der kann äwwer midd de Redd ford* ‚ist redegewandt' [S. Wb 1, 21]. – 4. ‚oder'. Große Teile von Rhein-Main, M-Hess., O-Hess., N-Hess. (Offenbach – Borken). Vgl. S. Wb. 1, 20ff. und Kte. 1; Vwb. 2, 502: „...im größten Teil des Wörterbuchgebietes ... ist *oder* durch *aber* ersetzt, das dort also Einheitsbezeichnung für ‚aber' u. ‚oder' ist. Freilich fehlen in diesem Gebiet die Belege für *oder* gleichwohl nicht ganz. Bisweilen hat nämlich die Stadtspr. unter schd. Einfluß die Zweiheit *oder* und *aber* wiederhergestellt..." *Hiehenn ewwer dohenn* ‚hierher oder dahin' *stellstde deχ. Morjeroud bringd Wind äwwer Räje* [S. Wb. 1, 21]. – Lautf.: *awwer, äwwer, awer, owwer, oawer.*

abfegen sw. V. Neben der schspr. Bed. gilt: 1. ‚eilig verschwinden (von Personen)' m Rhein-Main. *Da is aaner abgefegt* [F. Wb. 1, 118]. – 2. ‚die Nachgeburt abstoßen (von der Kuh)' vereinzelt nw Rhein-Main.

Abgequellte, Abgesottene ↑ Quellkartoffel.

abich, äbich, äbicht Adj. ‚verkehrt'. 1. ‚umgewendet (von Kleidungsstücken)'. *E hott die Socke eewiχt aagedsooche* ‚angezogen'. – 2. ‚verkehrt', auch ‚von der Sonnenseite abliegend' und ‚unerfreulich'. Ein Acker liegt auf der *awig Seit,* d. h. auf der Nordseite. *E hott en äwiχte Geschmack.* – 3. bezogen auf ‚Handrücken', auch ‚die linke Hand'. *Eχ gewwe der en* (Schlag) *mit der aawiχte Haand.* – 4. ‚linkisch', ‚ungeschickt'. *De stellt sich so ä. oh wäi en Aff off'm Schleifstee.* – 5. ‚charakterlich abartig', ‚übellaunig', ‚cholerisch'. *Das es en ä. Mensch.* – Lautf.: *aawiχ, ääbsch, aawiχt, eewiχt, äibschd.* – Etym.: < mhd. *ebech, ebich, ebch* ‚umgewendet', ‚verkehrt', ‚böse'.

aderkauen ↑ niederrucken.

Aftergrummet, Aftermahd ↑ Grummet.

Alen ↑ Reul.

Älte f. 1. ‚die einzelnen Lebensstufen', ‚das relative Lebensalter' S-Hess., Rhein-Main, M-Hess., w O-Hess. Bes. in S-Hess. kommt häufig neben *Älte* noch *Älter* oder auch *Ältung* vor. *Däer hott die Äll noch nit zoum Hoiroade. Mer glärren* ‚rutschen auf dem Eis' *noch der Äll, des es kin Durchenanner gitt. Däer es aach en dääre Äll* ‚ist gleichaltrig'. *Uns Jong hoat sein Äll ze speet,* daher *muß e iwwer sein Äll gii:* d. h. ist am Stichtag noch nicht sechs, deshalb kommt er beim nächsten Schulanfang noch nicht in die Schule. Von einem kleingebliebenen Kind: *Hunn iχ net die Grieß* ‚Größe', *so hunn iχ doch die Äll; en guck iχ net iwwer die Dier* ‚Tür', *so guck iχ iwwer die Schwell.* – 2. ‚(hohes) Alter' S-Hess. u. verstreut n anschließend. *Off eemool sei mer en die Äll kommme* ‚sind wir alt geworden'. *Mer schbiird doch die Äll.* Auch Heu hat *seine Äll* (m M-Hess.), wenn es lange genug zum Trocknen auf Breiten gelegen hat. – 3. ‚Gruppe der Alterskameraden' w M-Hess. Am Nachmittag nach der Hochzeit kommt *die Äll* des jungen Paares und hilft beim Umzug in die neue Wohnung. – Die Bed. 1 und 2 kommen bes. in S-Hess., n anschließend nur verstreut vor. Heute gilt meist *Alter.* – Lautf.: *Äll, Ell, Ält, Älte.*

Älter f. 1. ‚Großmutter' sö S-Hess., n Rhein-Main, ö und n M-Hess., O-Hess., N-Hess. Mancherorts dafür auch *Altmutter, Ältermutter.* Veraltet. Abwehr gegenüber neugierigem Menschen, dem man nicht antworten will: *Had* ‚hatte' *dai Äller* *aach Kenn* ‚Kinder'? Ein neugieriges Kind, das Erwachsenen zuhört, schickt man nach Hause mit *Gih hem, verzehls deiner Eller!* Der ‚Großvater' heißt meist *Ältervater* (veraltet). *Die Enkelerje* ‚das Enkelchen' *streckt ihrem Ällervoatter on ihrer Äller die Zonge raus.* – 2. ‚Hebamme' m und ö M-Hess., O-Hess., N-Hess. Veraltet. *Die Eller langd de kleene Kenn aus'm Abrahams Benche* ‚Börnchen'. – Lautf.: *Äller, Eller.*

alterieren sw. V. (refl.) ‚sich aufregen', ‚sich erregen', auch ‚sich ärgern'. Meist nur in städt. Ugs. *Mer soll sich net alteriern* [F. Wb. 1, 161]. *Ich alderier mich, daß mer alle Glidder ziddern* [S. Wb. 1, 206]. *Die Fråå es ganz alteriert* ‚verärgert', ‚aufgeregt'. Vereinzelt auch aus dem ländlichen Lebensraum gemeldet, dort stärker veraltet oder veraltend. *Däi Fraa hot sich ewwer äen Ääre* ‚ihren Schwiegersohn' *berwarsch alteriert* ‚sehr aufgeregt'. – Lautf.: *alderiirn, sich alteriern, sich aldereiern.* – Etym.: < frz. *alterer* ‚beunruhigen u. ä'.

Ältervater, Altmutter, Ältermutter ↑ Älter.

Amahd f., n. ‚zweiter Grasschnitt' sö S-Hess., N-Hess., ö N-Dtsch.; sonst gilt meist ↑ *Grummet. Ummeden feer dem Höö* ‚vor dem Heu' *machen* ‚die jüngere Tochter vor der älteren verheiraten' [Vwb. 2, 509]. – Lautf.: *Omeden, Oomaaden, Umeden, Oomed.* – Etym.: < mhd. *â-mât* ‚das zweite Mähen'; Vorsilbe *â* = ‚fort', ‚weg'; also das „fortbeförderte Gemähte" [Kluge/Mitzka, 520].

Amme f. ‚Hebamme' ö S-Hess., Rhein-Main, m M-Hess., ö N-Hess. Landsch. Syn.: ↑ *Ammenbas* w S-Hess. und verstreut w M-Hess., *Ammenfrau* sö S-Hess. (Raum Bensheim) und verstreut w u. ö M-Hess., s N-Hess., *Hebamme* verstreut S-Hess., w Rhein-Main, M-Hess., w N-Hess. und N-Dtsch., *Kindelfrau* O-Hess., ö M-Hess. sö N-Hess., *Eller* (z. T. neben *Hebamme*) m M-Hess., O-Hess., N-Hess. Ganz verstreut, meist auf Einzelorte beschränkt, kommen u. a. noch vor *Ellermutter, Kindchensbase, Wehmutter, weise Frau. Wann de Kenne sächs Woche aalt sei, da wern se gedaaft; de Amme kimmt un det ds Kind oscht wäsche. Du hosd Henn wie e Amm* ‚kleine, zarte Hände'. In Teilen des ö M-Hess. und des w Rhein-Main ist mit *A.* die *Schenkamme* ‚Säugamme' gemeint, die ‚Hebamme' heißt hier *Kindfrau* bzw. *Hebamme.* – Lautf.: *Amm, Amme, Emme.*

– Etym.: < mhd. *amme* f. ‚Mutter, insofern das Kind von ihr genährt wird', ‚Amme'.

Ammenbase, -frau f. ‚Hebamme'. Verbr. ↑ *Amme. Des Ammenfrauche bringd die Kinner.* Ironisch zu einem wehleidigen Mann: *Sonn mr mohl de Ammfraa holln?*

Atzel ‚Elster' ↑ Rabe.

Atzelauge ↑ Leichdorn.

Augendeckel, Augenheufel, Augenkläff, Augenlid ↑ Lid.

aufkratzen, sich ↑ schnatzen.

Auke, Äuke, Aukel ↑ Ütsche.

Auszug ↑ lebig.

Autsche ↑ Ütsche.

B

Bach f., selten m. 1. ‚natürlicher, kleiner Wasserlauf', ‚fließendes Gewässer'. Dazu viele Rdaa.: *Wäi dorch die B. gezoje* ‚ganz naß (von Schweiß)'. Ausruf übermütiger Jungen beim Spiel: *Foijer, Foijer, die B. brennt! Läscht se med Struh. Die B. erunner (råb) gih (geh)* oder *mache* ‚wirtschaftlich zugrunde gehen', auch ‚bald sterben'. Auch: *Den nemmt dö B. möt* oder *Der setzt arg in der B.* ‚ist in Verlegenheit'. *Der rechte Bauer sät net hopsa, bis er iwer die B. is* ‚ist bedächtig und redet nicht viel'. *De Kru gäit so lang on die B., bis er kriet de Krach. Etzet mååge* ‚mögen' *se meχ doaχ die B. draan* ‚tragen' = ‚in Ruhe lassen', ‚mein Vertrauen ist hin'. Von einem ungeduldigen Menschen: *Der hott suu winig Roh* ‚wenig Ruhe' *bie die B.* Wer schnell weint, *hat an die B. gebaut. Dau kannst miχ iwa die B. heewe* ‚das fällt mir gar nicht ein'. *Der laft* ‚läuft' *nit unn wann die B. brennt* ‚der läßt sich nicht aus der Ruhe bringen'. Reste schwindenden Aberglaubens aus ö M-Hess.: Wird ein Toter *ewwer die B.* getragen und man hält in dieser Zeit stumm die eigenen Warzen ins Wasser, dann schwinden sie. – 2. ‚größere Wasser-, Regenpfütze', ‚Lache' w Rhein-Main. *Wås laafd doo e B. de Wääg enunner. Mit so em dumme lange Kläd, do zieht mer alle Bäch mit uff* [S. Wb. 1, 521]. Auch übertr.: *Wann aiχ widder mol drenn sai* ‚in Jugenderinnerungen schwelge', *do lääft's oim zou wäi e Bächelche* ‚wie Wasser'. – 3. *die große B.* = Atlantik. Verstreut. Man zog (aus Not) *iwwer die große B.* = nach Nordamerika. – Lautf.: *Bach, Bicke.*

Bachkratze ↑ Trogkratze.

Bahn schlagen ↑ schurren.

Baidsch, Baadsch, Beudsch ↑ Peitsche.

Balme ↑ Palme.

Balken ↑ Laube.

Bandhaube ↑ Schnatz 1.

Bankett ↑ Trottoir.

Barablee ↑ Parapluie.

barbarisch Adj., Adv. 1. ‚sehr groß', ‚mächtig', ‚riesig' (von Lebewesen und Dingen). *E barbarischer Kerl. E b. Waismensch* ‚eine kräftige und große Frau'. *Ich hun en b. Doschd. En b. Hunger huu.* – 2. ‚sehr'. *Däi Männer kenn b. saufe. E woar b. voll* ‚sehr betrunken'. *Sich b. verkälle* ‚erkälten'. *Es es b. schie* ‚schön'. *Döt Gras os b. fett. E strich ihn b. heraus* ‚lobte ihn sehr'. – Lautf.: *barwarisch, borwoorisch, beworsch, berwoarisch, parwoarisch.* – Etym.: < lat. *barbarus* ‚ausländisch'; „... ugs. auch als Verstärkung bei etwas Unangenehmem: es ist barbarisch kalt ..." [Paul/Betz 70].

Bas ↑ Paß.

Base ↑ Tante.

Batsch ↑ Patsch.

batten sw. V. ‚nützen, helfen, gute Dienste leisten'. *Es batt naut* ‚es hilft nichts'. *Deß batt so veel, as wann mer'm Ochs ins Horn petzd* [S. Wb. 1, 610]. *Awwer es holf on batt alles nix.* Aus der Zeit, in der ein sogen. „Heilkundiger" das kranke Vieh durch „Besprechen" zu heilen suchte: *Batt's naut, so schad's naut: hon ich doch mein Leib Brot* (das Brot war die Entlohnung).

Was batt em arme Mann sein Zorn? – Lautf.: *batte, badde, bädde.* – Etym.: < mhd. *baten* ‚nützen', ‚helfen'.

Bäumchensblume, Bäumchensrose ↑ Syringe.

Beerdigung, Begräbnis ↑ Leiche 2.

begierig ↑ neuesgierig.

Berg ↑ Wald.

Betzel ↑ Schnatz 1.

Beune ↑ Schale[1] 1.

Blage ↑ Placken.

Blug, Bluuch ↑ Pflug.

Blunze f. 1. ‚dicke Wurst', oft ‚Blutwurst' (meist ohne oder mit wenig Grieben) S-Hess., Rhein-Main. *So ee Plunse eß ich fier mei Leewe gean.* – 2. ‚dickes, rundes Mädchen' S-Hess., m Rhein-Main. – 3. ‚Troddel an der Zipfelmütze' ö und m N-Hess. – 4. ‚Geld' N-Hess. *Der hot Blonze.* – Lautf.: *Pluns, Blundse, Blonze.* – Etym.: Bed. 1 wohl slaw. Ursprungs, Bed. 2 und 3 wohl bildl. Anwendung von Bed. 1.

Boden m. 1. Wie schspr., *B.* als Fläche, Ackerkrume, Erde allg. *Der gitt noh ohm Burre* ‚geht ganz gebeugt'. *De Waas weest* ‚Weizen wächst' *nur off gurrem Burre. Die Fraa es baal em Burre* ‚stirbt bald'. – 2. ‚Speicher' ↑ *Laube. Das Korn werd off den Burrem geschitt.* Wetterregel: *Weihnachten feiχt unn naß, läire* ‚leerer' *Boore, läire Faß* S-Hess. – Lautf.: *Burre, Burrem, Borre, Bürm.*

Bonem n., f. 1. ‚Gesicht' (meist verächtlich) S-Hess., Rhein-Main u. in einigen Städten mit jüd. Kolonien n anschließend. *Woas machste dann wirrer for e B.* ‚verdrießliches G.' [S. Wb. 4, 1015]. *Ich haag der aan in dei mies Boonem, daß de de Paartorm for e Zindhitche hälst* ‚Kirchturm für ein Zündhütchen hältst' [F. Wb. 12, 2344]. – 2. ‚Kopf' S-Hess., Rhein-Main. *Der hodd aach nigs em B.* ‚ist unbegabt'. – Lautf.: *Boonem, Poonem.* – Etym.: < hebr. *panim*, jidd. *ponim* ‚Gesicht'.

Borbelee ↑ Parapluie.

Bore f., m. 1. f. ‚alte, dürre Kuh' S-Hess., Rhein-Main, ö M-

Hess. *De Boare muß geschlocht wean, se stitt schun ewwer e Johr gest* ‚ist unfruchtbar und gibt keine Milch mehr'. – 2. m. ‚zähes Rindfleisch' S-Hess. *Das Flaisch is soo had* ‚hart' *wii en Boore* [S. Wb. 1, 1025]. – 3. ‚schlampige Frau' m M-Hess. – Lautf.: *Boore, Boor, Boare.* – Etym.: < jidd. *pôre*, hebr. *pârâh* ‚Kuh'.

borgen ↑ lehnen.

Bosse ↑ Posse(n).

bosseln ↑ tüfteln.

Brautchaise, Brautwagen ↑ Packwagen.

Bris-lauch, Brisslaub, Brissel m., n. ‚Schnittlauch (Allium schoenoprasum)' S-Hess., Rhein-Main, M-Hess., O-Hess. *De ahle Mann eßt gern Brissel en de Matte. En de Sopp schmeckt's Brieslaach besonnesch gut.* – Landsch. Syn.: *Grünes, Lauch, Pfannkuchenkraut, Schlotten* usw. – Etym.: < mlat. *brittula.*

Brötchen ↑ Weck.

Brüllochse ↑ Fasel 2.

Brutsch(e) f. (verächtl.) ‚Mund'. Im bes. 1. ‚derber, dicklippiger Mund' S-Hess., w Rhein-Main. – 2. ‚Schmollmund' (besonders bei Kindern), ‚aus Trotz zum Weinen verzogener Mund' S-Hess., Rhein-Main, M-Hess., O-Hess., N-Hess. *Se macht e Brutsch wäi drei Daach Reejewearrer. Doas* ‚das Mädchen' *macht e Brutsche, do kammer ean Walzer droff spenn* ‚spielen' *eann do bläit* ‚bleibt' *noch zu em Bolka eawwerig* [Vwb. 2, 697]. *Uf deiner Prutsch kann e ganz Kapell spiele* [F. Wb. 12, 2377].

Buckel ↑ Rücken.

Bühne ‚Speicher des Hauses' ↑ Laube.

Bürgersteig ↑ Trottoir.

Butterfaß n. 1. ‚schmales, nach oben sich verengendes Faß zum Butterstoßen'. Rda.: *Er hodd im B. laafe gelarnd* ‚Er hat X-Beine' S-Hess. – 2. ‚Drehbutterfaß', also ↑ Leierfaß. Bed. 1 oft auf Bed. 2 übertragen. Meldungen aus dem Gesamtgebiet.

Buttervogel ↑ Fledermaus 2.

Buxe f. ‚Hose' w S-Hess., w Rhein-Main, w u. m M-Hess., N-

Dtsch. Im übrigen gilt ↑ *Hose* [S. Wb. 1, 1280 und Kte. 77]. *Dat gitt de kä Bux* ‚das gelingt dir nicht'. *Manch aaner hot froijer gässe en getrunke, deß em die Buchse geplatzt senn* (etwa Silvester bei freiem Verzehr im Gasthaus). *De gift de Bux vom Hinnern* ‚ist mildtätig, gutherzig'. *Dem sei klaane B. rääχt* ‚der ist bescheiden'. *De mehste Waibsleu dähre selwer gern de B. uh* ‚führten selbst gern das Kommando im Haus'. *He leßt die B. weirer mache als wäi de Hinnern eß* ‚er lebt über seine Verhältnisse'. Ein Krummbeiniger *hott krumme B. oh. Das Herz fällt em in die B.* ‚er verzagt' [S. Wb. 1, 1280]. Meist veraltet o. veraltend. Bei Übernahme von *Hose* durch das Nebeneinander der beiden Bez. oft Bedeutungsdifferenzierungen, z. B.: *B.* = Knabenhose, *Hose* = Männerhose; oder *B.* = Arbeitshose, *Hose* = gute Ausgehhose u. v. m. – Etym.: mhd. *buchse* < **buck-hose* ‚Hose aus Bocksfell', gleichbed. engl. *buckskins* [Kluge/Mitzka, 115; Paul/Betz, 119].

D

daab ↑ taub.

Daab ↑ Taube.

daadse, dandse ↑ tanzen.

daafe, daipen ↑ taufen.

Datsche f. 1. ‚Schlag mit der Hand' S-Hess., w Rhein-Main. Jem. *eine D. gewwe.* – 2. ‚Tatze' S-Hess., M-Hess. *De Bär hott e groß D.* In S-Hess. auch ‚Fuß verschiedener Tiere': der Katze, der Gans, auch ‚plumper Fuß eines Menschen'. *Wou der midd seine Daatsche druffdridd, wächst kaan Gras mäih* [S. Wb. 1, 1411]. – 3. ‚Hand' (scherzh. oder verächtl.) S-Hess., Rhein-Main, M-Hess., O-Hess., N-Hess. *Däer hott D. wäi Waarääre*r ‚Wagenräder' *so groß.* Drohung: *Wenn ich deχ in meine Datsche krieg!* – 4. ‚Mulde', ‚Vertiefung' S-Hess., s Rhein-Main. –

5. ‚mißgebildete Zwetsche ohne Kern' ö Rhein-Main, O-Hess., ö N-Hess. – Lautf.: *Dadsch(e), Daadsch(e), Totsch.*

datscheln, dätscheln, tatscheln, tätscheln sw. V. 1. ‚unruhig hin- und hergehen' S-Hess., w M-Hess. *Wås doidschelsd de dann so en de Gejend rem?* – 2. ‚anfassen', ‚betasten' verstreut über das Gesamtgebiet. *Däer dätschelt* ‚betastet' *aach alles, was fiieren kimmt. Die ahle Fra hot des Botterfaß lang bedatschelt* ‚mit der flachen Hand liebevoll beklopft'. *De ahle Sack* ‚Mann' *datschelt* ‚streichelt' *die Määrercher noch geern.* – Lautf.: *datscheln, dadschele, dätscheln, dätschen.*

Dat(t)e, Dät(t)e, Tat(t)e m. 1. ‚Vater' S-Hess., w Rhein-Main, w u. m M-Hess. Mancherorts kinderspr., häufig nur noch iron. oder scherzh.; wird meist durch *Papa* verdrängt. *De Date hot dem Jong e Abreiwung gewwe.* – 2. ‚Großvater' S-Hess., w M-Hess. Nachdem *Papa* sich durchgesetzt hatte, wurde mancherorts *D.* auf den Großvater übertragen. – Lautf.: *Daade, Date, Dadde, Dede, Deite.* ↑ *Vater.*

Datterich, Tatterich m. 1. ‚das Zittern in den Gliedern' S-Hess., Rhein-Main, M-Hess., vereinzelt in N-Hess. und nö N-Dtsch. *Der hat den Datterich* (er zittert mit den Händen) [F. Wb. 16, 3150]. *Er hot de Datterich in de Been* [Vwb. 4, 27]. Auch Zittern des Säufers, aus Angst u. a. – 2. ‚Gicht' S-Hess., sw Rhein-Main. *Se hott de D. en de groß Zeh.* – 3. Hauptperson in E. E. Niebergalls gleichnamiger Lokalposse von 1841.

datterich, tatterig Adj. 1. ‚zitterig' S-Hess., Rhein-Main u. verstreut n anschließend. *E es noch kee sechziχ en es schon so dadderiχ.* Auch ‚ängstlich', ‚nervös' S-Hess., w Rhein-Main, M-Hess. – 2. ‚(zitternd) weich' ö M-Hess. *Die Zirrerbroi* ‚Zitterbrühe = Sülze' *mit de Saufoiserχe* ‚Schweinsfüßchen' *es desmool dsou d. won.*

dattern, tattern sw. V. ‚zittern' S-Hess., M-Hess. Auch ‚aufgeregt sein' ö M-Hess. *Wann eχ nur wißt, werim der so dadert.* – Lautf.: *dadden, dådden.*

Dauweruck ↑ Taubenrock(en).

Dawwereddche ↑ Taburett.

Debb ↑ Taube.

deere, diere ↑ töten.

deg ↑ dick.

Deite ↑ Vater, ↑ Datte.

dengeln sw. V. 1. ‚Schneide der Sense oder der Sichel mit dem Dengelhammer klopfend schärfen'. Verbr. ↑ *haren. De Senz wäd gedengeld.* Aufforderung in O-Hess.: *Die Sense dängeln, ehn* ‚ehe' *als es daagt* ‚es tagt', *Ohn nähr dich redlich in dinnem Lahnd! Des Dengin will vrschdanne sein(n), dås kann neat jeder.* – 2. ‚zusammentreten', ‚festtreten' (z. B. Heu im oberen Teil der Scheune, um Platz zu sparen) m M-Hess., sw N-Hess. *De Haa wead gedaingeld.* – 3. ‚unruhig von einem Fuß auf den anderen treten (besonders von Kühen gebraucht, die kalben wollen)' nw M-Hess. *Eds dauerds ned mii lang, däi Kou daingeld schu.* – 4. ‚bei bes. feierlichen Gottesdiensten, v. a. bei Prozessionen, mit Hämmern auf die Glocke schlagen, anstatt zu läuten' w M-Hess. – Lautf.: *dengeln, dengele, dengin, daingiln, dingeln.* – Etym.: < mhd. *tengelen* sw. V. ‚klopfen', ‚hämmern', ‚dengeln' zu ahd. *tangol* ‚Hammer'.

denken st. V., tlw. auch sw. V. 1. Wie schspr. mit u. ohne Obj., auch refl.: *Daer denkt aach, mai Gedold dauert eewiχ. Mer hun sich's gleich gedenkt.* – 2. Wie schspr. ‚an einen (etwas) denken'. *En Mann, wu reχd gescheit iß, der denkd beizeit o*ⁿ *sei*ⁿ *Sach* [S. Wb. 1, 1469]. – 3. ‚(sich) erinnern' (oft unpersönlich). *S denggd mer* ‚ich entsinne mich', ‚ich denke daran'. *S dengd mer ned mih* ‚es ist schon lange her'. *Emool gutt geleebt, das denkt einen* ‚daran erinnert man sich'. *Ei du sollschd joo nedd gedenkd sei*ⁿ = eine Verwünschung [S. Wb. 1, 1469]. – Lautf.: *dengge, denke, deanke, daingge.* – Part. Perf. in städt. Ugs. o. im Verkehrsdialekt meist *gedoocht, gedacht,* in dörflicher Basismundart oft *gedenkt* (neben häufigem *gedoocht* u. ä.).

derwerst ↑ quer.

dick Adj., Adv. 1. Wie schspr. von Menschen, Tieren und Sachen aller Art. *Das es en dicke Mann, wäi aχ lang käin mih gesih huu. Was es de Maadχe so groß en d. won. Die Kouh es d. voom viele Bläärerfreasse* ‚Blätterfressen'. *Dicke* ‚plumpe' *Schouh ohhuu.* Kinderlied: *Es raant* ‚regnet' *dicke Trobbe, die*

Jonge muß mer klobbe, die Määrerχer muß mer schuun wäi e aale Kanuun. – 2. übertr. *Der Lui* ‚Ludwig' *es de dickste* ‚reichste' *Bauer em Ort. Es es noch dick* ‚viel' *Zeit fiier die Kirχ.* – 3. Adv. ‚oft'. *Ich huu's em deg gesaat. E es deak soo voll* ‚oft so betrunken', *deß e nit mih laafe kann. Mer fährt läiwer emool decker* ‚öfter' *mirrem schweare Waa voll Kadoffen aus'm Feald, deß kee Raad briχt. So deck wäi haure huu'n ich lang nit mih gelacht.* – Lautf.: *deg, deak, degge, dick(e), dägge.* – Etym.: < ahd. *dicki, dichi* Adj. ‚dick', ‚dicht'; *thicco, dicco* Adv. ‚oft'; mhd. *dicke, dic* Adj., Adv. ‚dick', ‚dicht', *dicke* Adv. ‚oft'. – Das ahd. und mhd. Adv. für ‚oft' hat sich nur in den Mdaa., nicht in der Schspr., bis heute erhalten.

Dickwurz ↑ Rummel.

Dickwurzteufel ↑ Teufelskopf.

Dienstpfennig ↑ Miet(e)pfennig.

Difteler,Defteler ↑ Tüfteler.

Dinggeld ↑ Miet(e)pfennig.

Döckbert ↑ Tauber(t).

Docke f. ‚Mutterschwein'. Verbr. ↑ *Mucke* [vgl. auch KWAH, Kte. 3]. *Inse D. höt gefaorkelt on hätt zehn Faorkeln kräχd.* Derb von einer älteren Frau, die noch ein gesundes Kind zur Welt gebracht hat: *Je äller die Dogge, desde schenner die Ferkel.* – Etym.: < mhd. *tocke, docke* ‚Mutterschwein'.

Dood, Deed ↑ Töte.

dööfen ↑ taufen.

Dott, Dudd ↑ Tute.

draatsche, dratschen ↑ tratschen.

drebeln, dribele ↑ tröpfeln.

Drehfaß ↑ Leierfaß.

Drendel, Drennel ↑ Trendel.

Druschel, Drusselbeere ↑ Stachel(s)beere.

Dübben, Düppen, Tüpfen m. 1. ‚Topf': einst aus gebranntem Ton, später auch aus (meist emailliertem) Blech; ‚irdener Topf', auch allg. ‚Gefäß zum Kochen und Braten'. Regionale Differenzierungen nach unterschiedlicher Form oder verschiedenem Material (Ton/Blech) sind kaum erkennbar. S und sö S-Hess. gilt statt *D. Hafen (Haffe, Haw(w)e)*, im N *Pott* [S. Wb. 1, 103, Kte. 2; Vwb. 4, Kte. 8]. – Viele Wndgen u. Rdaa., oft Dimin.: *Klaane Dibbχer hunn große Ohrn:* Kinder hören aufmerksam zu und registrieren vieles, was sie nicht hören sollen. Vom Prahlhans heißt es: *Große D. unn nix drin* [S. Wb. 1, 1847]. *Der hott off jed Dibbche e Deckelche* ‚hat auf alles eine passende Antwort'. *Einem das Dibbχen aufdecken* ‚die Schliche, Schlechtigkeiten eines Menschen ans Tageslicht bringen'. Wer einen eigenen Hausstand hat, dem *brotzelt des Dibbχe.* Daher sagt die Mutter warnend zu ihrer übermütigen, noch unverheirateten Tochter: *Es werd der schon anneschder wern, wann de emohl dai aaje* ‚eigenes' *D. brotzele heerschd* ‚hörst' oder *em eeje D. koche mißt. Es gibt kee D., es fend sich e Deckelche druff* ‚jeder findet einen Ehepartner'. Aber auch sozialkritisch: *Jed Debbche find sei Deckelche, wann wås Goudes dren eas* ‚auch häßliche, aber vermögende Mädchen werden geheiratet'. *Kleene Dibbercher koche leicht ewwer* ‚kleine Menschen sind leicht erregbar'. *Was batt* ‚nutzt' *der e schie* ‚schönes' *Debbe, wann naut dren es?* fragt der Vater den in ein armes Mädchen verliebten Sohn. Dessen Antwort: *Was batt mer e voll Debbe, wann ich kee Appetit dezou huu?* Trost für ältere (kränkliche) Menschen: *Die ältste Dibbχer halle ohm längste. Wann's Dibbχe voll es, laafd's ewwer. Guck du erschd emohl en dai eeje* ‚eigenen' *Dibbe* ‚kümmere dich um deine eigenen Angelegenheiten'. – 2. scherzhaft für ‚Kopf' S-Hess., Rhein-Main, M-Hess., N-Dtsch. *Ich schlaa der off's Dibbe. Raach* ‚Rauch' *em Dibbe huu* ‚wütend sein'. – 3. ‚törichter, dummer Mensch' S-Hess., Rhein-Main, M-Hess. *Dat is e richt* ‚recht' *dumm Düppen.* – Lautf.: *Dibbe, Düppen, Debben, Debbsche.*

Dübbenmacher m. ‚Töpfer' S-Hess., Rhein-Main, O-Hess. (↑ *Düppen*). Andernorts dafür *Häfner*, gegen das es ständig vordringt, und *Euler.*

Dübbenmesse f. Die seit 600 Jahren vor dem Römer in Frankfurt stattfindende Verkaufsmesse für Töpferwaren. Heute großes Volksfest. *Warscht de schon uff de Dibbemess?*

Dubbert, Dibberd, Daiwerd ↑ Tauber(t).

Duck, Tuck m. 1. ‚Schlag', ‚Stoß' (auch übertr.) S-Hess. *Däar hott uns en schäine D. versetzt* ‚Schlag versetzt', aber auch ‚uns Sorgen bereitet'. – 2. ‚heimtückisch zugefügter Schaden', ‚Schabernack', ‚hinterlistiger Streich', S-Hess., Rhein-Main, M-Hess. Auch ‚Arglist', ‚Tücke' S-Hess. und verstreut n anschließend. Einem *en Duck antun, einen Dock(e) spielen* ‚einem heimlich schaden'. *Wo er aam kann en Dugg ohtun, doh fihlt e sich wohl.* – Lautf.: *Dug, Duuk, Dik.* – Etym.: verwandt mit ‚Tücke' < mhd. *tuc, duc* ‚Schlag', ‚Stoß', ‚Streich'.

Duckmäuser, Tuckmäuser m. 1. ‚verschlagener, heimtückischer Mensch' S-Hess., Rhein-Main, M-Hess., N-Hess., ö N-Dtsch. (↑ *Duck*). *Mer muß des Maadχe fiier so eem D. schitze.* – 2. ‚Sonderling' vereinzelt in w M-Hess. – 3. ‚verdrießlicher Mensch' vereinzelt in S-Hess.

dufte Adj., Adv. ‚fein', ‚vortrefflich'. *So e dufte Arweit hoo ich lang net meh gehatt. Ach Kerle, das war mal dufte gespielt* [F. Wb. 16, 3261]. – Etym.: < jidd. *tow* ‚gut'.

Durmel, Turmel m. 1. ‚Taumel', ‚Benommenheit', ‚Schwindel' S-Hess., Rhein-Main, M-Hess., O-Hess. *Ich sai alt won, ich kräje deg* ‚bekomme oft' *de Dormel.* – 2. ‚Schwächling' S-Hess., Rhein-Main, M-Hess., auch ‚Tolpatsch', ‚Dummkopf' Rhein-Main, M-Hess. Eine Frau sagt von ihrem unfähigen Dienstmädchen: *Wass will ich dann mit so'm Durmel?* – 3. ‚schwache(s), kümmerliche(s) Tier oder Pflanze' S-Hess. – Lautf.: *Durmel, Dormel, Dörmel.*

Durt ↑ Rade.

Dütz ↑ Euter, ↑ Mämme(e).

Duwerock ↑ Taubenrocken.

E

Eber m. 1. ‚unverschnittenes männliches Schwein' s u. w S-Hess., w Rhein-Main, w M-Hess., ö N-Hess. und vereinzelt im übrigen M-Hess. Sonst, also im überwiegenden Teil, erscheint ↑ *Watz*. *E.* ist aber im Vordringen gegenüber *Watz*, das in einigen Orten nur noch von den Alten gebraucht wird. Tlw. entsteht beim Nebeneinander beider Bez. Bedeutungsdifferenzierung: *Watz* ist der übliche, *E.* aber der ‚anständige' Ausdruck. Von einem Kind, das beim Essen aufstößt, sagt man: *Es hodd e Kopp wie e E.* [S. Wb. 2, 3]. Wenn der Roggen wogt, dann *geht de Eewer em Karn* (der E. vertritt im Volksglauben die Wetterwolke und den Wirbelsturm) [H. d. A., 517 u. 519]. – 2. ‚schmutziger Mensch' S-Hess., w Rhein-Main . – Lautf.: *Äwer, Eewer.*

Ehejoch, Ehering ↑ Treuring.

Ehepfennig ↑ Miet(e)pfennig.

Ehetaler ↑ Taler.

Eidam m. ‚Schwiegersohn' Rhein-Main, M-Hess., O-Hess., s N-Hess. Nicht selten steht es neben *Schwiegersohn*, durch das es zurückgedrängt wird, so daß es heute nach WSAH-Karte 137 nur noch als Einzelmeldung erhalten ist (↑ *Tochtermann*). In S-Hess. ist es nur noch aus historischen Belegen bekannt [S. Wb. 2, 38]. In der mdal. geprägten Heimatdichtung überliefert: Der Bürgermeister sagte: *Wenn einer sein Werk in Zug hat, ist es dem Dotzheimer sein Äre* (A. Bock, Die harte Scholle, S. 269). *Die ahl Fraa hott's gout bei Dochder en Eere.* – Lautf.: *Aare, Aire, Ääre, Eere, Eiden.* – Etym.: < ahd., mnd. *eidum*, mhd. *eidem* ‚Schwiegersohn', auch ‚Schwiegervater'. *E.* bezeichnete den, „der einheiratet und am Erbe (der Tochter) teilnimmt" [Kluge/Mitzka, 155].

Eingewickelte ↑ Quellkartoffel.

Eiter m. 1. Wie schspr., steht im gesamten Gebiet neben ↑ *Materie* und verdrängt es. *De Eider glåbd* ‚klopft' *en de Wonn.*

Weitverbreitete Meinung: *De Aader moß mer ausdricke.* Weißmehl und Schweineschmalz werden in S-Hess. und auch n anschließend als Hausmittel gegen Schwären angewandt: *Se zijje* ‚ziehen' *den Ääder gut zesamme.* Wer seine Meinung ohne Zögern ausspricht, *bei dem ziehd's keen E.* [S. Wb. 2, 176]. – 2. ‚getrockneter Schleim in den Augenwimpern', ‚Augenbutter', verstreut im Gebiet. – Lautf.: *Eider, Aader, Eeder, Ääder.*

Eiterbisser m. 1. ‚bissiger, böser Hund mit scharfen Zähnen, die eiternde Wunden verursachen' S-Hess., w Rhein-Main, n M-Hess., w O-Hess. und wohl öfter. Um 1930 veraltend, heute weitgehend ausgestorben. – 2. ‚leicht erregbarer, zorniger und streitsüchtiger Mensch'. Verbr. wie bei 1. Ebenfalls veraltend. Auch in der Heimatdichtung: *Das war ein E., ein roher Rüppel, schlug seine Frau und riß sie an den Haaren herum* [A. Bock, Der Flurschütz, Berlin 1919, S. 13]. *Se een Gefd* ‚ein giftiger, bösartiger Mann', *den mer en oisem Dorf nur de Eiderbisser genannt huu, huu'n aχ lang nit gesih.* – Lautf.: *Eiterbesser, Aaderbisser, Ederbeser.* – Hierher auch *eiterbissig* ‚bösartig, zänkisch'; Verbr. wie bei 1.

Eller f. 1. ‚Erle (der Baum Alnus glutinosa)' sw u. ö S-Hess., N-Dtsch. – 2. ‚Hebamme' (↑ *Älter*, ↑ *Amme*).

Ellermutter ↑ Amme.

Elster(s)auge ↑ Leichdorn.

Erder ↑ Order.

Erkältung ↑ Rotlauf.

Ern ↑ Reul.

essen st. V. Wie schspr. ‚Nahrung zu sich nehmen (vom Menschen)': absolut und mit Objekt. Zahllose Wndgen., Rdaa., Sprichw.: *Däer esd, mer maa^{n}d, e seld gehengd wäen. Bäär sich net soat eßt, läckt sich au net soat:* Wenn jemand nach dem Dreschen jede Ecke in der Scheune nach Körnern absucht. Dieses Sprichw. bedeutet aber auch: Wer sich beim Essen nur eine kleine Portion nimmt, wird vom sauberen Tellerleeren auch nicht satt. *Bi m'r eßt, so es mer (ärwet mer)* ‚Wie einer ißt, so ist (arbeitet) er auch'. *Abbedid derfste d'r holle, owwer gesse werd dehamm:* Frau zu ihrem Mann, der anderen Frauen nachblickt. *Wenn's Esse sol gedaje, muß mer e Schdun awwer zwoo druff laje. Zuvel Esse brengt Schaare on verderbt dos beste Blut.* Aber es heißt auch: *Jätt't Liif voll* ‚iß den Leib voll', *dann kannst dou auk widder arweeden.* Oder: *Wei düchtig ett, dei lett* ‚wird stark'. Weitverbreitet ist: *Dä eßt wäi e Drescher* (viel und schnell) oder *wie e Spatz* (langsam, lustlos). Bekanntes Sprichwort: *Ess, woas goar eß, trenk, woas kloar eß, sprech, woas wuhr es.* Und: *Trenk en eß, Gott nit vergeß. – Däer eßt keenen Laib Brot meh, keene groin Bohne meh, keene Metze Salz meh* ‚stirbt bald'. Wenn jemand zwischen den Mahlzeiten etwas Wohlschmeckendes ißt: *Wenn me ittet, äihr me ittet, broukt me nitt te iätten, wenn me ittet.* Wohlleben führt zur Verarmung: *Mäulche, willste Gaures easse, Fäußi* ‚Füßchen', *mußte boarwes* ‚barfuß' *gieh. – Hoschde der e Sippche enngeprockd, mååschde* ‚magst du' *se aach e. – Mid grouse Laid is net guud Kiiʳsche ese* [beides S. Wb. 2, 287f.]. *Die beste Äbbel (Been) sai geasse* ‚die glücklichste Zeit in meinem Leben ist vorbei'. Eine Sache ist erledigt: *Es is gesse.* – Lautf.: *ässe, esse, essen, ääten, jätten;* Prät. *ass*, Part. Perf. *gesse.*

Euler ↑ Dübbenmacher.

Euter m. ‚Euter der Kuh', auch oft ‚Euter der Ziege oder des Schafes' sö S-Hess., n M-Hess., w N-Hess., N-Dtsch. Landsch. Syn.: *Ditz, Detz* w S-Hess., *Mampel* m S-Hess., n anschließend ↑ *Mämm* und *Dütz.* [S. Wb. 2, Kte. 27; Vwb 2, Kte 31]. – Lautf.: *Aider, Jetter, Eeder, Itter.*

ewwicht ↑ abich.

F

fabeln sw. V. 1. ‚verwirrt reden' S-Hess., Rhein-Main. *De Mann fååweld ferchderlich.* – 2. ‚im Fieber phantasieren' M-Hess., O-Hess.; im w M-Hess., w Rhein-Main auch oft ‚phantasieren'. – 3. ‚im Schlaf sprechen' M-Hess. – 4. ‚schlafwandeln' M-Hess. – Lautf.: *faaweln, fouweln, fååweln.*

Fackel ↑ Klatschrose.

Fahne ↑ Rispe 1.

Fahrbaum m. ‚lange Ruderstange der Fischer oder Schiffer' Rhein-Main. *Däer hat sich im Maa erumgedrickt, bis der Fahrbääm verlorn war.* – Lautf.: *Faoerbaam, Faabääm.*

Fahrbeet n. ‚feldwegartiger Trennungsstreifen zwischen zwei Ackerbreiten'. Verstreut M-Hess., O-Hess. (↑ *Fahrt* 4).

Fahrgasse f. Älteste, bedeutende Verkehrsstraße in Frankf., über die jahrhundertelang der Fernverkehr von Nord- nach Süddeutschland u. umgekehrt ging. Frankf.: *Jetz heer awwer uff mit daam dumme Gebabbel, erzehl des dem ... aus der Fahrgaß.* – Lautf.: *Faagass.*

Fahrkuh f. ‚Milchkuh, die auch zum Fahren gebraucht wird' S-Hess., M-Hess. *Sie ist die Kou faam kleene Mann* ‚die Kuh des kleinen Mannes' (d. i. des Nebenerwerbslandwirts). Im Gegensatz dazu benutzt der größere, selbständige Bauer, der Pferde als Zugtiere hat, Kühe nur als *Milchkoi.* – Lautf.: *Foakuu, Fahrkuh, Foarkou.*

Fahrochse m. ‚verschnittener Stier, der als Zugtier dient' S-Hess., Rhein-Main, M-Hess. *Die Leu hoo* ‚Leute haben' *die Foarosse abgeschafft.* In S-Hess. steht westl. *Fahrochse* östl. *Ochs* gegenüber [S. Wb. 2, 29].

Fahrt f. Neben der schspr. Bed. gilt: 1. ‚kurzer Fahrweg oder Sackgasse im Dorf' M-Hess. – 2. ‚abwärtsführender, oft schräger Schacht mit Leitern im Bergwerk' M-Hess. – 3. ‚Einfahrt zum Hof' S-Hess., Rhein-Main, M-Hess. – 4. ‚feldwegartiger Trennungsstreifen zwischen zwei Ackerstreifen' M-Hess. *Die Foad zwische den beere* ‚beiden' *Äckern is zu schmoal.* – 5. ‚Recht, den eigenen Acker oder die Wiese über das Grundstück eines anderen zu erreichen' M-Hess. Das Recht galt nur zu bestimmten Zeiten im Jahr, um den Ertrag des anderen nicht zu beeinträchtigen; seit den offiziellen Zusammenlegungen überflüssig. *Mir hoo de Fåård eawer deam sai Wess.* – 6. ‚loser Streich' S-Hess., M-Hess. *Dåer hod schun manches Fäedche gemacht.* –7. Mobiler Besitz, meist in der Redewendung *Hab und Fahrt* ‚Hab und Gut' Fankf. *Un wer beschitzt Ihne Ihr Fraa, un Hab un Fahrt?* – Lautf.: *Foad, Faad, Fort, Fååt.*

Fährte f. ‚Spur' M-Hess. Auch übertragen: *Däer es näewe de Feerde* ‚ist geistesgestört' oder ‚redet im Fieber irre'. – Lautf.: *Fedde, Firrde, Fearde, Feerde.*

falch, fälch Adj. ‚fahl', ‚blaßgelb' (von Kuh u. Pferd). *Das is e falχe Kuh.* Allg. verbr. Auch Subst. *Falχ* m. ‚fahle Kuh (Pferd)' allg. verbr. *Der Falχ woar'n Stier, wie ich noch ka'n g'hatte.* – Lautf.: *falχ, faliχ, falsch.* – Etym.: geht auf germ. Stamm **falwa* ‚graublaß, fahl' zurück.

fallieren sw. V. 1. ‚Bankrott machen' S-Hess., Rhein-Main. *Der hot falliert, sein ganzes Werk es futsch.* – 2. ‚mißlingen', ‚schiefgehen' S-Hess., Rhein-Main, M-Hess. N-Dtsch. *Dem es de Kuche falleerd.* Rda.: *Wann's nid glegd, doo falliids:* man kann's nicht ändern. – 3. ‚verenden (von Tieren)' S-Hess., Rhein-Main, M-Hess. *De jung Gaul woar faliied.* – Lautf.: *fallii'n, falleern.* – Etym.: zu ital. *fallire* u. lat. *fallere* ‚täuschen, hintergehen u. a.'.

Fangeisen ↑ Treuring, Trauring.

Fangen(s) spielen ‚Fangspiel der Kinder' (↑ *Nachlauf* 1). *De Kenner schbeen Fanges.*

farnig, farrig Adj. ‚brünstig (von der Kuh)' m S-Hess. *Die Kuh eß f.* Landsch. Syn.: ↑ *ochsig.* – Etym.: *farnig* = Abl. zu *Farren* ‚Zuchtstier', also ‚nach dem Farren verlangend'.

Farze f. 1. ‚kurzes, einfaches Blasinstrument der Kinder'. Es wird aus einem kurzen Stück Weidenrinde, seltener aus einem Löwenzahnstengel, hergestellt. Beim Weidenstück wird vorne die Oberhaut der Rinde abgeschabt u. leicht zusammengepreßt. Die *F.* ist im Gegensatz zur größeren *Pfeife* ohne Verschluß u. Pfeifenlöcher. Allg. verbr.; häufig dafür auch *Hupe.* Rda.: *Gerät's, gibt's e Pfeif, verderbt's, gibt's e Foaz:* ganz fehlschlagen kann das Unternehmen nicht. – 2. ‚schlechte Trompete' w M-Hess. – Lautf.: *Faards, Foads, Fääds.*

Fasel m. 1. ‚das weibliche Kalb' n M-Hess. (dort auch ↑ *Faselkalb*), sw N-Dtsch., auch ‚das weibliche Zuchttier' n N-Dtsch. – 2. ‚Zuchtstier' S-Hess., M-Hess. Das aus der landw. Fachsprache kommende Wort verdrängt in jüngster Zeit die alten mdal. Benennungen wie *Brüllochse. Däā held de F.* ‚unterhält im Auftrag der Gemeinde den F.' *De Bauer hot die Kuh zem F.*

gebrocht. – Etym.: < mhd. *vasel* m. ‚Zuchtvieh', ahd. *fasal* ‚Nachkommenschaft'.

Faselkalb n. ‚das weibliche Kalb' w N-Hess., w N-Dtsch. *De Buure zicht des F. off.* – Lautf.: *Fosselkalb, Faselkalf, Fässelkalb.* ↑ *Fasel.*

Fasellamm n. ‚weibl. Schaflamm' M-Hess., sö N-Dtsch. *Des Vossellämmχe es ned gesond.* – Lautf.: *Fessellamm, Fåsellamm.* ↑ *Fasel* 1.

Faselochse m. ‚Zuchtstier' S-Hess., Rhein-Main, M-Hess. ↑ *Fasel* 2.

Fastnacht f. ‚der närrische Tag vor Aschermittwoch', in neuester Zeit aber auch ‚die Tage oder Wochen davor'. Beides ist nicht klar voneinander zu trennen. Altes Brauchtum ist noch vielfach erhalten. So gilt in Teilen des S-Hess.: Da der Teufel an F. (am Fastnachtsdienstag) im Wald sein soll, bleiben die Holzfäller an diesem Tag zuhause. *Wer uff F. spinnd, dem sein Gaa'n wird vun de Mais* ‚Mäusen' *gefressen.* Man darf an F. nicht backen, denn wo der Backtrog steht, wird bald ein Sarg stehen. In M-Hess. ziehen die Kinder Fastnachtsdienstag mit einem hölzernen Spieß, auf den sie die Gaben stecken, durchs Dorf und singen: *Ho, ho, ho / de Fasseniχt es do / Schneit mer e Stek vom Schänke* ‚Schinken' / *Öt klanste lostäs* ‚laßt ihr' *hänke / Öt grüste gedär mir* ‚das größte gebt ihr mir' / *Hei stien eχ för der Dür.* Bauernregel aus dem m M-Hess.: *Gibt's in der F. viel Stern / so legen auch die Hühner gern.* Rda.: *Soviel zu duun hawwe wie die Pann uff F.* ‚sehr beschäftigt sein'. – Lautf.: *Fasenacht, Fassenåächt, Fassenicht.* – Etym.: zu *naht* in der Bedeutung ‚Vorabend' und ahd. *fasta*, mhd. *vaste* ‚das Fasten', also ‚Vorabend vor der Fastenzeit', d. i. Dienstag vor Aschermittwoch.

Fäustel m. 1. ‚Fausthandschuh, bes. für Kinder' nur S-Hess. – 2. ‚faustgroßer Hammer verschiedener Handwerker' S-Hess., M-Hess., ‚schwerer Hammer der Bergleute' M-Hess. – Lautf.: *Faischdl, Foisdel.*

Februar m. Wie schspr.; zahlreiche Rdaa., Wetterregeln u. a.: *Danzen im F. die Mucken, müsse se im April sich ducken. Äis unn Schnäi äm Febberwar brengt Sege värsch ganze Jahr. Wenn im F. die Katz en de Sonne lieχt, sie im März wierrer hinner de*

Ofe krieχt. Frijerd em F. nix ein, wirds e schleecht Kornjohr sein.

Feg(e)mühle f. ‚Gerät, mit dem man nach dem Handdrusch das Getreide von Staub, Spreu u. ä. reinigt' w Rhein-Main, M-Hess., O-Hess. War gegenüber der *Wurfschaufel* (↑ *Schaufel*) ein Fortschritt. Meist besaßen nur einzelne Bauern im Dorf ein solches Gerät und verliehen es gegen Leihgebühr. – Lautf.: *Fääjmeel, Fäemihl.* ↑ *Windmühle.*

fegen, sich sw. V. Neben einer Reihe anderer Bed. gilt ‚die Nachgeburt abstoßen' (bei Kühen) nw S-Hess., s Rhein-Main, sw M-Hess., O-Hess. Landsch. Syn. von S nach N: *putzen* S, O und N von S-Hess., m M-Hess. (Raum Usingen, Weilburg, Gießen), *säubern* Rhein-Main (Raum Rüsselsheim), *schön machen* (Raum Herborn), *reinigen* nw M-Hess. (Dillenburg-Berleburg) und n N-Hess., *losen, lösen* (↑ Los, ↑ losen [2]) im übrigen Gebiet, also S-Hess., n Rhein-Main, ö M-Hess., N-Hess. und s N-Dtsch. *Die Kuh hodd sich noch nedd gefädd* S-Hess. *Die Kuh fät sich* O-Hess. In Gassen (O-Hess.) sagt der Bauer, wenn die Kuh innerhalb von 6 Stunden nach der Geburt die Nachgeburt abstößt: *Sie hat sich gefegt.* Wenn diese vom Tierarzt entfernt werden muß, heißt es: *Sie muß gefegt werden.* In Lanzingen (ebenfalls O-Hess.) sagen die Bauern untereinander *feche*, im Gespräch mit dem Tierarzt jedoch *losen.*

Feldhuhn n. 1. ‚Rebhuhn'; neben *Feldhünkel*, meist ohne klare räumliche Abgrenzung. *Häit flok äus insen Kardöffeln en Draopp* ‚Trupp' *Feldhinner of.* – 2. übertr., meist Pl. *Feldhenner* u. ä. ‚Pellkartoffeln' S-Hess., M-Hess.; im w M-Hess. öfter ‚Kartoffeln in der Schale, die mit einer Zwiebeltunke gegessen werden'. – Lautf.: *Feldhuu* als Mda.wort steht in S-Hess. dem halb-mdal. *Feldhuun* aus der Jägersprache gegenüber; *Feldhou* N-Dtsch., M-Hess.; *Feldhuh* ö Rhein-Main (alle Bed. 1).

Feldhünkel n. 1. ‚Rebhuhn', keine klare Abgrenzung gegen ↑ *Feldhuhn. E paar Feldhinkel* Frankf. – 2. ‚Kartoffel' verstreute Belege. Bornheimer Gericht: *Feldhinkel ohne Feddern* ‚Pellkartoffeln in der Schale' Frankf. – Lautf.: *Feldhinggel, Feldhingkel* u.ä.

Feldmohn ↑ Klatschrose.

Felge f. Neben der schspr. Bed. ‚Radfelge' gilt: ‚das im Herbst geackerte Land', auch ‚Stoppelacker' N-Hess. u. wohl weiter verbreitet; auch: ‚zum erstenmal geackertes Land' ö M-Hess. – Lautf.: *Felche* M-Hess., *Fälge* N-Dtsch. ↑ *felgen.*

felgen sw. V. ‚pflügen' S-Hess., M-Hess., N-Hess., N-Dtsch. und wohl öfter. Man unterscheidet verschiedene Arten des Pflügens, die nach der Tiefe, der jahreszeitl. Arbeit u. a. differenzieren können: z. B. den Acker oder den Weinberg mit der Hacke leicht lockern (allg.) neben dem zweiten Jahrespflügen für die Herbstsaat S-Hess. Oder: *f.* in Calden im nw N-Dtsch. heißt ‚leichtes Pflügen der Winterfruchtstoppeln', es steht dem *deep ackern* ‚tief pflügen' für die Saat gegenüber. In Teilen des w N-Hess. ist *f.* ‚das Brachland pflügen', das wird auch aus dem w M-Hess. gemeldet. –Lautf.: *felχen* M-Hess., *felgen* N-Dtsch., *fäljen* N-Hess. – Etym.: < mhd. *valgen, velgen* ‚umackern'. ↑ *Felge.*

Ferkelsau ↑ Mucke.

Ferse ↑ Hacke[2].

Fese ↑ Rispe.

Feuermohn ↑ Klatschrose.

Firdel ↑ Vorteil.

Fittich, Fittch m. 1. ‚Flügel der Vögel' m Rhein-Main, ö M-Hess., O-Hess., N-Hess. (↑ *Flittich*). Auch übertr.: *Do hengt se die Fitch* ‚da läßt sie die Flügel hängen' (von einem Mädchen, das sehr traurig oder erschrocken ist). *Der möchte gern flieje, awwer die Fittχ sai em noch net gruß* ‚groß' *genug.* – 2. ‚leichtsinniger Mensch', verstreut bes. im m Gebiet. – Lautf.: *Fittχ, Fedχ.*

Fledermaus f. 1. Wie schspr. (Vespertilio). Häufig steht im S und in der Mitte unseres Gebietes (S-Hess., Rhein-Main, s M-Hess., w O-Hess.) das alte *Speckmaus* noch neben *F.*, oft am gleichen Ort; n anschließend herrscht *F.* vor. Viele andere Bez. und den genauen Grenzverlauf zeigen Vwb. 3, Kte. 23 u. S. Wb. 2, Kte. 34. Alte Formen des Volksglaubens: Fliegt eine *F.* ins Haus, muß jemand sterben, S-Hess. Oder: *Wann aam a F. uff de Kopp flied, kried mer Grend* (Kopfhautekzem). *F.* hat als „Wort der Schule“ zunehmend das alte *Speckmaus* verdrängt, bes. bei der jüngeren Generation. Frankf. meldet 1940: Heute = *e Fleddermaus*, früher = *Speckmaus*. – 2. ‚Schmetterling (Papilio)' S-Hess. (neben häufigerem *Schmetterling*, bes. im w S-Hess.), nw M-Hess., ö Rhein-Main, sö M-Hess. bis n O-Hess. hinein (Bad Orb, Schlüchtern, Fulda), ö M-Hess. (s von Alsfeld). Landsch. Syn. von S nach N: schspr. gestütztes *Schmetterling*, das alte mdal. Formen zusehends verdrängt, M-Hess., N-Hess., N-Dtsch., dann *Flimmermaus, Sommervogel* im w M-Hess. (Hachenburg-Montabaur); in kleinen Gebieten schließlich gelten *Müller, Müllermahler, Molkenstehler,* ↑ *Papiller, Wimmel, Buttervogel* u. a. [S. Wb. 2, Kte. 49 u. Vwb. 3, Kte. 9]. *Wann mer im Frihjuhr s'irschd e geeli* ‚gelbe' *F. siehd, muß mer sich's ganze Juhr grii*[n] *e geel ärjern.* Ein altes Zauberbüchlein aus dem Westerwald berichtet (19. Jhd.): *Binde mit einem rothen Faden das Herz einer Fledermaus an den Arm, womit du auswirftst* (Spiel), *so wirst du alles gewinnen.*

Flittich m. 1. ‚Flügel der Vögel' (z. T. auch der Insekten) n S-Hess., Rhein-Main, w M-Hess., N-Hess. Sonst gilt meist ↑ *Fittich, Fittch;* im w S-Hess. erscheint *Flitte*, im s S-Hess. *Flügel* [S. Wb. 2, Kte. 52]. *Die kleene Biebχer* ‚Küken' *schlibbe* ‚schlüpfen' *inner die Flittχ fah der Kluck. De Spatz hor en lohme Fletsch* ‚hat einen lahmen Flügel'. *Däer läßt jo die Flittch hänge* ‚ist hoffnungslos, mutlos'. *Die Flötch stümpe* ‚die Flügel stutzen', auch übertr. ‚(überspannte) Erwartungen dämpfen'. – 2. ‚lose hängender Teil eines Kleidungsstückes' S-Hess., M-Hess. – 3. ‚die mit Fangvorrichtung versehene Sense' m und o M-Hess.; andernorts dafür ↑ *Reff, Mähgestell* u. a. – 4. ‚leichtsinniger Mensch' M-Hess. *Däer Flidsch hott des ganze Werk* ‚den Hof' *vebrassd.* Auch ‚leichtlebige, liederliche weibliche Person' S-Hess. *Deß* ‚das ist' *weider nix wie e F.* [S. Wb. 2, 809]. – Lautf.: *Flittχ, Flidsch, Flittich, Fläitich, Fletχ, Flötχ.*

Flitzebeed ↑ Veloziped.

Flügel ↑ Flittich 1, ↑ Fittich 1.

Foul ↑ Vogel.

Franzosenblume f. ‚Saatwucherblume (Chrysantemum segetum)' M-Hess., N-Dtsch. *Däi F. äes e bees Uukraut.* – Lautf.: *Franzuseblomm, Frantsosenblomme.*

Franzosensuppe f. ‚Gemüsesuppe aus versch. Zutaten' S-Hess., M-Hess. *Däi Frantsuusesopp gidds meesd sonnooweds.*

Fraupate ↑ Gote.

Frist, Frest ↑ Rist.

Frosch m. 1. Wie schspr. im größten Teil des Gebiets. Unterschiede zwischen dem grünen Wasserfrosch (Rana esculenta) u. dem braunen Grasfrosch (Rana temporaria) werden kaum beachtet, sogar die Kröte wird gelegentlich *F.* genannt. Reichhaltige landsch. Syn., bes. in den Randgebieten: *Krott, Krottert* m Rhein-Main, m M-Hess., *Icke* O-Hess., *Itsche, Ütsche* ö O-Hess., *Höppe, Hüpfer (Höpper)* N-Dtsch., *Pädde, Rölling* u. v. m. *Däer es so naß wäi en Freesch. Mer maand, du hättst e Frosch verschluckt* (bei Schluckauf). *Ja, werim hoo dei Fresch keen Schwanz,* antwortet man ärgerlich auf unnötige oder unsinnige Fragen. *Sich verhahle wäi en Frosch of de Schonn* ‚Scholle, Erde' = träge, täppisch. *Aiχ sih aus wäi e geschinndter* ‚geschundener' *Frääsch* ‚im Gesicht verkratzt' (vom schlechten Rasieren), aber auch ‚bin an den Händen geschunden'. *E Frosch, därsch Heppe* ‚der das Hüpfen' *gewöhnt ess, lännt's Fläenn* ‚lernt das Fliegen' *net* ‚ein Bösewicht ändert sich kaum'. *Der muß die Fresch hoire* ‚hüten', sagt man von einem alten Junggesellen (der also unnütze Arbeiten verrichtet), gelegentlich aber auch von einem ältlichen Mädchen. Viele Wetterregeln, z. B. *Däi Fresch kräische, es gedd Rääje. Dudd de Frosch off saim Stengelche hocke, werd's noch schee en bleibt noch trocke. Wånn die Fresch noch im Herbst speed hippe, gibds kån frihe Winder* [S. Wb. 2, 970]. – 2. übertr. ‚kaltblütiger', aber gel. auch ‚furchtsamer Mensch' S-Hess., Rhein-Main. – 3. ‚Fruchtkapsel der Herbstzeitlose' (wohl weil sie nackt sind) ö Rhein-Main. – 4. ‚umherhüpfender Feuerwerkskörper' S-Hess., Rhein-Main, M-Hess. – Lautf.: *Frosch, Froosch, Fråsch, Fresch, Freesch, Frääsch.*

Frucht f. 1. Wie schspr. ‚das aus dem Samen und dessen Hülle bestehende pflanzliche Produkt'. *De Beem treet kee Friχt mih.* – 2. ‚Getreide' (das noch auf dem Feld stehende u. das gedroschene Getreide). *Friχt abmache* ‚ernten'. *F. durch de Windmehl leiern* ‚in der Fegemühle reinigen'. *Beim Dresche wed die F. engesackt un off die Leeb gedrääd. Wann im Herbst gezak-*

kert ‚das Feld umgepflügt' *es, dann werd die Friχt gesot. Däär hott gurre F.* ‚erntet reichlich'. Wenn jemand gestorben ist, wird die *F. off dem Burre* ‚Speicher' *emgerüird* ‚umgerührt'. *Där arntet sealbst of Stehngen* ‚Steinen' *de beste F.* ‚ist ein erfolgreicher Bauer'. *Märzschnii duut der Fricht arsch wih. Die Haase henn em sei^n F. gedrosche* ‚die Halme abgenagt' [S. Wb. 2, 975]. *Die Friχt weesd* ‚wächst': verweist auf einen nassen Sommer; d. h. die Körner keimen wegen der Nässe im aufgestellten Haufen. *Dem rents* ‚regnet's' *F. off de Speicher* und *Dem tran* ‚tragen' *alle Äcker F.* ‚der ist ein wohlhabender, erfolgreicher, Mann'. – 3. *E Gläsi Friχt* ‚ein Gläschen Fruchtschnaps' verstreut S-Hess., M-Hess. – 4. übertr.: ‚jugendlicher Taugenichts' S-Hess., M-Hess., O-Hess. *Däer es e scheen Friχtche.* – Lautf.: *Frucht, Frocht, Fråcht, Früχt, Friχt:* umlautlose und umgelautete Formen sind vorhanden, ohne daß immer klare Abgrenzungen zu erkennen sind. Allerdings dominiert *Friχt* mehr im w und m M-Hess., im ö N-Hess. und N-Dtsch.

Fuchel, Fuuchel ↑ Vogel.

für-, Für- ↑ vor-, Vor-.

Fuß, Füßchen ↑ Lambri.

Fußpfad ↑ Trottoir.

G

Gang, Gasse ↑ Reul.

Gänseblume, -blümchen ↑ Maßliebchen.

Garbe, Gebund ↑ Sichling.

Gehweg ↑ Trottoir.

Geiß f. ‚Ziege'. Verbr. ↑ *Ziege.* Viele Wndgen. und Rdaa. *Nun mache mer noch Holz klaa* (das ist die letzte Tagesarbeit draußen), *dann es der Gaas geschdraat* ‚gestreut': dann sind wir mit der Arbeit fertig. Von einem Tolpatsch heißt es: *Däer hot wearrer emol sa ääje Gaas duud gedrambeld.* Weit verbreitet ist: *Das eas off daier Gaasd gerirre* ‚geritten': das ist auf dich gemünzt, man spricht von dir. *Mit Gewalt kann mer e G. hinne herum heewe:* eine schwierige Sache durch Gewaltanwendung verderben (Ziegen springen, wenn sie herumgehoben werden, immer wieder auf den alten Platz zurück). *Bingt* ‚bindet' *mer e Geiß e Läppche imms Bei, so schnappt se* ‚hinkt sie': von einem eingebildeten Kranken gesagt (denn eine G. ist wehleidig). So heißt es auch: *E Mann, e Gaul en e Gaaß kunne niks laire:* können keine Schmerzen ertragen. *Däer hot an ner böse G. gesogen* ‚gesaugt': der neigt zu Bosheiten. *Däer kann ner G. zwische die Hörner kisse* ... so dünn ist er. Ausdruck der Resignation: *Hot der Teufel die G. gelangt* ‚geholt', *dann kann e aach de Bock noch lange:* nach einem großen Unglück kommt es auf ein weiteres (kleineres) auch nicht mehr an (weit verbreitet). *Das es net wie mit Goaße gezackert* ‚gepflügt': das ist eine anstrengende Arbeit (da muß man ein stärkeres Tier vor den Pflug spannen). Viele Vergleiche, z. B. *so fett wei e Gas veer de Knäi* = dürr, mager. Man *friert wie ne G.* ‚friert leicht' oder *lacht wie ne G.* ‚lacht meckernd' u. v. m. *Er machd newerum wie e G.* ‚geht der Arbeit aus dem Wege' [S. Wb. 2, 1191]. – Lautf.: *Gaas, Gääs, Geis, Gääst, Gaast.*

Geißel f. 1. ‚Peitsche'. Zur Verbr. u. Abgrenzung: ↑ *Peitsche* und ↑ *Schwippe.* Die G. besteht aus *Geißelstiel* (oder *Stecken*), ↑ *Riemen* (1), ↑ *Schmicke*; andernorts aus *Stiel, Untergeißel, Fürhan* u. *Schmicke.* – *Der hot de Geesel an de Nool* ‚Nagel' *gehange* und *der hott ausgeplatzt mit der Gaasel* ‚ist gestorben'. *Horn on Gaasel hinwerfe* ‚den Dienst oder ein Amt aufgeben'. *Der Knecht hott de Geischel in der Hohnd* ‚hat mehr zu sagen als der Herr'. *Eemeds in die Geißel nemme* ‚in strenge Zucht nehmen'. *Dem seng Frau hät dö Gäsöl* ‚ist Herr im Hause', auch *hätt en* ‚ihn' *en e G. Wer die Goaissel hott, der knallt* ‚wer die Gewalt hat, übt sie auch aus' (ähnl. bei *Peitsche*). – 2. ‚kleine Peitsche zum Antreiben des Kreisels' S-Hess. – Lautf.: *Gaasel, Gaaschel, Gääschel, Geischel, Geesel.* – Etym.: < ahd. *geisila* ‚Peitsche'. Das Wort bedeutet urspr. ‚kleiner, spitzer Stab', ‚Treibstecken'. *G.* hat sich im dt. Sprachgebiet vor dem aus dem Slaw. eingedrungenen *Peitsche* nur im S und W halten können.

gelle, gelte ↑ nicht.

Gemahden ↑ Mahd(e).

Gequellte, gesottene Kartoffel ↑ Quellkartoffel.

Gerste f. 1. Wie schspr. ‚Gerste (Hordeum vulgare)', aber auch ‚wilde Gerste (Hordeum murinum; Mäusegerste)'. *Dar hat Glick met seiner Gerscht* ‚der Ertrag ist gut'. *Die Gärschte gehirt engestaabt en net engeklaabt* ‚eingeklebt': Beim Säen der G. sollte der Boden so trocken sein, daß er staubt. *Der wächst wäi reife Gearscht* ‚ist ein kleiner Mensch'. *Die Gearscht eß earscht reif, wann se hennguckt, wu se herkumme es,* d. h. wenn sich die Ähren nach unten neigen. – 2. Übertr. ‚Hab und Gut', ‚Hof', ‚Vermögen'. Meist Dimin. *Mer miß sei Gearschdche zesammehaale. E hott's ganze Gearschtje fesoffe. Ich huu mai ganz Gäärschdχe feloon. Da gitt's Gärschtge druff* ‚da geht das Vermögen verloren'. – Lautf.: *Geascht, Gäärschde, Gäscht, Gaascht* (alle 1); *Gäärschtsche, Gerschtχe, Gäärschtge* (alle 2).

gestern ↑ nächt(e).

Getäfelse ↑ Lambri.

glandern, glandieren, gleiten, glitschen, glundern ↑ schurren.

Glöckner ↑ Opfermann.

Gote, Göte, G(ö)tel f. 1. ‚Patin' S-Hess., Rhein-Main, s M-Hess., w O-Hess. [S. Wb. 2, 1424 u. Kte. 89; Vwb. 2, Kte. 59]. Im restlichen O-Hess. gilt ↑ *Töte*, im sö N-Hess. *Fraupate*, im nw N-Dtsch. ↑ *Pate* (Korbach-Arolsen). Im großen Restgebiet (von Gießen-Hofgeismar) erscheint *G(ö)tel*. – *Mai Good hot mer des Naujehrsche* ‚Geschenk zu Neujahr bzw. Weihnachten' *gebroocht*. Einem Kind *die G. (de Pedder,* ↑ *Pfetter) weise* ‚es an den Ohren hochheben' [S. Wb. 2, 1424]. Einzelörtlich gilt G. im m M-Hess. auch für jede ältere unverheiratete Frau. – 2. Neben Bed. 1 gilt im *G(ö)te*-Gebiet öfter auch noch ‚das Kind, das man aus der Taufe hebt' (Patenkind). – Lautf.: *Goode, Good, Goore, Gääd, Geed.* – Etym.: < mhd. *Got(t)e, Göt(t)e* [vgl. weiter Kluge/Mitzka, 265].

Greifen(s) n., auch als Verb ‚Fangspiel der Kinder' (↑ *Nach-*

lauf). Mer hoo Greifes gespielt. Mer winn ins ‚wollen uns' *grejfe* oder *Mer winn sich* ‚uns' *emol graife.*

Grindmagen ↑ Klatschrose.

Großmutter ↑ Älter.

Grummet n. ‚der zweite Grasschnitt' n und w S-Hess., Rhein-Main, M-Hess., O-Hess., w N-Dtsch.; sonst meist ↑ *Amahd.* Weitere, verstreut vorkommende Belege: *Aftergrummet, Aftermahd, zweite Mahd, zweite Schur. – Et Grommet miß mer offm Räeche dirre mache* (d. h. auf dem Rechen zum Trocknen oft wenden), *denn de Burre zicht on* ‚zieht an' (der Boden wird feucht: die Sonne brennt nicht mehr wie bei der Heuernte). *Dei mache jo erscht Grummed un dann Hauw* ‚Heu', heißt es, wenn die jüngere vor der älteren Schwester heiratet. *Wer das G. well hirrn krache* (dann ist es ganz trocken), *der muß es vor Bardelemäus* (24. 8.) *mache* ‚ernten'. *Nooch dem Haimache muß die Wiß ausbrenne; dann gidd's G.* [S. Wb. 2, 1488]. – Lautf.: *Grummed, Grommet, Krumt, Gröngmed, Gröumet.* – Etym.: < mhd. *grüen-mât, gruo(m)mât,* d. i. wohl ‚sprießende Mahd' (Mahd = das Gemähte) zu ahd. *gruoen* ‚wachsen'. Dann wohl volksetym. auf *grün* bezogen, weil das Heu für den zweiten Grasschnitt unreifer, grüner war [Paul/Betz, 275].

Grundbirne f. ‚Kartoffel' S-Hess., Rhein-Main, w und ö M-Hess.; n und ö davon gilt *Kartoffel,* das *G.* zunehmend verdrängt hat und heute nach WSAH-Formenkarte 40 in ganz Hessen vorherrscht. *Mer ziehe sich* ‚pflanzen uns' *die Grumbire selwer. De dömmste Bauer kreit die dickste Grombire.* Wenn die Strümpfe an der Ferse zerrissen sind: *Es san neue Grumbirn doo. Was kriehe -r(-er) dann zum Naachdesse? – G. haaß unn ganz* (Pellkartoffeln; Wortsp. mit *Has* und *Gans*) [S. Wb. 2, 1491]. – Lautf.: *Grumbire, Grombire, Grombe, Krombeeren, Gruungbier, Grumbääre.* – Etym.: < mhd., ahd. *grunt* ‚Boden', ‚Erde' u. ä. und lat. *pirum* ‚Frucht des Birnbaums'.

Grünes ↑ Bris-lauch.

Gruschel ↑ Stachel(s)beere.

Gückel, Gickel m. ‚Hahn' S-Hess., Rhein-Main, M-Hess., O-Hess. Landsch. Syn.: *Hahn* w S-Hess., n M-Hess., m und ö N-Hess., N-Dtsch.; *Göcker* in einem kleinen Gebiet im sö O-

Hess.; *Gickelhahn* sö N-Hess.; *Hahneken* nö N-Dtsch. [KWAH, Kte. 4]. *Dem steit* ‚steigt' *de Gickel* ‚der Zorn'. *Bei dem leht aach der G. Aier* ‚geschieht Unglaubliches'. *De konne kenn fremme* ‚fremde' *G. off der Mest geseh* ‚mögen keine fremden Burschen, die zu ihren Mädchen ins Dorf kommen'. *Däer es noch net weirer komme wäi de G. off saim Hoob (off saim Mest)* ‚hat sein Dorf nie verlassen'. *Däer es G. off saim Mest* ‚wird umworben'. Bekannter Kindervers: *Hajo Bombajo, schmeiß's Geckelχe duud, es leegt mer kaa Ajer en freßt mer mai Bruut. Zwee G. duu net guut off eem Mest:* das gibt Streit. *Was for e G. hott Ihne dann so die Fassad verkratzt?* ‚Weshalb sehen Sie so traurig oder verdrossen aus?' (städtische Ugs.). – Lautf.: *Gickel, Gigele, Gückel, Guckel, Gegil.*

gwärch, gwäär, gweer ↑ quer.

Gwasded ↑ Quast.

H

Habich(t) m. 1. ‚Raubvogel'. Keine Unterscheidung der einzelnen Arten. Allg. Verbr. In S-Hess. u. vereinzelt n anschließend auch ↑ *Stößer* und *Weih* [S. Wb. 3, 21f. und Kte. 2]. *Velelcher* ‚Vögelchen', *die zu früh piffen, stößt am Tage der Hobbch. Dos håt der Håbch gehollt:* spöttisch von etwas, über dessen Verbleib man nichts sagen will oder kann. Resignierend: *Aamohl hellt derr Hobch doch alles* ‚ist alles verloren'. Wer viel lacht, den *stößt der H.* Wenn die Kinder einen *H.* sehen, singen sie: *Hobch, Hobch, Hinkelhobch* ‚Hühnerhabicht', *Daiwelskrobch* ‚Teufelskropf'; *Messer her, Hals obscheern; Dreimal em die Kerje rem* (soll er fliegen). – *Er iß uff'n gestärzd wie e H.* [S. Wb. 3, 22]. *Unn wenn ach derr Hobbch de Gahs* ‚Geiß' *noch hellt* ‚holt': wenn alles verloren ist. – 2. ‚Mäusebussard (Buteo buteo)' Rhein-Main, M-Hess., O-Hess. – 3. übertr. ‚schmächtige männliche Person' S-Hess. Aber auch ‚habgieriger Mensch'

Rhein-Main, M-Hess., O-Hess. *Doas es mer e Hobch* ‚ist unersättlich'. – Lautf.: *Habch, Habich, Hawichd, Hobch, Hoacht.*

Hächse f. ‚Kniekehle am Hinterbein der Tiere' S-Hess., Rhein-Main, M-Hess. u. wohl öfter.

Hächsenholz n. ‚gekrümmtes Holz zum Aufhängen des geschlachteten Schweines'. Verbr. ↑ *Krummholz. Däes es krumm wäi e H. Ich schloh* ‚schlage' *der e H. off'n Kobb. Der hodd Baa*ⁿ *wie e H.* ‚er hat Säbelbeine' [S. Wb. 3, 25].

Hacke[1] f. 1. ‚langstieliges Werkzeug zum Hacken auf dem Feld, mit breitem, eisernen Blatt' (im Unterschied zu ↑ *Karst*). Allg. verbr. *Met der Hack schloh mer die Schörner* ‚dicke, feste Erdklumpen' *off'm Feald kabudd. Dere H. will ich emol en Stiel finne* ‚diesem Zustand will ich ein Ende setzen' oder: *Die H. muß en Stiel krijje* ‚Man muß eine Lösung finden'. Ein Vater urteilt über die Vorzüge seines Sohnes, der von einer Christine verschmäht wird: *Was das Christine an der H. hat, hat mein Peter schon lange am Stiel. Nau sei ma werra auf de aal Hack* ‚demselben Fleck': der Erfolg stellt sich wieder nicht ein. Weitverbreitet: *die Hack unnerstelle* ‚im Wirtshaus einkehren' (u. währenddessen die H. als Stütze unter die Deichsel des zweirädrigen Wagens stellen). – In kleineren Gebieten dafür auch *Haue*: w S-Hess., n des Mains verstreut, ohne daß klare Abgrenzungen gegen *H.* möglich sind. In diesem *Haue*-Bereich gilt *H.* dann meist für die leichtere *H.* zum Graben (z. B. im Weinberg, dem *Wingert*). – 2. ‚zweiarmige Hacke', wie ein Bickel. Verstreut. – Etym.: < mhd. *hacke* ‚Axt', ‚Hacke'.

Hacke[2] f. ‚Ferse', ‚der die Ferse bedeckende Teil des Strumpfes'; ‚Absatz am Schuh' nur im N-Dtsch. belegt; aussterbend. Wird von *Ferse*, das in der Mitte und im S unseres Gebietes gilt, verdrängt. *Sich op de Hakken sätten* ‚sich hinkauern'. *Sik* (oder *sich*) *de Hacke opleppe* (*åblaafe*) ‚sich eifrig um etwas bemühen'. – *Hackspitz* war ein Tanz mit Aufwippen von Spitze und Absatz im Takt, also eigentlich ‚Hacke und Spitze'. Ausgestorben. – Im ges. dt. Sprachgebiet steht das Wort des Südens *Ferse* nördlichem *Hacke* gegenüber. – Etym.: Entsprechung zu mnl. *hac(ke)m*, fries. *hakke*; verwandt mit lat. *coxa* ‚Hüfte'.

Hafen ↑ Pott, ↑ Düppen.

Haferschote ↑ Rispe.

Häfner ↑ Dübbenmacher.

Häher(vogel) ↑ Markolf.

Häng(e)holz ↑ Henkholz, ↑ Hächsenholz, ↑ Krummholz.

Häpe ↑ Sichel.

harben sw. V. ‚dengeln', also ‚Sense oder Sichel schärfen' (↑ *haren*) w und m M-Hess. – Lautf.: *harwe, harfen.* – Hierher auch *H(ä)rbgeschirr* n. ‚Hammer und Amboß zum Schärfen von Sense und Sichel' w M-Hess. Außerdem *H(ä)rbhammer* ‚einseitig, gel. zweiseitig zugespitzter Hammer zum Schärfen von Sense und Sichel' w M-Hess. – Lautf.: *Harwhohmer, Haabhommer, Harfhammer.* – Der Dengelamboß steckt im *Harbklotz* n. ‚Holzklotz' (vereinzelt im w M-Hess.) oder im *H(ä)rbstock* (öfter im w M-Hess.).

haren sw. V. ‚Schneide der Sense oder der Sichel mit dem Harhammer klopfend schärfen', ‚dengeln' (↑ *harben*) nw und n M-Hess., sw N-Hess., O-Hess. (Haiger–Eschwege; Marburg–Korbach); s anschließend, also im größten Teil des Gebietes, gilt ↑ *dengeln*, n anschließend, also im größten Teil des N-Dtsch. und im nö N-Hess., erscheint *klopfen* [KWAH, Kte. 15]. *Ooweds wean fiier jeder Scheuer die Saisde* ‚Sensen' *gehoad. Immets die Keχ* ‚den Hintern' *verhåårn.* – Die Sense wird mit dem *Håårwerk* geschärft: dazu gehören *Håårstock* ‚Dengelamboß' und *Håårhammer* ‚nach zwei Seiten zugespitzter Hammer'. – Etym.: < mnd., mnl. *hâren* zu mhd. *hare* ‚scharf'.

Harke f., **Harken** m. ‚Rechen' (zum Zusammenrechen von welkem Laub, Gras usw.) n N-Dtsch. *Harke* erscheint nur im äußersten N um Twiste und Hofgeismar, *Harken* in einem schmalen Streifen s anschließend um Wolfhagen; sonst gilt *Rechen* [Vwb. 2, 797f. u. Kte. 76]. – Etym.: < mnd. *harke* (vgl. schwed. *harka* ‚Egge mit Eisenzähnen') aus mnl. *harke.* Verwandt sind nd. *harken* ‚scharren', ‚kratzen', ‚sich räuspern' u. a. – *Harke* gilt im N, *Rechen* in der Mitte und im S des dt. Sprachgebietes; *Harken* ist eine Art Mischform: *die Harke* + *der Rechen* > *der Harken.*

hart ↑ laut.

Hatschel ↑ Ofenlappen.

Haue ↑ Hacke[1] 1.

Hebamme f. Wie schspr., Verbr. ↑ *Amme. Däer hott Finger wäi e Hebamm* ‚lange, schmale Finger'. *H.* hat im N-Dtsch. altes *Baumöme* ‚Bademuhme' verdrängt. Der Kinderglaube, die *H.* bringe die Kinder, war früher v. a. im w Rhein-Main, M-Hess. und N-Dtsch. verbreitet, bevor die Vorstellung, der Storch sei der Kinderbringer, ihn ablöste.

Hecke ↑ Wald.

Heidelbeere ↑ Schwarz(e)beere, ↑ Waldbeere.

Henkholz n. 1. ‚gekrümmtes Holz zum Aufhängen des geschlachteten Schweins'. Verbr. ↑ *Krummholz.* – 2. ‚Schimpfname für einen ungeschickten Menschen', auch ‚willensschwacher Mensch' vereinzelt in M-Hess.; ‚schiefe Beine' vereinz. M-Hess. Ironisch: *Was witt* ‚willst' *du schon mit din scheene Henkhelzer* ‚Beinen'. – Lautf.: *Henggeholz, Henkholz.* – Etym.: wohl dasselbe wie *Häng(e)holz.*

herumkauen ↑ niederrucken.

Heubaum m. ‚Bindebaum, den man längs über den hochbeladenen Heuwagen (z. T. auch Getreidewagen) legt und mit fest angezogenen Stricken an den Leiterbaum befestigt, so daß die Ladung festen Halt bekommt' N-Dtsch., verstreut auch in der Mitte bis zum s S-Hess. u. O-Hess. Im m und s Gebiet gilt überwiegend ↑ *Wiesbaum* oder *Wiesenbaum.* Ein Mensch, der sich ganz gerade hält, *es so schdaif, mer mååⁿd, e hädd en Hååbååm feschluggd.* Ein langer, hagerer Mensch *ies soe long wäi en Haabaam.* – Lautf.: *Haabaam, Haibååm.*

Hochzeitsring ↑ Treuring, Trauring.

Hohl ↑ Reul.

holen ↑ langen.

Holle f. 1. ‚Frau Holle (des Märchens)' Allg. verbr. Sie *schüttelt/macht/zisselt* ihr Bett, wenn es schneit. *Frau H. leert die Better aus, die Ferren fläje bis häi raus.* Drohung an ungezogene Kinder: *Frau Holle langt* ‚holt' *dich.* Viele Brauchformen, z. B.: die Braut trägt im ö M-Hess. bei der Trauung einen Strauß, der Flachs enthält – ein Dankopfer an Frau H., die „Göttin des

Flachses". Zwischen Weihnachten u. Neujahr wird kein Flachs gesponnen, da man sonst Unglück herbeispinnt, u. v. a. *Fraa H. schitzd des Haus, deshalb stäihd de Holler* ‚Holunder' *beim Haus* [S. Wb. 4, 668f.]. – 2. Nur Pl. *mit den Hollen* (*Holden*) *fahren ‚nachtwandeln'*. Verbr.: ↑ *nacht(s)wandeln*. Nach J. Grimm fährt Frau H. mit Gefolge, Götterfürst Wotan und dem wütenden Heer durch die Lüfte. Daher auch die Rdaa.: *Däi säid aus, mer måånt, se wäer met Holle gefåån* ‚zerzaust'. *Mer maand, de deeschd medd de Holle fahre* ‚wirres, verrücktes Zeug reden' [S. Wb. 4, 669, dort auch Überlegungen zur Etym.]. – 3. Nur Pl. ‚Kobolde' N-Dtsch. Die *Hollen* rauben nach altem Volksglauben ungetaufte Kinder, helfen aber den Menschen auch unsichtbar, machen ihnen die Hausarbeit, bewachen die Felder u. v. a. Nur wenn man sie beleidigt – ihnen z. B. keine Milch hinstellt – schaden sie und bringen vor allem Leid und Krankheit über die Kinder. – Etym.: Bed. 3, evtl. auch Bed. 2, zurückzuführen auf ahd. *holdo* ‚Geist', mhd. *die (guoten) holden* ‚Hausgeister' u. ä.

Holler ↑ Wachholder.

Holz ↑ Wald.

holzen ↑ schaukeln 2.

Hose f. 1. Wie schspr. ‚Unterleib und Beine bedeckendes Kleidungsstück'. Verbr. ↑ *Buxe*. Ein Krummbeiniger *hott scheabbe H. oh. Die Fråå hott die H. oh* ‚ist Herr im Haus'. Dazu Abzählvers aus w M-Hess.: *6 × 6 = 36, un der Mann is noch so fleißig; hot die Fraa die H. ah, is de Mann ewwel drah. Die gurre H. ohhoo* ‚anhaben': spendierfreudig sein. *Heut gibt's verrissene H.* ‚allerlei Unerfreuliches'. *Die Hoose erabmache* ‚bald sterben'. Warnung vor der Ehe: *Willsde dich in de Stand voh der gefleckte* ‚geflickte' *H. begehn?* Oder: *Vör derr Hochtid plückt me Rosen / Noh derr Hochtid flicket me Hosen.* Wenn man etwas nicht glaubt: *Das kanns'de ehm weismache, der die Huese mit de Beißzang ahzickt* ‚anzieht'. *Er dudd sich in die H. verkrieche* ‚er hat Angst' [S. Wb. 3, 733]. – 2. Meist Pl. ‚Strumpf' w M-Hess., verstreut N-Dtsch. (veraltend u. vereinzelt), S-Hess. (veraltet). *Dau håst wåål dege Håise oh* ‚dicke Strümpfe an': bist schwerhörig. Ein tauber Mensch *hot zwää poar Hosse oh*. Es hat einen schlechten Klang, *wamer* ‚wenn man‘ *ön Peneng* ‚Pfennig‘ *en ön Hos döt ön werft se of den Heistall. Wan's nit raant, da bleibt de Frucht i de Hose stecke* ‚in den Fruchthülsen‘, bleibt also klein. – Lautf.: *Hoose, Håsse, Håasche* (alle 1); *Hos, Hosse, Hoos(e), Håis* (alle 2). – Etym.: ahd. *hosa*, mhd. *hose* ist ein großer, weit hinaufgehender Strumpf, während mhd. *bruoch* ein Kleidungsstück ist, das Unterleib und obersten Teil der Schenkel bedeckt. Später übernahm *Hose* die Bedeutung von *bruoch*. Auf die Grundbedeutung, die Entstehung der Hose aus zwei Strümpfen, verweisen unsere Belege unter 2.

Huckel ↑ Ütsche.

Huhn n. 1. ‚Haushuhn‘ nw M-Hess., ö Rhein-Main, ö M-Hess., O-Hess., N-Hess., N-Dtsch.; sonst gilt ↑ *Hünkel*. Im *Huhn*-Bereich kommen vereinzelt Belege mit *Hünkel*, im *Hünkel*-Gebiet vereinzelt Meldungen mit *Huhn* vor. Nach der WSAH-Kte. 80 gilt diese Aufteilung auch heute im wesentlichen noch. – Viele Rdaa. u. ä.: *Mit den Hennern ins Bett* oder *schloofe gehn* ‚sehr früh‘. *Hihner, däi zou laut gätze* ‚gackern‘, *die frißt de Haabch* ‚Habicht‘, d. h. übermütiges Verhalten muß man später bereuen. Ein unruhiges Kind *rout* ‚ruht‘ *net sou lang wäi e Hongg en Kern ouffhebt. Mit diäu* ‚dir‘ *hawwe'k auk nach en Höhneken te roppen. Du mächst e Gesicht wäi wann der de Hinner des Brot gefresse härre* ‚bist betreten, unsicher‘. Ähnliche Bed.: *Där sitt üs wie en Huhn ohne Schwanz.* Auch viele Sprichw.: *E Hihnche will immer geschaire sai wie es Huh. Wann des Hähnche scharrt en des Hihnche kratzt, dann komme se vieroh* ‚voran‘. *E gescheut Houn leegt aach als emol newersch Nest* oder *aach als en de Nessel. Wann des Huh für den* ‚vor dem‘ *Hahn kräht unn die Fraa für den Mann steht, esses Zeit, deß mer des Huh roppt unn die Frau kloppt.* Aberglaube: *Wann Usden* ‚Ostern‘ *e faul Ei em Näest laid* ‚im Nest liegt‘, *daa leeje die Huinger schlaacht* ‚schlecht‘ *en dem Johr.* – 2. Auf Menschen übertragen: *e dumm Huhn;* oft im ges. Gebiet.

Hühnerauge ↑ Leichdorn.

Hühnerhabicht m. 1. ‚Habicht‘ (↑ *Habicht*) vereinzelt in S-Hess., M-Hess., O-Hess. Kinderreim *Hoacht, Hoacht, Hünner-*

hoacht, host dem Bauer de Hoh geschloacht. – 2. ‚Mäusebussard' vereinzelt in M-Hess.

Hühnerkleber ↑ Maikäfer.

Hünkel n. 1. ‚Haushuhn'. Verbr. ↑ *Huhn*. Ein ängstlicher Mensch *traut sich net met saim Stecke bei e dot Hinkel. Däer sieht aus wie e geroppt Hinkel* ‚zerlumpt', auch ‚verängstigt'. Weitverbreitet ist das auch hochsprachlich bekannte *E blind (daab) Hinkel find aach emool e Korn (Ärwes* ‚Erbse'). Es geschieht nie: *Am Doag leet des Hinggel zwaa Aijer unn gitt die Kaffeemilch noch debei.* Einem erfolgreichen Menschen *leht kaan Hinkel neewersch* ‚neben's' *Nest. Het dotzelt dorim wäi e Hunkil uhne Koubb* (der gerade abgeschlagen worden ist): taumelt. Kinderlied zu Ostern: *Ich waß, was ich waß. / Das Hinkel is der Has. / Die Modder färbt die Aijerchen / unn legt se dann ens Gras. E gescheut Hinkel leet ach mol in de Bonnessel. Die Hinkel läuse sich, es gitt Reh* ‚Regen'. *Midd dem häbb ich noch e H. ze roppe* ‚einen Streit auszutragen' [S. Wb. 3, 816 und wohl allg.]. – 2. Übertr. für einen täppischen, unbeholfenen, auch schwerhörigen oder unaufmerksamen Menschen, meist Mädchen oder Frau. *Das is e dabbiχ Hinggel* ‚ein ungeschickter Mensch'. Wer nicht gut hört oder unaufmerksam ist, *is e daab Hinkel. E scheel Hinkel:* Frau, die schlecht sieht. – Lautf.: *Hinkel, Huinkel, Hinggel.* – Etym.: Zu Huhn ist im Ahd. mit dem Dimin.-Suffix *-inklína* das Wort *huoni(n)-klí(n)* gebildet worden, das z. T. in w Gebieten des Dt. gegolten hat und heute noch in den Mdaa. vorhanden ist. Aus der Hochspr. ist es durch Luthers Bildung *Küchlein* verdrängt worden [vgl. Kluge/Mitzka, 321].

Hüpfer ↑ Frosch.

Hütsche ↑ Ütsche.

K

Käfer ↑ Maikäfer.

Kaffeeblume ↑ Klatschrose.

Käher ↑ Markolf.

kämmen ↑ strählen.

Käseblume f. 1. ‚Gänseblume (Bellis perenis)‘ sö S-Hess., verstreut w M-Hess. – 2. ‚Wegmalve (Malva neglecta)‘ verstreut über das Gesamtgebiet. – 3. ‚(weiße) Wucherblume (Chrysanthemum leucanthemum)‘ S-Hess., M-Hess. Name rührt wohl von der gelben Blütenscheibe her, die von weißen Blütenblättern umrahmt ist und aussieht wie ein Stück Käse auf einem Teller. Benennung vielleicht auch wegen des strengen Geruchs. – 4. ‚Löwenzahn (Taraxacum officinale)‘ ö Rhein-Main, w M-Hess.

Kannenkraut ↑ Taubenrock(en).

Karst m. 1. ‚Hacke mit zwei (gelegentlich auch drei oder vier) Zinken‘; wird zu unterschiedlichen Arbeiten verwandt: zum Herabziehen des Mists vom Wagen, zum Aushacken der Kartoffeln, zur Bearbeitung der Felder (↑ *Hacke*[1] 1). Rda.: *sai Käeschdχe neme on foadgeh* ‚sein bißchen Besitz nehmen und verschwinden‘. – 2. ‚Tabakspfeife‘ (scherzh.). Verstreut S-Hess., Rhein-Main. *Er raachd sein Kåå*ʳ*schd* ‚seine lange Pfeife‘. – Lautf.: *Kååårschd, Kååschd, Korschd, Karschd*. – In neuerer Zeit ist das auslautende *-d* öfter geschwunden: *Kaasch*. – Etym.: < ahd., mhd. *karst* ‚zweiteilige Hacke‘.

Kartoffel ↑ Grundbirne, ↑ Quellkartoffel.

Kastenmeister ↑ Opfermann.

Katzuff ↑ Metzger.

Kesselfleisch, Kesselspeck ↑ Quellfleisch.

Kiesel ↑ Schloße 1.

Kindchensbase ↑ Amme.

Kindel(s)frau f. ‚Hebamme' ö M-Hess., O-Hess., sö N-Hess. Aus Densberg: *Hie macht mr de Kenge* ‚Kindern' *wäis, de Kengelfreh langt de kleene Kenge äus dm Stockborn* ‚Brunnen in der Nähe'. – Lautf.: *Kengelsfrää, Kengelfräh, Kingelfröh.*

Kirb(e), Kerb f. 1. ‚lokales Fest mit Tanz u. (oft) Jahrmarkt', ‚Kirchweihfest' S-Hess., Rhein-Main, s M-Hess. und verstreut in O-Hess., n davon meist ↑ *Kirmes.* Nach WSAH-Kte. 179 gilt diese Verteilung noch, dazu über das Gebiet verstreut Meldungen mit *Kirchweih.* Der urspr. relig. Sinn des Festes ist meist nicht mehr bekannt. Viele Bräuche, die tlw. veralten oder schon ausgestorben sind: So wird die *K.* (in Form eines Bierfasses o. ä.) zu Beginn von den Burschen feierlich eingeholt und am Ende in einem Trauerzug vor dem Ort begraben. Bei der *Bernemer Kerb* (Bornheim) gab es *Kerbezug, Kerbebaum, Kerbelokal, Kerbe-Bürgermeister, Kerbetreiben* in den Straßen und Lokalen, *Nachkerb.* – Ablehnende Antwort, wenn Kinder von Erwachsenen mitgenommen werden wollen: *Du geescht aach met uff die Haamblaiwer Kärb* ‚Heimbleiber-Kirmes' d. h. du mußt daheim bleiben. *Es eß net alle Dååg Kerb* ‚frohes Feiern gibt es nicht oft', ‚es geht nicht ohne Sorgen u. Probleme'. *Die Kerb fängt erscht oh* ‚das Unheil nimmt seinen Lauf', ‚der Stein kommt ins Rollen'. *Bei deem iß alle Dååg Ke^{r}b* ‚er lebt in Saus und Braus' [S. Wb. 3, 1319]. – Lautf.: *Kerb, Kirb, Kärwe, Kerwe.* – Etym.: *Kerbe* ist eine kontrahierte Form (mit Sonderentwicklung *w* > *b*) von *Kirchweih* < mhd. *kirchwīhe,* dort schon ‚Jahrmarkt, Fest' < ahd. *kirihwīhī* ‚Kirchenweihung'.

Kirchendiener ↑ Opfermann.

Kirchhof m. 1. ‚Raum um die Kirche' (früher auch ‚Begräbnisplatz') ö Rhein-Main, O-Hess. und wohl öfter. – 2. ‚Friedhof'. Verbr. ↑ *Totenhof* [Vwb. 4, 83f. und Kte. 4]. Nach WSAH, Kte. 217 ist *Friedhof* heute die vorherrschende Form. *Es läut off de Kerchhof* ‚läutet, bis der Trauerzug den *K.* erreicht hat'. Verwünschung: *Wenn de uff'm Kerchhof laije däädscht.* – Lautf.: *Kerchhoff, Kerχhoop, Kierkhuoff.*

Kirchhofreite m. 1. ‚der freie eingefaßte (umzäunte) Raum um die Kirche' w M-Hess., ö O-Hess. – 2. ‚Friedhof'. Verbr. ↑ *Totenhof. Wann de Bauer emol pensioniert wärd, do laire of dem Kirchoowed,* d. h. ‚er hat zu Lebzeiten keine Ruhe'. – Lautf.:

Kirchoowed, Kärchoowed. – Etym.: zu dem Ansatz *-hofreite*: *Hofreite* ist urkundlich der ‚Platz um eine Kirche' [DWB 4, 2, 1697] u. erscheint in Formen wie *-hawwed*.

Kircho(o)wed ↑ Kirchhofreite.

Kirfet m., vereinzelt n. ‚Friedhof'. Verbr. ↑ *Totenhof*; vereinzelt neben *Kirchhof* u. *Totenhof*. – Lautf.: *Kirfet, Kerfet, Kirwet*. – Etym.: Wegen der Lagerung zwischen hess. ↑ *Kirchhofreite (Kirchoowed)* und thüringischem *Kirfich* halten wir *K.* für eine Mischung aus beidem: *Kirf + ed(et) > Kirfet*.

Kirmes f. ‚Kirchweihfest', ‚lokales Fest mit Tanz'. Verbr. ↑ *Kirb(e)*. Reiches Brauchtum, z. T. veraltend oder veraltet. Zeitpunkt ist verschieden, in Hadamar im alten Kreis Fritzlar z. B. Mitte Oktober (vorher durften hier die abgeernteten Getreideäcker nicht umgeackert werden, um Weideland für die Schafe zu haben), im katholischen Roßberg im m M-Hess. am Sonntag nach Mariä Geburt, also dem 2. September-Sonntag. Drei Tage vorher wird die *K.* in Form eines Bierfasses *ausgegrååwe*, drei Tage nach dem Sonntag beerdigt u. v. a. – Trost bei Regenwetter: *Eh's Kermes wöed, schient au noch emol die Sonn!* Wenn jemand zu hastig arbeitet: *Der feiert net eher Kermes bie mei au* ‚wie wir auch'. *Halt so kaa(n) Kirmes* ‚mach keine Umstände', ‚sei nicht so unruhig'. *Daer (däi) daa*^{n}*zt die Kermes net meh met* ‚stirbt bald'. *Et is net alle Da Kermes* ‚nicht immer Sonnenschein'. *Wann die Katz niet dehååm ies, huu die Mäus Ke*^{a}*rmes. Ets feiert de Hinnern Ke*^{a}*rmes* ‚gibt es Schläge'. *Uff die K. lååre* ‚jemand herausfordern', auch ‚ablehnende, unanständige Antwort'. *Ee schlääχte Kärmes, bo ke Bierglos entzwe get.* Bekanntes Kirmeslied: *Wanns K. es, wanns K. es, da schloacht mei Voatter en Bock. / Die Haut devoh, die Haut devoh, dai gebt meier Modder en Rock* (oder: *daa daazt* ‚tanzt' *mei Modder, da daazt mei Modder met ehrem ruure Rock*). – Lautf.: *Kirmes, Kermes, Kärmesse*. – Etym.: Kontrahiert aus *Kirchmesse*; schon mhd. *kirmesse* ‚Kirchweihfest'.

Kläff ↑ Lid.

Klammer ↑ Schlinke 2.

Klapperrose, Klatschmohn ↑ Klatschrose.

Klatschrose f. ‚Klatschmohn (Papaver rhoeas)' nö S-Hess.,

Rhein-Main, M-Hess., N-Hess., vereinzelt N-Dtsch. *Dau saisd* ‚du bist‘ *geast jåå mirr'm Strauß Klatschruuse noch haam komme.* Reiche landsch. Syn.: *Klatschmohn* O-Hess. und vereinzelt im übrigen Bereich; *Klapperrose* sö und sw S-Hess., Rhein-Main, sö M-Hess. und vereinzelt N-Dtsch.; außerdem in kleinen Gebieten bzw. vereinzelt: *Fackel, Feldmohn, Feuerblume, Feuermohn, Grindmagen, Kaffeeblume, Mohnblume, Tintenblume* u. a.

Klette ↑ Maikäfer.

klopfen ↑ haren.

Klosterbeere ↑ Stachel(s)beere.

klunkern ↑ schaukeln 1.

kneifen, kneipen sw. V. ‚(scherzhaft) kneifen‘, ‚zwicken‘. Verbr. ↑ *pfetzen. Du mußt immer anger Läire kneffe, schehm dich. Wannsde meχ werrer so än de Backe knippst, de best de verluhrn.* – Auch ‚den Daumen drücken‘ sw N-Dtsch. *Most biätter kn(ö)üppen,* sagt man zu einem Kartenspieler. – 2. refl. ‚sich zanken‘ m M-Hess. – Lautf.: *knippen, knäipe, kneipe, gnaife, gnaipe;* Prät. *gniff, gnibb;* Part. Perf. *gegniffe, gegnibbe.*

Kneip m., f., n. 1. ‚Messer im allgemeinen‘. *Woas hosde dann do wire fiir en Gnaib, däer schneid jåå gåenaud.* – 2. ‚Messer des Schuhmachers‘, Syn.: *Schusterkneip* w Rhein-Main, M-Hess., ö O-Hess., ö N-Hess.; *Schustermesser* n N-Hess., N-Dtsch., Teile von M-Hess.; *Schustermezt(er)* nö N-Dtsch. – 3. ‚Küchenmesser‘, bes. zum Kartoffelschälen. Meist Dimin., auch *Kiχegnaibχe.* Weitverbreitet. In Teilen von M-Hess. gelten *Schäler(chen)* oder *Schnitzer(chen).*

Knippkuchen ↑ Pfetz(e)kuchen.

Kommunion ↑ Abendmahl.

Korn n. 1. ‚pflanzliches Samenkorn‘ (jede Sorte). *So klaane Kernercher huu ech lang net geseh. E blind Huinggel find each emool e K.* – 2. ‚Getreide‘. Meist Pl., S-Hess., n anschließend nur verstreut, meist gilt hier ↑ *Frucht. De Bauer hott desmohl veel Kerner kräid.* – 3. ‚Roggen‘. Im ges. Gebiet bis auf das nw N-Dtsch., wo ↑ *Roggen* vorkommt. *Des Kon wed hoffentlich nit durch de Frost leire* ‚ausfrieren‘. *Dat Koan hätt vill enn* oder *hät schwer gelaare* ‚ist besonders gut geraten'. *K. leibt* ‚liebt' *die Scholpen* ‚die Schollen', d. h. muß bei Trockenzeit gesät werden. *Des gedroschene K. kimmt off die Lääb* ‚den Speicher'. Viele verbreitete Bauernregeln, z. B.: *Wann's K. gout soll sacke, muß de Jannewar fiier Källe knacke. Off Perer en Paul* (29. 6.) *wean dem Koan die Wozzen* ‚Wurzeln' *faul*, d. h. der Halm wird gelb, die Pflanze reift. *Wächst'es K. em Januår, werd es off'em Markte rår. Vinzenz* (22. 1.) *Sunnenschein bringt veel K. unn Wei*^{n} und *Am Järjedaag* (St. Georg, 23. 4.) *muß sich de Rab im K. versteckele* [S. Wb. 3, 1684]. – *K. aufstellen* ‚die gebundenen Garben zum Trocknen in Kornhaufen aufstellen'. *Korn abmachen* ‚Roggen mähen und in Garben gebündelt zum Trocknen aufstellen'. *Däer hilft kein Kån meh abmache* ‚der stirbt bald'. Rdaa., wenn der Roggen im Winde wogt: *De Esel/Wolf/Windhund/Schäfer/die (wilde) Sau/des Schwein/Schof gehen durch das K. Ich wearf der each mol werre en Stee ens Konn* oder *en de Godde* ‚Garten' d. h. eigentlich: jemandem etwas Böses antun, hier aber scherzhaft für: ich erwidere deine Gefälligkeit. – 4. Kornartiges, z. B. ‚Salzkorn', ‚Hagelkorn' (Pl.), Butterklümpchen, die beim Buttern entstehen, das *K.* als Teil der Zielvorrichtung am Gewehrlauf. *Dat is en anger Kören, seggt de Bäcker, da bet he up en Musknöttel,* auch verkürzt *Dat is en anger K.* ‚das ist etwas anderes'. *Es gibt Körnchen* oder *Ds gett Kernercher* ‚die ersten Butterklümpchen bilden sich'. *Jemand off's Kooarn nemme* ‚beobachten'. – Lautf.: *Kårn, Koan, Kurn, Koen.*

Krähenauge ↑ Leichdorn, ↑ Schwarz(e)beere.

Kriegen(s) **spielen** ‚Fangspiel der Kinder' (↑ *Nachlauf* 1). *Mer hoo geasden de ganze Onnen* ‚Nachmittag' *Kräjes gespielt.*

Kröte, Krott(e) ↑ Ütsche, ↑ Frosch.

Krümmelkuchen ↑ Riebelkuchen.

Krummholz n. ‚gekrümmtes Holz zum Aufhängen des geschlachteten Schweins' s S-Hess., M-Hess., w N-Hess. [S. Wb. 3, 1876 u. Kte. 6]. *Des Krommholz soll aus eechenem Holz* ‚Eichenholz' (also sehr fest) *sai.* Syn.: *Henk(e)holz* im sö S-Hess., m u. ö M-Hess., O-Hess., *Hächsenholz (Hechsenholz)* in großen Teilen S-Hess., Rhein-Main, M-Hess.

Krusselbeere ↑ Stachel(s)beere.

küddern ↑ schwätzen.

Kühkalb n. ‚weibliches Kalb' ö S-Hess., sw und ö Rhein-Main, ö M-Hess., O-Hess. Landsch. Syn.: *Mutterkalb* nö S-Hess., M-Hess. (Nauheim–Marburg), *Tochterkalb* w S-Hess., *Minkel(kalb)* m Rhein-Main, *Minze(kalb)* w M-Hess., *Fasel(kalb)* w N-Hess., w N-Dtsch., *Stärke(nkalb)* n N-Dtsch., *Meisenkalb* n O-Hess., N-Hess. [S. Wb. 4, Kte. 64; Vwb. 2, Kte. 36].

Kuhstößer ↑ Pagenfist.

Kunkel ↑ Rocken.

L

Laaje, Lääje ↑ Leie.

Laasd, Leesd ↑ Leist.

Lach m. ‚kurzes, lautes Auflachen', meist Pl.: ‚schallendes Gelächter'. S-Hess., Rhein-Main, M-Hess., O-Hess. *Dou so kee Läχ* ‚lach nicht so'.

Lackes m. ‚hochgewachsener', oft auch ‚starker Mensch' S-Hess., Rhein-Main, M-Hess., N-Hess. Oft mit dem Nebensinn ‚ungeschickt'. *Dos es velleicht en Lackes.*

Lade f. 1. ‚(meist) eisenbeschlagene, oft auch bunt bemalte Truhe' S-Hess. Dient(e) zum Aufbewahren von Kleidern, Wäsche, von Linnen u. v. a. Dienstmädchen führ(t)en in ihr den gesamten Besitz mit. *Ich leg mei*ⁿ *Hemme*ʳ ‚Hemden' *in mei*ⁿ *Lååd. Tief in die Laad packe* ‚sich fein anziehen'. – 2. ‚Sarg' s und ö S-Hess. Landsch. Syn.:*L.* neben *Totenlade* Randgebiete des nw und ö Rhein-Main, außerdem w und nw M-Hess., O-Hess., N-Hess.; *Totenlade* allein sw S-Hess.; *Leiche* (↑ *Leiche* 3) neben *Sarg* M-Hess., Rhein-Main; *Leichkar* m M-Hess. (Wetzlar). *Sarg*, urspr. S-Hess., M-Hess. (Darmstadt – Frankfurt – Alsfeld) und N-Dtsch. [S. Wb. 1, Kte. 93 u. Vwb 2, Kte.

1], hat heute – schspr. gestützt – die mdal. Bezeichnungen, die noch lange von den Älteren verwendet wurden, verdrängt [WSAH Karte 218]. – Lautf.: *Lååd, Låår(e).*

Lägel m., n. ‚auf dem Rücken tragbarer, länglicher Korb (Kufe) aus Dauben u. Reifen, der für die Weinlese benutzt wird' (Inhalt etwa 50 l) w Rhein-Main, sw M-Hess. – Lautf.: *Leejel.* – Etym.: < lat. *lagena* ‚Maß für flüssige und trockene Waren'.

Lamber ↑ Langwiede.

Lambri f. ‚Holzverkleidung der Zimmerwand' (bis ca. Brusthöhe), aber auch ‚etwa 10 cm breite Fußleiste'. Gelegentlich wird für jeweils eine der beiden Bed. eine andere Bezeichnung gebraucht, z. B. *Füßchen, Sockel* u. ä. für ‚Fußleiste', *Getäfelse* für ‚Holzverkleidung'. Die Frau hat beim Putzen *die ganze Lambrie verschännd* ‚beschädigt'. – Lautf.: *Lamberii, Lambree.* – Etym.: < frz. *lambris* m. ‚Täfelwerk'.

Lammel m., f. ‚träger, energieloser Mensch' w S-Hess., auch ‚träge Frau' m S-Hess. *Der Lammel kennd doch en Schridd schneller gehe.* Im m M-Hess. ‚unordentlich gekleidete oder ihren Haushalt vernachlässigende Frau'. *So e Lammel wäi die Fraa huu ich lang ned geseh.* – Hierher auch *lammeln* sw. V. ‚träge umhergehen, -liegen' S-Hess., M-Hess., auch ‚schlaff sein' (von altem Fleisch, schlotternden Kleidern usw.) M-Hess.; *lammelig* Adj. ‚zerfetzt', ‚unordentlich' M-Hess. – Etym.: wohl stammverwandt mit *lahm* < ahd., mhd. *lam* ‚gliederschwach, lahm'.

lammen sw. V. ‚(ein) Junge(s) gebären', meist von Schaf oder Ziege, in derber Redeweise auch vom Menschen. *Geast hott die Geest (Zieje) gelammt.*

Landgänger Pl. Westerwälder, die vom Frühjahr bis zum Herbst als Hausierer *ins Land gehen,* die die Heimat verlassen, um in der Fremde ihren Lebensunterhalt zu verdienen. Höhepunkt des Landgängertums war im vorigen Jhd.; seit den zwanziger Jahren dieses Jhd. beinahe geschwunden.

langen sw. V. ‚holen' im ganzen Gebiet, nur im Kasseler Umland, in Teilen des w und m M-Hess., im ö N-Hess. und tlw. in S-Hess. herrscht *holen* vor, das auch sonst, schspr. gestützt, vordringt. *Gee mool bei'n Meatzger en lang mer e Pond Keefwoschd* ‚Kaufwurst', d. h. frische Wurst vom Metzger.

Langert, Langfahrt ↑ Langwiede.

Langwiede f., selten m., n. ‚Langbaum (d. i. lange Stange), der unter dem Wagenkasten Vorder- und Hinterwagen miteinander verbindet' m S-Hess., Rhein-Main, M-Hess., O-Hess., N-Hess., N-Dtsch. Landsch. Syn.: *Lengwied* ö S-Hess., *Langert* w S-Hess., *Lamber* n M-Hess., s N-Hess. (Frankenberg – Hersfeld), *Langfahrt* nw Rhein-Main und w M-Hess. [S. Wb. 4, Kte. 13; Vwb. 2, Kte. 6].

Lappes m. 1. ‚langer, ungeschlachter Kerl' S-Hess., N-Hess. u. wohl öfter. – 2. ‚weicher, willensschwacher und deshalb haltloser', auch ‚unordentlich gekleideter Mensch' S-Hess., Rhein-Main, M-Hess., O-Hess.; *Mein Nachbar, der Labbes, hott sei ganz Werk* ‚Hof' *vesoffe.*

Laschah n. ‚Geld' ö M-Hess. Gehört zur Geheimsprache der Vogelsberger Maurer. – Etym.: < frz. *l'argent* ‚Geld'.

Lateuchte, Latichte f. ‚Laterne' S-Hess., Rhein-Main, M-Hess., N-Hess., gelegentlich auch ‚armselig brennende Lampe'. *Geh vor de Ladeuchd ewegg* ‚geh mir aus dem Licht'. Scherzhafte Mischform aus ↑ *Laterne* und ↑ *Leuchte.*

Laterne f. 1. Wie schspr. ‚Handlaterne', d. h. meist ‚durch ein Glasgehäuse gegen Wind und Wetter geschützte Leuchte'. *Ich leichd der haam midd de ausgebloose L.:* Ablehnung eines Vorschlags, S-Hess. Einem *eine L. anstecken* ‚einem heimleuchten', ‚einem die Wahrheit sagen' N-Dtsch. Vielfach ist ↑ *Leuchte* mdal. echter als *L.* Einzelörtlich führt Nebeneinander von *L.* und *Leuchte* zu Bedeutungsdifferenzierung: *Leuchte* = Handlaterne, *L.* = Straßenlaterne S-Hess. – Hierher auch *Laternenmann* ‚Straßenlaternenanzünder' S-Hess. und auch sonst verstreut. *Gege Awend, wenn die Laternemänncher ausschwärme* [S. Wb. 4, 157]. Auch *Laternenputzer* ‚Straßenlaternenputzer' S-Hess. und sonst verstreut. – 2. ‚Fruchtstand des Löwenzahns (Taraxacum officinale)' Rhein-Main, M-Hess., O-Hess., N-Hess., N-Dtsch. Name entstand, weil Kinder den Fruchtstand gern ausblasen.

Latwerge m., f., n. ‚aus Zwetschen (und Birnen) steif gekochtes

Mus, zum Brotaufstrich verwandt' S-Hess., Rhein-Main, s und w M-Hess. Hierher auch *Latwergeküche* in S-Hess.: Da trafen sich Nachbarinnen, auch junge Mädchen, und halfen beim Entkernen der Zwetschen, Birnenschälen, beim mühseligen stundenlangen Latwergerühren. Junge Burschen leisteten Gesellschaft. – Lautf.: Meist *Ladwärche, Latmärje, Lakwaaj, Leckmerje.* – Etym.: < zu spätlat. *eluctarium* ‚dicker Heilsaft'.

Laube, Läube f. 1. ‚Speicher des Hauses' m M-Hess. (Biedenkopf – Marburg – Schotten). Landsch. Syn.: *Speicher* S-Hess., w Rhein-Main, w M-Hess., *Bühne* nw M-Hess. (Hachenburg – Westerburg), *Balken* w N-Hess. (Wittgenstein), nw und n N-Dtsch., *Oberlaube* s M-Hess. (Gießen – Büdingen), *Oberboden* O-Hess. (n von Fulda), *Boden* w S-Hess., ö Rhein-Main, O-Hess., N-Hess., nö N-Dtsch., *Boden* neben *Oberboden* ö S-Hess. [Vwb. 2, Kte. 8 u. S. Wb. 1, Kte. 43]. Auf der *L.* wird die Körnerfrucht gelagert. *Mer hoo des Johr noch'm Dresche viel Koan off die Lääb gebroocht.* – 2. ‚Oberstock des Hauses' ö M-Hess., O-Hess., N-Hess. – 3. ‚Stube im Oberstock des Hauses' ö M-Hess., n O-Hess., N-Hess. – Gelegentlich gelten 2. und 3. gleichzeitig. – Lautf.: *Laab, Laawe, Lääwe, Leewe:* tlw. also an mhd. *ou,* tlw. an mhd. *öu* anzuschließen.

Lauch ↑ Bris-lauch.

lauern sw. V. 1. ‚(gespannt) auf etwas warten'. *Däi Kenn* ‚Kinder' *huu off en Eismann geluued.* Im n N-Dtsch. gel. Bedeutungsdifferenzierung zw. *töwen* und *louren*: *louren* immer mit negativem Beiklang. – 2. ‚(gespannt) horchen', ‚lauschen' S-Hess. und verstreut bis auf die ö und w Randstreifen über das übrige Gebiet. *Wer lauerd oh de Wand, heerd sei ääje Schand.* In S-Hess., Rhein-Main, M-Hess. dafür auch *laustern.* Oft auch mit dem Nebensinn ‚heimlich beobachten', in S-Hess. ‚aus dem Hinterhalt heimtückisch beobachten'. – Lautf.: Stammsilbenvokal ist meist *-uu-, -üü-,* seltener *-au-* oder *-ou-.*

läukeln sw. V. ‚leugnen' S-Hess., Rhein-Main, M-Hess., O-Hess., N-Hess., ersetzt das meist ungebräuchliche *leugnen. De Jong hot geleegeld, des e die Äppel gestohn hot. Er hodd alles gelaigeld.* – Etym.: Formen sind – ohne klare Abgrenzungen –

tlw. auf **löukenen,* tlw. auf **löukelen* zurückzuführen, vgl. ahd. *loug(a)nen,* mhd. *lögenen* ‚leugnen u. ä.'.

laustern ↑ lauern.

laut Adj., Adv. Wie schspr., doch gilt im äußersten Westen von S-Hess., Rhein-Main, M-Hess., N-Hess. u. N-Dtsch. für das Adv. und vielleicht auch für das Adj. statt dessen *hart: Des Gebröll war ferchderlich hard. De Schoullehrer woar ganz laut* ‚hat den Kindern ins Gewissen geredet'. *Der draamt laut* ‚redet dummes Zeug'. *Er hodd ebbes laut werre* ‚werden' *loss* ‚hat so etwas erwähnt'. Von Sinneseindrücken: Ein stark riechendes Sträußchen nahm man im ö Rhein-Main gegen das Einschlafen mit in die Kirche: *es roch so laut* ‚stark' und *bützelte* ‚juckte' *so oarg en die Noase, daß se* (eine Frau) *monter wur* ‚wurde'.

lawuren sw. V. ‚arbeiten' (Geheimsprache der Vogelsberger Maurer im oberen Schwalmtal, d. h. w O-Hess.); ‚arbeiten', ‚holen', ‚befehlen' (Geheimsprache der Maurer in Köddingen im alten Kreis Schotten). Hierher auch *Lawur* f. ‚Arbeit'. – Etym.: < ital. *lavorare* ‚arbeiten'.

lebendig ↑ lebig.

lebig Adj. ‚lebendig', ‚lebhaft', ‚munter' S-Hess., Rhein-Main, M-Hess., N-Hess. Weicht vor schspr. *lebendig* zurück. *Des Fauer fangt an lewig ze wäre* ‚zu glimmen'. Bei einem Auszug ins Altenteil des Bauernhauses unterscheidet man im m M-Hess. zwischen einem *lebigen* oder einem *toten* Auszug, je nachdem, ob sich die Alten ein Schlachtvieh oder nur Ackerland, Nahrungsmittel usw. vorbehalten.

Lechem n. ‚Brot' in einigen Sonder- oder Geheimsprachen einzelörtlich in S-Hess., M-Hess., N-Hess. In Altenstadt (alter Kreis Büdingen) auch in der Umgangssprache der unteren Schichten, bes. in der Rda. *Er hat Leachem nicht über Nacht* ‚ist sehr arm'. – Etym.: zu hebr. *lechem* ‚Brot'.

Leckmerje ↑ Latwerge.

ledig Adj. 1. Wie schspr. ‚unverheiratet'. *Das gitt en Petter* ‚alter Onkel', *der wed leeriχ blaiwe.* – 2. ‚leer', ‚unbewohnt' M-Hess., N-Hess., N-Dtsch. Dagegen gilt *leer* in S-Hess., sö M-

Hess., O-Hess., nw M-Hess. (Berleburg – Biedenkopf) [Vwb. 2, Kte. 10]. *Dos Haus es seit Woche leerich* ‚unbewohnt'. Rda.: *Lierig Struh dresche* ‚sinn- und nutzlose Dinge tun oder sagen'. – Lautf.: *lärich, lirich, leerich.*

legeln ↑ läukeln.

lehnen sw. V. 1. ‚verleihen', ‚entleihen'. Im Gesamtgebiet verbr. bis auf nö N-Dtsch., wo *borgen* vorherrscht; *borgen* steht als Synonym öfter neben *l.*; *leihen* kommt nur selten vor. *Eich honem* ‚ich habe ihm' *deg* ‚oft' *Geald gelihnd, itz kimmt e schon werer* ‚wieder'. Scherzhafte Ablehnung: *Do kennd jeder komme en saa: lehn mer emol dai Fraa.* Wenn *borgen* und *l.* nebeneinander stehen, bezieht sich *borgen* öfter nur auf Sachen oder Geld, *l.* dagegen nur auf etwas, das man ohne Barzahlung kauft. – 2. ‚pachten', auch ‚mieten' M-Hess.; nur ‚landwirtschaftliche Grundstücke pachten' S-Hess. – Lautf.: *leene, liin(e), linge.* – Etym.: < mhd. *lehenen (lenen)* ‚als Lehen geben', ‚leihen'.

lehren sw. V. ‚lehren', ‚lernen'. In dieser doppelten Bed. nur verstreut in S-Hess., außerdem im nw Rhein-Main, w M-Hess. (Hachenburg – St. Goarshausen), N-Dtsch. Im übrigen Bereich gilt *lernen* für ‚lehren' und ‚lernen'. *He lährt en ds Meen* ‚lehrt ihn das Mähen'. *Dou lierscht* ‚lernst' *aach noch klaa^n Brutche* ‚kleine Brötchen' *backen* ‚klein beigeben'. – Lautf.: *lean, liin, liiren.*

Lehrer m. Wie schspr. ‚Lehrer' gehäuft nur in S-Hess., w Rhein-Main, im w und s M-Hess., im s N-Hess. und in der Anrede. Sonst meist *Schulmeister* und *Schullehrer*, die aber vor *L.* zurückweichen. Gelegentlich ist *L.* am Einzelort die jüngere, *Schulmeister* die ältere Form. In S-Hess. gilt *Schulmeister* meist nur noch scherzhaft oder verächtlich; neben *Schullehrer* tritt hier *L.*: meist dort, wo mehrklassige Schulen vorhanden sind. Man unterscheidet in S-Hess. und tlw. verstreut darüber hinaus zwischen dem *großen L.* ‚L. für die Oberstufe' und dem *kleinen L.* ‚L. für die Unterstufe'. Während *Lehrer* heute in Frankfurt fast ausschließlich gilt, schrieb Frau Rath Goethe noch 1729: *...der ehrliche Mann, der sie gern hätte, ist Schulmeister zu Zielbach* [Vwb. 2, 86]. – Lautf.: *Lehrer, Learer, Lihrer, Läärer.*

Leichdorn m., n. ‚Hornhaut am Fuß', ‚Hühnerauge' im größten Teil des Gebiets. Nur in kleineren Bereichen gilt u. a. *Hühnerauge* sw Rhein-Main, *Atzelauge* S-Hess., nw Rhein-Main, sw M-Hess. (Nastätten – Idstein), *Elster(s)auge* w M-Hess. (Hachenburg – Nassau), *Krähenauge* n N-Dtsch. [S. Wb. 1, Kte. 12 u. Vwb. 2, Kte. 12]. *Mei Lichdorn dout so wih.* Nach WSAH-Kte. 113 heute *Hühnerauge* vorherrschend. – Lautf.: *Lichduon, Loichdoan, Liichdoen, Leichdorn.* – Etym.: der 1. Teil zu mhd. *lîch* f. ‚Leib', ‚Körper'.

Leiche f. 1. Wie schspr. ‚Leichnam', doch nicht häufig. Dringt erst in jüngster Zeit ein und verdrängt *der(die) Tote, Gestorbene.* – 2. f. ‚Begräbnis' S-Hess., ö Rhein-Main (Bad Homburg – Schlüchtern), n M-Hess., O-Hess., N-Hess., N-Dtsch. Landsch. Syn.: *Begräbnis* S-Hess., w Rhein-Main, w M-Hess., *Begraben* O-Hess., ↑ *Trauer* S-Hess., n M-Hess., w O-Hess. (Wetzlar – Lauterbach) [Vwb. 2, Kte. 13]. *Zur Leich einlaare* ‚Verwandte und Nachbarn zum Begräbnis bitten'. Vielerorts *L.* bereits 1930 als Wort der Alten belegt. Die Jungen sagen *Beerdigung.* Auch übertr.: *mit zur L. gehen* ‚bei einem Bankrott o. ä. zu den Leidtragenden gehören'. Rda.: Wenn in S-Hess. die Trauergäste *sou verdrembeld* ‚vereinzelt' *hinnenoch gäihn ba de Leichd, stirbd boal noch aans im Dorf.* – 3. m., f., n. ‚Sarg': neben *Sarg* w Rhein-Main und M-Hess. (Braunfels – Nastätten), ö Rhein-Main und M-Hess. (Grünberg – Gelnhausen). *Sarg* verdrängt hier *L.*, das nur noch von Älteren gesprochen wird. *Ewwe* ‚eben' *hun se de Laacht ins Haus gebrocht* (↑ *Lade*). – Lautf.: Die Formen mit *-t* nur im S, *Liiche, Leiche* (beide f., 1. und 2.), *Lachde* f. (3.), *Lichd* f. (3.).

Leichkar, Leichtkar m., f., n. ‚Sarg'. Verbr. ↑ *Lade.* Gebietsbildend nur neben schspr. gestütztem *Sarg*, durch das es immer mehr verdrängt wird. – Lautf.: *Laichkåår, Laichdkåår, Laichdkorb.* – Etym.: < mhd. *lîchkar* ‚Sarg' aus *lîch* ‚Leib' u. *kar* ‚Gefäß'; der zweite Teil wird volksetym. (da unverständlich) öfter an *Korb* angelehnt.

Leie f., **Leien** m. 1. ‚Schiefer (im Rohzustand)' S-Hess., Rhein-Main, M-Hess.; vereinzelt N-Dtsch. Auch als Felsname: *Lorelei*, der Schieferfelsen am rechten Rheinufer s von St. Goarshausen. *L. haae* ‚Schiefersteine zu Dachziegeln behauen'. – 2.

‚behauener Dachschiefer' S-Hess., Rhein-Main, M-Hess. *Ich haue d'r ein off et Dach, dat die L. rappele* ‚haue dich auf den Kopf, daß dir Hören und Sehen vergeht'. – 3. ‚Schiefertafel des Grundschülers' w Rhein-Main, w M-Hess. – Lautf.: *Laaje, Laai, Lääje.* – Etym.: < mhd. *lei(e)* f. ‚Fels', ‚Stein'.

Leier f. 1. In Rdaa., die an ein altes, mit Hilfe einer Kurbel gerührtes Saiteninstrument anknüpfen: *Frih unn speet dieselb L.* ‚das gleiche Verhalten'. *Es es immer die alt Leier met'm* ‚er ändert sein Denken (Tun u. ä.) nicht'. – 2. ‚Lärminstrument aus Holz, mit dem in katholischen Orten die Kinder während der Karwoche das Glockenläuten ersetzten' S-Hess., w M-Hess., O-Hess. Wer die größte *L.* hatte, erhielt in der Fuldaer Gegend am Karsamstag die meisten Ostereier. – 3. ‚Geräte, die mit einer Kurbel bedient werden'. a) ‚Bremse am Bauernwagen' S-Hess., Rhein-Main, M-Hess. In S-Hess. und auch M-Hess. öfter daneben gleichbedeutendes *Schraub.* Auch ‚(Handgriff an der) Drehvorrichtung der Ackerwagenbremse' S-Hess., Rhein-Main, M-Hess. [Vwb. 2, 107f. und Abb. 16]. – b) ‚Butterfaß mit Kurbel' (↑ *Leierfaß*) S-Hess., Rhein-Main, M-Hess., O-Hess. – c) ‚Pflugschraube zum Höher- oder Tieferstellen des Pfluges' S-Hess., M-Hess. – Hierher auch *leiern* sw. V. ‚die Wagenbremse anziehen' M-Hess., ‚nur langsam vorankommen' u. a.

Leierfaß n. ‚Butterfaß mit Kurbel' S-Hess., Rhein-Main, M-Hess. w O-Hess., s N-Hess. Einzelörtlich daneben gelegentlich *Drehfaß. De Opa hott en Klompe Botter aus'm L. gelangd* ‚geholt'. Das *L.* ist moderner als das ↑ *Butterfaß* mit Stößer.

leihen ↑ lehnen.

Leinweber m. Wie schspr. Die berufsmäßige Leinweberei geht wie der Flachsanbau seit Beginn dieses Jhd. ständig zurück. Aus der Fuldaer Gegend, also O-Hess., wird 1927 berichtet: *Die Webstühle, die in den Tagen meiner Kindheit noch ... winterlang klapperten, stehen verlassen in einem Dachwinkel* [Vwb. 2, 115].

Leist m. 1. ‚Spur', ‚Striemen' M-Hess., O-Hess., N-Hess. *De Jong es so geschloh won, des e dicke Leeste off emm Reck hott.* – 2. ‚hölzernes Fußmodell des Schuhmachers' S-Hess., Rhein-Main, M-Hess., O-Hess. *Alles eawer oan Laast schloo* ‚alles nach einer Methode behandeln‘. Hierher auch *Leisten* m. – Lautf.: *Laasd, Leesd, Laisd.* – Etym.: < mhd. *leist* ‚Weg‘, ‚Spur‘, ‚Leisten (des Schuhmachers)‘.

Leiterbaum m. ‚Längsstange der Steig- oder der Wagenleitern‘ S-Hess., M-Hess. und verstreut im Gesamtgebiet.

Leiterschieb n. ‚breite, lattenartige Sprosse der Steigleiter oder der Wagenleiter‘ M-Hess., O-Hess., N-Hess. – Etym.: der zweite Wortteil gehört zu hd. *Scheibe* und verweist auf die ursprüngliche Bed. ‚vom Baumstamm abgeschnittenes flaches Stück‘.

Leiterwagen m. ‚Erntewagen, der beiderseits mit leiterartigen Seitenteilen (statt der geschlossenen Seitenbretter beim kleineren Ackerwagen) gerüstet ist‘. *E Fraa kann meh mir er Schirz* ‚mit einer Schürze‘ *aus'm Haus traa wäi en Mann mir'm Läddenwaa nen* ‚hinein‘ *fährt.*

Lendseil n. ‚Strohseil zum Garbenbinden‘ nw M-Hess. (Laasphe – Driedorf), m M-Hess., w O-Hess., s N-Hess. (Ziegenhain – Lauterbach; Amöneburg – Grebenau). Syn.: *Windseil* w M-Hess. (Ems – Hachenburg), *Wiede* M-Hess. (Weilburg – Gladenbach), außerdem ö N-Hess.; im größeren Teil erscheint *Strohseil* [Vwb. 2, Kte. 17]. Das aus Stroh gedrehte L. kann einfach, aber auch aus zwei Längen zusammengeknüpft sein. Es wird von *Strohseil* zurückgedrängt, ist deshalb öfter nur noch den Älteren bekannt. – Lautf.: *Lensel, Lengsel, Loisel.* – Etym.: Vielleicht zu mnd. *lint* ‚plattes Band‘.

Lengwied ↑ Langwiede.

lernen sw. V. ↑ lehren.

Leuchse f. ‚hölzerne Stützstange für die Leitern des Erntewagens (zwischen Radachse und Wagenleitern)‘ S-Hess., Rhein-Main, M-Hess., O-Hess., s N-Hess. Syn.: *Stütze* w M-Hess., n M-Hess., N-Hess., s N-Dtsch., *Leuchsenstütze(l)* m M-Hess., s N-Hess. (Marburg – Ziegenhain) und ö N-Hess., *Stützel* m N-Hess., nö O-Hess. (Hersfeld – Witzenhausen) [Vwb. 2, Kte. 20]. – Lautf.: *Lois(e), Lüsse, Lisd(e), Leese, Linse, Linst.* – Etym.: < mhd. *liuhse* ‚Stemmleiste‘.

Leuchte f. 1. ‚Laterne', und zwar ‚Stallaterne' und ‚Handlaterne'. Wurde z. B. beim morgendlichen Flegeldrusch in der Scheune, im Viehstall zur Morgenfütterung, als Öllämpchen zur Backofenbeleuchtung verwandt. *Eann bei dr Leuchte woar gebreχt* ‚wurde (Flachs) gebrecht'. – 2. ‚Fruchtstand des Löwenzahns' (Taraxacum officinale): weil man ihn ausblasen kann, M-Hess. ↑ *Laterne.*

Licht(er)knecht m. ‚Gestell, an dem früher durch Einklemmen eines Hakens ein ampelartiges Rüböllämpchen, ein Samenfettlämpchen o. ä. als Lichtquelle befestigt war' M-Hess., s N-Hess.

Lichtmeß f. ‚der 2. Februar': das kathol. Fest Mariä Reinigung; Ende der Weihnachts- und Epiphaniaszeit; Entfernen der Krippe aus den Kirchen. Kerzenweihe: Sowohl die Lichter für den Bedarf der Kirche werden geweiht wie auch die von den einzelnen Haushaltungen herbeigebrachten [H. d. A. 5, 1261]. Spielte in der ländlichen Lebenswelt eine große Rolle. *L.* in O-Hess.: Tag des Dienstbotenwechsels. Ende der Spinnperiode: *Lichtmeß, spinne vergeß.* Der Tag wird länger: *L., bei Tag eß* oder auch *L., reiche Leit (hohe Herrn) bei Tag eß.* Zu *L.* entscheidet sich die Witterung des Jahres oder der nächsten Wochen: *Äss L. Sonneschinn, dåås brengt noch väl Schnäi rinn. L. hell unn kloor, Gett e guud Flahsjoor. L., halwe Hai- unn Stroumeß:* an *L.* sind die Vorräte zur Hälfte verbraucht.

Lid n. ‚Augenlid' n M-Hess., n O-Hess., N-Hess., N-Dtsch.: hier gilt *L.* neben *Augenlid.* Sonst erscheint *Augendeckel* Rhein-Main, w und s M-Hess., O-Hess., *Augenheufel* m M-Hess. (Butzbach – Wetzlar), *Kläff* neben *Augenkläff* M-Hess. (schmaler Streifen von Dillenburg – Büdingen) oder auch *Schelle* S-Hess. Überall dringt *Lid* gegen die alten mdal. Formen vor [Vwb. 2, Kte. 24]. – Lautf.: *Leed, Liit, Lit.* – Etym.: zu mhd. *lit* (< ahd. *hlit*), mnd. *lit, let* ‚Deckel'.

liine, linge ↑ lehnen.

Logis n. ‚Mietwohnung', ‚gemietetes Zimmer'. *Buu best de dänn off Loschie* ‚bei wem wohnst du denn zur Miete?' – Lautf.: *Loschii, Luschii.* – Etym.: zu frz. *logis* m. – Hierher auch *logieren* ‚wohnen', bes. ‚vorübergehend wohnen (im Gasthaus o. ä.)'. – Etym.: zu frz. *loger* ‚möbliert wohnen u. ä.'

Loise ↑ Leuchse.

Loos ↑ Muck(e).

Loote[1] f., **Looten** m. ‚Trieb, Schößling an Baum und Strauch' Rhein-Main, M-Hess., N-Dtsch., auch ‚junger Trieb der Rebe' w Rhein-Main, w M-Hess. *Mr misse hefte* ‚die jungen Rebentriebe an die Pfähle binden' *gehn, die Loore sinn schon zu lang.* – Lautf.: *Loore, Loode, Luode.* – Etym.: < zu ahd. *(sumar) lota, -lata* f. ‚Weinranke', ‚Buschwerk' bzw. zu mnd. *lode, lade* f. ‚Jahresschößling' usw.

Loote[2] f. ‚Stange mit Eisenblech zum Zusammenkratzen des Straßenschlamms' m N-Dtsch. – Etym.: zu mnd. *lote* ‚Rechen'.

Los n. ‚Nachgeburt der Kuh' S-Hess., Rhein-Main, M-Hess., O-Hess., N-Hess. *Des Luus wed baal komme.* In M-Hessen begräbt man bei der Geburt eines Mutterkalbes das L. unter einem Apfelbaum, dann trägt die betr. Kuh im nächsten Jahr wieder ein Kalb aus. – Etym.: wohl zu jägersprachl. *Los, Losung* ‚Exkremente des Wildes'.

losen[1] sw. V. Wie schspr. ‚das Los entscheiden lassen'. *Gelost* wird z. B. darüber, in welcher Reihenfolge im Dorfbackhaus gebacken werden kann: *Aχ muß hau luuse,* sagte man am Freitagmorgen, wenn man am nächsten Montag backen wollte. Andernorts dafür ↑ *spielen.* – Lautf.: *luuse, loosen, lusche.*

losen[2], häufiger refl., sw. V. neben *sich lösen* sw. V. ‚die Nachgeburt ausscheiden (von der Kuh)' S-Hess., n Rhein-Main, ö M-Hess., w und n O-Hess., N-Hess., s N-Dtsch. (Gelnhausen – Wolfhagen; Gießen – Hünfeld). Landsch. Syn.: ↑ *fegen* [S. Wb. 1, Kte. 72 u. Vwb. 2, Kte. 25]. In der Gelnhäuser Gegend: gegenüber dem Tierarzt gilt *losen*, sonst *fegen.*

Losholz n. ‚Deputat an Holz, das den Ortsbürgern jährlich aus dem Gemeinde- bzw. Staatswald kostenlos oder verbilligt geliefert, z. T. verlost wird' S-Hess., Rhein-Main, M-Hess., O-Hess., s N-Hess.

Lulatsch m. ‚schlapper, fauler Mensch' S-Hess., Rhein-Main, M-Hess., O-Hess.; ‚unbeholfener, täppischer Mensch' S-Hess., Rhein-Main (↑ *Rülpes*).

Lullus m. ‚das Lullusfest in Hersfeld'. Es wird zur Erinnerung an den Erzbischof Lullus von Mainz, den Gründer des Klosters Hersfeld, gefeiert und zwar in der Woche, in die der 16. 10. fällt. Es beginnt am Montag 12 Uhr mit dem Ruf *Enner, zwoo, dräi, Broder Lolls!*, dem Anzünden eines Holzstoßes und dem Läuten der alten Lullusglocke. Bekannter Gruß in der Woche: *Lolls, Lolls, Bruder Lolls!*

Lulov m. ‚Palmenzweig' Frankf. u. a. Judenkolonien. *Auf Sukkes* (d. i. Sukkoth = Laubhüttenfest), *da wird alles geschmückt mit Laub unn aufgeputzt mit Krenz unn mit Lulfem* [F. Wb. 10, 1868]. – Lautf.: *Luluf*, Pl. *Lulfem, Lul(a)lim.* – Etym.: < hebr. *luulab, lulab.*

lumm, lummer(**ig**) Adj., Adv. ‚weich', ‚locker', ‚lose' M-Hess., O-Hess., N-Hess., N-Dtsch. Teig vor dem Backen ist *l.*, Äpfel nach dem Braten, eine welke Hand sind *l.*, Garn ist *lomm* ‚lose' *gewickelt.* – Hierher, mit gleicher Bedeutung, auch *lummer(ig)* S-Hess., Rhein-Main, M-Hess. Vom kleinen Kind: *Sein Backe sein so lummerche.* Ein Kleidungsstück ist *so lummer* ‚schlaff' *wie e Spiellumpe* ‚Spüllumpen' Frankf. *E lummerer Mensch* ‚lahm', ‚willensschwach'. *E Mensch wärt demmsch* ‚dämpfig' d. h. bekommt Atemnot, *wärt ahld eann lommer* ‚weich', ‚schwach'. Die Kartoffeln im Frühjahr *sinn schunn ganz lummerig, man kann se gar nid mäih guud scheele.*

Lumpes m. 1. ‚zerlumpt gekleideter Mensch' Rhein-Main, M-Hess.; auch ‚armer, besitzloser Mensch' S-Hess., Rhein-Main, M-Hess. *Was es das feer en Lombes.* – 2. ‚Taugenichts', ‚Faulenzer' S-Hess., Rhein-Main, M-Hess. *So en Lumbes.*

Lun(**e**) m., f., n. ‚Achsnagel, der das Rad am Abgleiten hindert': Im ganzen Gebiet bis auf kleine Randbereiche im NW und N: *Lüning* gilt nur um Hachenburg und um Dillenburg, *Lünse* von Laasphe bis Hofgeismar. – Lautf.: *Luu, Loune, Lunne, Lomm, Len.* – Etym.: wohl Weiterbildung von mhd. *lun(e), lon, löne* usw. ‚Achsnagel'.

Lünse, Lünze f., **Lünz** m. = ↑ *Lun(e)* nw M-Hess., N-Dtsch. – Lautf.: *Linse, Lünts(e), Lents.* – Etym.: zu gleichbedeutendem mhd. *luns(e)* bzw. mnd. *luns(e), lusse.*

lunzen sw. V. 1. ‚schlafen (legen)' a) intrans. ‚schlafen', ‚im Halbschlaf liegen'. *Morjen duut mer deg* ‚oft' *noch e beßche lonse.* – b) trans. ‚ins Bett legen (bes. bei Kindern)' M-Hess. *Komm, Kennche, me wonn dech lunse!* – c) refl. ‚es sich behaglich machen', ‚sich zum Schlaf hinlegen' M-Hess., O-Hess., s N-Hess. *He will sich e beßche lontzen.* – 2. ‚herumlungern', ‚weinerlich sein (von Kindern)' M-Hess., auch ‚heimlich betrachten' Frankf. *Laß mich emol lunze* (bei Klassenarbeiten z.B.). – Lautf.: *lunze, londse, londsen.* – Etym.: < mhd. *lunzen* ‚leicht schlummern'.

Lüppe f. ‚aus hölzernen Dauben gefertigte Wasserkanne mit Handgriff und Klappdeckel, innen ausgepicht (d.h. mit Pech abgedichtet)' Rhein-Main, ö M-Hess., O-Hess. *Noam* ‚nimm' *die Lebbe onn hol een frösche Bürn* ‚frisches Wasser'. – Etym.: unklar. Vgl. mnd. *lôp, lopen* ‚hölzernes Gefäß von kleinerem Inhalt'; T. Wb. 4, 384 stellt es zu ahd. *chesiluppa,* danach wurde das Gefäß nach seinem Inhalt (zur Milchgerinnung) benannt.

Lüpper m. 1. ‚kastrierter junger Bulle' w und nw M-Hess. (Bad Ems – Berleburg). Außerdem erscheint ↑ *Ochse* ‚Stier' in einem kleinen Streifen von Homberg – zur Ostgrenze (Werra), w N-Hess., n und nw N-Dtsch. Sonst gilt, also im größten Teil des Gebietes, ↑ *Stier.* – *Stier* dringt gegen *Lüpper* vor. Einzelörtlich in M-Hess. ist *L.* in bildlicher Verwendung ‚dicker Mensch', ‚Bursche in den Flegeljahren' u.a. – Lautf.: *Liber, Leber.* – Etym.: zu mnd. *lubben* ‚verschneiden', ‚entmannen'.

M

Mache f. In den Wndgen: *in der Mache haben, in die M. kriegen* ‚in Arbeit haben, kriegen', ‚gewalttätig bearbeiten', ‚peinigen, übel zurichten' u. ä. *Den Schusder horre* ‚hat er' *fier sei schlechte Arweit en de M. gehadd* ‚kritisiert'. Auch ‚Machenschaft'.

machen sw. V. Breitere Anwendungsmöglichkeit als in der Schspr., zur Beschreibung von Tätigkeiten, Erscheinungen, Vorgängen: *wegmache* ‚fortgehen, abreisen', *(Bild) wegmache* ‚(Bild) abnehmen', *Schnei mache* ‚schneien'. Die vielen Bedeutungsdifferenzierungen lassen Mißverständnisse durch die jeweilige konkrete Situation nicht aufkommen. So heißt *Kleider m.* ‚nähen', *Wellen m.* ‚Reisigholz zerkleinern und zu Bündeln binden', *Blätter m.* ‚Futterrüben entblättern', *einem ein Geschwätz m.* ‚schlechte Nachrichten über ihn verbreiten', ‚ihn verleumden'. Bedeutungsverengungen gegenüber der Schspr.: *fett m.* ‚düngen', *dick m.* ‚schwängern' usw. – Rdaa.: *E Atzel* ‚Elster' *mecht sei Lebdach ka Daub* ‚Der Apfel fällt nicht weit vom Stamm' Frankf. *E Faust im Sack mache* ‚innerlich wütend sein'.

machulle Adj., Adv. 1. ‚bankrott'. Überall bekannt bis auf einige kleinere Gebiete, z. B. w M-Hess., nw N-Dtsch. *Däer hott m. gemacht.* – 2. ‚müde', ‚erschöpft' S-Hess., Rhein-Main, M-Hess., N-Hess., N-Dtsch.; auch ‚verrückt' S-Hess. – Lautf.: *machule, machole, machulles.* – Etym.: < jidd. *mechalle, mechulle* ‚krank', zu hebr. *mechulleh* ‚verarmt', ‚vernichtet', ‚krank'.

Macke f., **Macke(n)** m. 1. ‚(körperlicher) Fehler', ‚Schaden', ‚Krankheit', ‚Gebrechen'; tlw., v. a. in S-Hess. auch ‚Schaden an Ansehen, Ehre'. *Longe Johr is unser Schwester mit dem Magge rimgelaafe,* d. h. sie wurde gehänselt. *Der werd'n Macke* ‚Fehler' *hawwe.* – 2. ‚Prügel', ‚Schläge' (meist Pl. *Mackes*). *Do host de Dein Macke* Frankf. *Met Mages* ‚Streit', ‚Schlägen' *gihts*

Spill ‚geht das Spiel' *aus*. Im „Datterich": *Alleweil hot er sei Mackes* [S. Wb. 4, 471]. Auch übertr.: ‚Rüffel', ‚harte Vorwürfe' S-Hess. *Sein Mackes krije*. – Etym.: < jidd. *makko*, Pl. *makkos*, hebr. *makkâh* ‚Schlag', ‚Stoß', ‚Hieb'.

Mäckes m. 1. ‚herumziehender (Tonwaren)händler', ‚Kesselflicker', ‚Lumpenhändler', ‚Korbflechter', auch ‚Armenhäusler' w M-Hess., ‚willfähriger Diener' S-Hess. – 2. ‚schlechter, unzuverlässiger Mensch', ‚Lump', auch beliebtes Schimpfwort w Rhein-Main, w M-Hess. In S-Hess. ‚von anderen verlachter ungeschickter Mensch'. – Lautf.: *Mägges, Mäckes*. – Etym.: unklar. Vielleicht zu hebr. *makkah* ‚das Nehmen, Kaufen' unter Hinweis auf die Rolle der Juden als Lumpenhändler im Westerwald.

Mädchen ↑ Magd.

Magd f. 1. ‚Mädchen' S-Hess., Rhein-Main, M-Hess., O-Hess. Zärtlich: *Du best mai Maad*. – 2. ‚dienende weibliche Person' bes. auf dem Lande. Rangordnung auf dem Bauernhof öfter: *Magd* ‚Hauptmagd', *Mittelmagd* ‚Zweitmagd' und *Mädchen* ‚dritte Magd'. *Dem Miller seun Hinkel* ‚Hühner' *unn dem Wittmann san Maad häwwe no nedd iwwer Hungersnout geklagd*. In Frankf. mußte zu Ende des vorigen Jhd. die *Maad* noch „mit bloßem Haupte wandeln, auf daß man zweifellos ihren niederen Rang erkannte" [F. Wb. 10, 1897]. – Lautf.: *Maad, Määd, Mååd*.

Mahd(e) f., seltener **Mahden** m. ‚Schwaden frisch gemähten Grases' S-Hess., Rhein-Main, O-Hess., N-Hess., N-Dtsch. Andernorts dafür *Gemahden, Schwaden* usw. Zur Heu- und Grummetgewinnung (↑ *Grummet*) werden die *Mååre gedsett* ‚zerstreut'. – Lautf.: *Maad, Mååd, Mååre* m. oder f. – Etym.: < mhd. *mâde* f. ‚Schwaden beim Mähen'.

Mahr m., f., n. ‚Nachtalp', ‚gespenstisches Wesen, das Ängste hervorruft' S-Hess., Rhein-Main, M-Hess. *Et Måår hett mich gerirre* ‚geritten', d. h. ich habe Alpdrücken gehabt. Syn.: *Alp(ch)*, Alp*ch*- oder *Mahrdrücken, Alpquetschen*. Im Gebiet sind viele Abwehrzauber bekannt, z. B. in S-Hess.: *Du neidiges Mahr, kommst in der Nachtgefahr, kommst nit ehnder zu mir,* *bis du alle Blätter gebladt* ‚entblättert' *und in alle Wasser gebadt. Im Namen Gottes*... [H. d. A. 1, 283].

Maikäfer m. Wie schspr. ‚Maikäfer (Melolontha vulgaris)' S-Hess., Rhein-Main, M-Hess., O-Hess., ö N-Hess., ö N-Dtsch. (Streifen von Berleburg – Zierenberg). Landsch. Syn.: *Maikäferich* nw S-Hess. (Raum Alzey), *Maikleber* sö S-Hess. (Raum Wörth), *Käfer* w M-Hess. (Montabaur – Hachenburg) , *Hühnerkleber, Klette, Molkenzaubersche, Mai(en)wiebel, Maiklette(r), Maivogel* tlw. m und w M-Hess., w N-Hess.; *Maikafel* nw N-Dtsch. [S. Wb. 4, Kte. 38 u. Vwb. 2, Kte. 29]. Kinder unterscheiden *Ochse* und *Kuh* nach dem Geschlecht des M., *Müller* und *Schornsteinfeger* nach der Farbe, in S-Hess.: *Derke* (Türken) mit rotem Rückenschild und roten Beinen, *Mohre* mit schwarzem Rückenschild, *Judde* mit rotem Rückenschild und schwarzen Beinen.

Mai(en)wiebel, Maikleber, Maiklette, Maivogel ↑ Maikäfer.

Maille ↑ Schlinke 2.

Malter m., n. ‚altes Hohlmaß, bes. für Getreide' S-Hess., Rhein-Main, M-Hess., O-Hess., N-Hess. Im N-Dtsch. Holzmaß von 4 m^3.

Mämm(e) m., f., n. 1. ‚Euter der Kuh' n und nw S-Hess., Rhein-Main, M-Hess. (Land). Landsch. Syn.: *Mämpel* m S-Hess., *Dütz* O-Hess., sw N-Hess., ↑ *Euter* sö S-Hess., n M-Hess., w N-Hess., N-Dtsch. [S. Wb. 2, Kte. 27 u. Vwb. 2, Kte. 31]. *Die Kouh wed baal kalwe* ‚kalben', *se hott en schiene Memm* ‚strotzendes Euter'. – Lautf.: *Memm, Mämm(e)*. – 2. ‚Mutter' w M-Hess., auch ‚jüdische Mutter' w m S-Hess., darüber hinaus vereinzelt im Gebiet; auch in Frankf.: *Nu, was wird die Mämme sagen?*

Mämpel ↑ Mämm(e).

Mamsell f. Große Bedeutungsvielfalt des aussterbenden Wortes: ‚(kleines) Mädchen' w S-Hess., w Rhein-Main, w M-Hess., ‚eitle Frau' sw Rhein-Main, ‚dicke Frau' w M-Hess., ‚Dienstmädchen' S-Hess., ö N-Hess. u. a. In Frankf. einst Anrede und Titel für alle unverheirateten bürgerlichen Frauen, danach verdrängte *Fräulein* das Wort *Mamsell*, das nun ‚Dienstmädchen', gelegentlich auch ‚Lehrerin' bedeutete. So heißt es 1901: *Mein Dochter werrd von nun an nicht mehr Mamsell, sondern Fräulein tituliert.* [F. Wb. 10, 1933]. – Etym.: zu frz. *mamselle,* Kurzform von *mademoiselle.*

Mande f. ‚Weidenkorb' S-Hess., Rhein-Main, M-Hess., s N-Hess. Unterschiedliche Größe für verschiedenen Inhalt, z.B. großer Korb für Häcksel (u. Heu) S-Hess., ö M-Hess., für Holz, Kohlen, Kartoffeln S-Hess., Rhein-Main, zum Transport von Wäsche, Kleidern u. ä., von Essen ö M-Hess.; in der Osthälfte von S-Hess.: länglicher, ovaler Korb mit zwei Handgriffen für Schrot, Kleie, Getreide u. ä. Für das Martinsfeuer sammeln die Kinder alte *Manden* zum Verbrennen: *Diwwe, diwwe, dann, Gett mär en ale Mann* ‚gebt mir einen alten Korb!' *Diwwe, diwwe, despel, Gett mär en ale Respel* ‚Rispel'(↑ *Rispe* 2). – Lautf.: *Mann, Maan, Mange.* – Etym.: < mnd. *Mande* ‚Korb ohne Henkel'. – Hierher auch *Mandenmächer* ‚Korbmacher, -flicker' S-Hess., Rhein-Main, M-Hess., tlw. ‚Taugenichts'.

Mange, Mann ↑ Mande.

Mangelholz ↑ Walgerholz.

Mannsleute Pl. ‚Männer'. *Däi Mannsleu sih gean noch de Waisleu* ‚gucken gerne nach den Frauen'.

Marienblume ↑ Maßliebchen.

Markolf m., f. ‚Eichelhäher (Garullus glandarius)' S-Hess., m Rhein-Main, M-Hess., s N-Hess. Syn.: *Häher* S-Hess., ö und sw Rhein-Main, ö M-Hess. (Büdingen – Alsfeld), sw M-Hess. (Limburg – Westerburg), N-Hess., N-Dtsch., *Hähervogel* m Rhein-Main, *Käher* O-Hess. [Vwb 2, 258 und Kte. 33]. *Däi Margilwer kresche werrer ganz laud.* – Lautf.: *Markolf, Magolf, Makluf(d), Ma(r)golwes, Margrof, Marglof, Malglofdes, Madlerof, Märkel, Markalb, Markrabe, Maulgulwer, Morgwolf.* – Etym.: Wohl nach der Gestalt Markolf, dem Spötter in der spätmittelalterl. Dichtung, von Thomas Murner z.B. so genannt, weil der Vogel die Stimmen anderer Tiere spottend nachmacht [DWB 6, 1642].

Martin m. ‚der heilige Martin und Sein Tag (11. 11.)'. *Se Merte* ‚zu Martin' sammelten einst die Frauen der Hirten die ihnen zustehenden Naturalien ein, w M-Hess.; im n N-Dtsch. war *M.* der Termin des Gesindewechsels (in anderen Regionen der 3. Weihnachtstag). – Hierher auch *Martinsgans* f. ‚die am 11. 11. verzehrte Gans'. Wetterregel: *Märdesgaanz em Dreack, Chrisdoag em Schnei* ‚ist am 11. 11. mildes Wetter, so ist Weihnachten Schnee'. – *Martinsmarkt* m., n. ‚Jahrmarkt am Martinstag'. Bekannt ist v. a. der *Mäedesmäed* in Herborn.

Maschores m. ‚Diener'. Große Bedeutungsvielfalt: ‚willfähriger Knecht', ‚einfältiger Mensch', ‚Rädelsführer', ‚Zwischenhändler, Vermittler' usw. *Den Maschores mache* ‚niedrigste Arbeiten verrichten'. *Was mechst de hie länger im Haus den Maschores* [F. Wb. 10, 1558]. – Etym.: < jidd. *meschores* ‚Diener'.

Massel n. ‚Glück' S-Hess., Rhein-Main, M-Hess., O-Hess. *Da harr'e* ‚hatte er' *e gruus Massel. Ich wünsch dir gut massel unn broche uf die dirach* (aus dem Jidd.) ‚ich wünsche dir Glück und Segen auf dem Weg' [S. Wb. 4, 561]. – Man wünscht zur Hochzeit *Maasel und Broche der ganzen Mischboge* ‚Glück und Segen der ganzen Gesellschaft' [F. Wb. 10, 1961]. – Etym.: < jidd. *masel* ‚Gestirn', ‚Stern', ‚Schicksal', ‚Glück'.

Maßliebchen n. ‚Gänseblume (Bellis perennis)' S-Hess., w Rhein-Main, w M-Hess. (Rüdesheim – Dillenburg). Syn.: *Gänseblume, Gänseblümchen* im größten Teil des Gebietes, *Marienblume* w N-Hess., nw N-Dtsch. und *Käseblume* S-Hess. *Gänseblümchen* dringt immer weiter vor, oft gilt es schon bei den Jungen, während die Alten noch *M.* sagen. – Lautf.: *Maasliebche, Matzläibche* [Vwb. 2, 217 u. Kte. 35].

Materie m., f., n. ‚Eiter'. Verdrängt von ↑ *Eiter*; um 1930 oft nur noch von alten Leuten gesprochen, heute wohl ganz ausgestorben [S. Wb. 2, Kte. 9]. *Wann die Madeerie zou weh duut, muß me se merem* ‚mit dem' *Eiderstobbe rausdrigge.* – Lautf.: *Materie, Maderch, Madeering.* – Etym.: zu lat. *materia* und frz. *matière*, das ‚Stoff', aber auch ‚Eiter' bedeuten kann.

Matte f. 1. ‚der zur Käsebereitung dienende, feste, von der Molke getrennte Rückstand der entrahmten sauren Milch', ‚Quark', ‚Weißkäse'. *Liß emool die Madde gewäen* ‚laß einmal ... gewähren', *daa gitts each Kees:* ‚Warte nur ab', ‚Gut Ding will Weile haben'. – 2. ‚Weißkäse mit Zusatz von Rahm, Salz,

Kräutern u. ä.‘ Rhein-Main, M-Hess., O-Hess. – Syn.: *Schmierkäse, Mattekäse* u. a. – Etym.: < franz. *maton* ‚Quark‘, das zu lat. *mattus* ‚niedergeschlagen‘, ‚feucht‘ zu stellen ist. – Hierher auch *Mattekuchen* ‚mit Matte (2.) bestrichener Kuchen‘, den man gerne heiß ißt, S-Hess., Rhein-Main, M-Hess., O-Hess.

Matze(n)[1] m., f. ‚getrockneter Augenschleim‘ S-Hess., Rhein-Main, M-Hess., O-Hess. *Wisch der die Mazze aus de Aage* [F. Wb. 10, 1968; DWB 6, 1770].

Matze[2] f., **Matzen, -r** m. ‚ungesäuertes Osterbrot der Juden‘. Verstreut über das ganze Gebiet. *Er hat e Gesicht wie en Matze* ‚ist pockennarbig‘ [F. Wb. 10, 1968]. Wetterregel im m M-Hess.: *Es werd net eher gut, als bis die Jurre ehr Matze huu.* – Etym.: < jidd. *mazze,* hebr. *mazzâh* ‚ungesäuerter Brotfladen‘.

Mauke, Mauche f. 1. ‚Entzündung in der Fessel des Pferdes‘ S-Hess., Rhein-Main, M-Hess., O-Hess.; verstreut in N-Hess., N-Dtsch. – 2. ‚Fußkrankheit des Rindviehs‘, ‚Klauenseuche‘ (Eiterung in der Klauenspalte) S-Hess., w M-Hess. – Lautf.: *Maug, Mauche, Mouke.* – Etym.: < mhd. *mûche*, mnd. *mûke* ‚den Fuß lähmende Krankheit des Pferdes‘.

Maul n. Neben der schspr. Bed. ‚Maul des Tieres‘ gilt *M.* auch allg. für ‚Mund des Menschen‘. Viele Wndgen: *Däer setzt met offenem M. doo* ‚ist erstaunt‘. *Däi Fraa* ‚Frau‘ *leßt deg de M. henke* ‚hängen‘: ist oft erzürnt, verärgert. S-Hess.: *Uff dr Häih stäihd dr Kläih, Fudder für mei*^{n} *Gailche; wann dr Vadder ins Wirdshaus gäihd, mechd die Mudder e Mailche* [S. Wb. 4, 578]. Wer viel schwätzt, *dem dout mer sei M. net gern lihn* ‚leihen‘. Neugier abwehren: *Ich laß mer net gern ins Maul gucke* [F. Wb. 10, 1973]. Wer redegewandt ist, der is *net offs Maul gefann* ‚gefallen‘ oder: *der hatt en gutes M. Einem das M. gönnen* ‚jd. einer Anrede würdigen‘ u. v. m. – Heute wird *M.* auf den Menschen bezogen als abwertend empfunden.

Maulwurf m. ‚der Maulwurf (Talpa europaea)‘ n der Linie Biedenkopf – Kirchhain – Alsfeld – Fulda, also im ö O-Hess., N-Hess., n M-Hess., N-Dtsch. Sonst erscheint *M.* verstreut, meist als schspr. Bez. vordringend gegen *Molbroff, Molbert, Molbroch, Moltroff, Molkworf* in S-Hess. [S. Wb. 4, Kte. 56], *Moltertier* (Raum Westerburg), *Molterhauf, Scheel* im äußersten w M-Hess., gegen *Multwurm, Mü̈lter* im n N-Dtsch. und gegen sonst vorherrschendes ↑ *Moltwurf* [S. Wb. 4, 585 mit Verweisen, Vwb. 2, 286f. u. Kte. 36]. Die Jüngeren sagen in M-Hess. häufig schon *M.*, während die Älteren noch *Molldroff* verwenden. – Viele Brauchformen, z. B.: ein Todesfall tritt ein, wenn der M. einen großen Haufen in Hausnähe oder einen Haufen weg vom Haus wirft u. v. m. – Lautf.: *Maulwurf, Möulwurf, Mullworf, Moulwurp.* – Etym.: < mhd. *mulwerf*, das schon mhd. aus *moltwerf* ‚Erdwerfer' umgebildet wurde.

mausen sw. V. 1. ‚Mäuse fangen'. *De Katz hott gout gemaust.* – 2. ‚stehlen'. *De ahl Spetzbub leßt des Mause net.*

Meise(nkalb) n. ‚weibliches Kalb' n O-Hess., ö N-Hess. (↑ *Kühkalb*). Es gilt auch im ö anschl. Thüringen [T. Wb. 4, 565]. – Etym.: unklar. Vielleicht gehört es zu nassauischem u. rheinischem *Minze(nkalb)* [Vwb. 3, 337; R. Wb. 5, 1161], die mit anderen Dialektformen auf eine indogerm. Wurzel **mend-* ‚säugen' hinführen.

Meisenkar m. ‚Nistkasten für Meisen' O-Hess. *Er hott e schee M. gebaut.* – Etym.: *-kar* < ahd. *char*, mhd. *kar* ‚Gefäß', ‚Schüssel' u. ä.

Melm(e) m. ‚Staub', öfter auch ‚gute Bodenkrume aus mehreren Bodensorten' M-Hess., O-Hess., s N-Hess. – Hierher auch *melmen* ‚stäuben' M-Hess., O-Hess. *Die Äcker melme barwarsch* ‚barbarisch', ‚sehr' (bei großer Trockenheit). – Etym.: < mhd. *melm* ‚Staub', ‚Sand'.

Mensch m., n. 1. Wie schspr. *Des Vieh weeß, wann's genung gesoffe hott, de M. owwer net.* – 2. n. ‚weibliche Person': positiv, negativ o. wertfrei. *Wås es des Kend feer e M. won* ‚kräftige Frau geworden'. *Se es e schie M. Sie is doch e treu Mensch* [F. Wb. 10, 2004]. *Wås dås M. arweide kann.* – 3. ‚Geliebte', ‚liebes (meist kleines) Mädchen'. *De aale Petter* ‚Pate' *hott sech endlich e M. ohgeschafft* ‚ein Liebesverhältnis angefangen'. – Lautf.: *Mensch, Minsch;* der Pl. von 2. und 3. wird mit *-er* gebildet.

Meste, Metze f. ‚Hohlmaß für Getreide und Hülsenfrüchte' (veraltet). *Meste* S-Hess., Rhein-Main, M-Hess., w O-Hess., s N-Hess.; sonst *Metze.* Nach Gegend und zu messender Getreideart verschiedene Größe. *Me hoo viele Mest voll gedresche* ‚einen guten Körnerertrag erhalten'. Wer ein gutes Gedächtnis hat, *muß en Kobb wäi e M. huu.* Ironisch: *Dos häst de troffe bis off e Mätz* ‚du hast dich geirrt'. – Etym.: altes md. Wort *mëste*, das zu *messen* gehört. [Vgl. DWB 6, 2134].

Metze ↑ Meste.

Metzelsuppe f. 1. ‚Brühe, in der am Schlachttag Würste gekocht werden' S-Hess., Rhein-Main, M-Hess. Nachbarn u. Verwandten wird meist *e M. geschickt.* Wenn Würste in der kochenden Brühe platzen, *dann gitts e gurre M.* – 2. ‚das (oft festliche) Essen am Ende des Schlachttages' S-Hess., Rhein-Main, M-Hess. Syn.: *Stichbraten* O-Hess., *Schwartekohl* n O-Hess., sö N-Hess. (Schlitz – Hersfeld), *Schlachtekohl* ö N-Hess. (Witzenhausen – Rotenburg), sonst sagt man *Wurst(e)suppe* oder *Würst(e)suppe* (Limburg – Karlshafen).

Metzger m. Wie schspr. Gilt im größten Teil des Gebietes, wird nur geringfügig eingeschränkt durch *Metz(e)ler* (heute noch tlw. von den Alten verwendet), *Schla(ä)chter, Katzuff.* Gel. Bedeutungsdifferenzierung, wenn zwei Bez. nebeneinander stehen, z. B. ist *M.* der ‚berufsmäßige Schlachter', *Schlächter* aber der ‚dörfliche Hausschlachter': *Der Schlächter hott ois* ‚uns' *die Sau geschlacht, beim M. huu mer e Viertel Rind dezougekaaft* ‚dazugekauft'. *Die M. en die Schenner* (↑ *Schinder*), *die sei* ‚sind' *Geschwisterkinner.* Wenn ein *M.* sehr knapp wiegt, dann hat er sich *beinoh de klaane Finger mit abgeschnerre, so knapp waar die Wurschd geschnerre* ‚geschnitten' [S. Wb. 4, 645]. – Lautf.: *Metzjer, Medsχer, Mägsder.*

Mezer m. ‚Traubenstock mit vereinzelten Beeren', auch ‚Traube mit nur wenigen, kleinen Beeren' S-Hess., sö Rhein-Main (Winzersprache).

Mezie f. 1. ‚etwas Gutes, Besonderes' M-Hess. – 2. ‚guter Kauf' S-Hess., Rhein-Main. *Des sinn Mezies* ‚billige, aber gute Waren' Frankf. – 3. ‚großer Aufwand' S-Hess., sö Rhein-Main. – Lautf.: *Metsiie, Mätzje.* – Etym.: < jidd. *mezîe*, hebr. *mesia* ‚Fund', ‚guter Kauf'.

Michael, Michel m. 1. Name des Erzengels und des ihm geweihten Tages (29. 9.). Viele Bauernregeln, z. B. *Off Sankt*

Michel peift die Kuh off die Sichel: dann ist kein Grünfutter, das mit Sichel oder Sense gemäht wird, mehr vorhanden. Einen milden Winter gibt es, wenn es ohne Gewitter *off Michel regnet* ö M-Hess. *Sinn an Micheeli die Veggel noch doo, iß de Winter noch ned noh* ‚nahe' [S. Wb. 4, 651]. – 2. männl. Rufname, teilweise auch abfällig verwendet: ‚dummer Mensch'. – 3. Wie schspr. ‚der Deutsche'. *Du besd de deutsche M.* ‚sprichst alles freimütig aus'. Man sagt dem deutschen Michel „Schwerfälligkeit, Schlafmützigkeit und gutmütige Unklugheit" nach [Röhrich 2, 642]. Viele liter. Quellen werden hier aufgeführt, z. B. auch Grimmelshausen, der seinen Simplicissimus sagen läßt: „Ich wußte dermal weniger als der deutsche Michel, was ein Secret war."

Miereping ↑ Miet(e)pfennig.

mies Adj. ‚schlecht', ‚zuwider', ‚unangenehm'. *Die Sach es mer ganz m.* ‚zuwider'. *De Fraa wåår m.* ‚Der Frau war übel'. *S'iß mer so m. um de Herzbännel erum* ‚ich fühle mich ganz niedergeschlagen' [S. Wb. 4, 655]. *So e Wetter, deß es m., da krieht merr leicht kalte Fieß* [F. Wb. 2021]. – Etym.: < jidd. *mis* ‚schlecht', ‚widerlich', ‚garstig' zu hebr. *mi'us* ‚Widerlichkeit'.

Miete f. Neben der schspr. Bed. gilt ‚im Freien eingelagerter, von Stroh u. Erde bedeckter Futter- u. Kartoffelhaufen' S-Hess., Rhein-Main, M-Hess., N-Dtsch. und wohl öfter. – Etym.: wohl aus dem lat. *meta* ‚Heuschober' entlehnt.

Miet(e)geld, Mietsgeld ↑ Miet(e)pfennig.

Miet(e)pfennig, Mietspfennig m. ‚das bei der Anstellung eines Dienstboten gegebene Angeld, durch das der Vertrag Rechtskraft erhält' w S-Hess., s N-Hess., Rhein-Main, M-Hess., w O-Hess. Höhe des Betrages: einst 1 Gulden, dann 3–5 Mark. Wird der *M.* zurückgezahlt, so ist der Vertrag ungültig: *De Kneechd hott de M. zereckgewwe* w S-Hess. Brauch schon in den 20er Jahren veraltend, heute ausgestorben. – Syn.: *Weinkauf* w S-Hess.; *Ehepfennig* nw M-Hess.; *Mietsgeld, Miet(e)geld* S-Hess., ö Rhein-Main; *Dienstpfennig* sö M-Hess., w O-Hess.; *Dinggeld* ö O-Hess. (Gersfeld – Fulda – Hünfeld); *Dingtaler* sö N-Hess.; n anschließend, also in N-Hess., N-Dtsch. *Miet(e)taler, Mietstaler* (Ziegenhain – Karlshafen) [S. Wb. 4, 656 u. Kte. 43;

Vwb. 2, 326 u. Kte. 2, 40]. – Lautf.: *Mietfennich, Mietspenning, Mietspeng, Miereping, Mieping.*

Miet(e)taler, Mietstaler ↑ Miet(e)pfennig.

milde ↑ morsch.

Minkelkalb, Minzekalb ↑ Kühkalb.

Mittag ↑ Under(n).

Mittelband n. ‚Band zwischen Stiel und Klöppel des Dreschflegels'.

Mittelmagd ↑ Magd.

Mittwoch m. Wie schspr. *Der dicke Mittwoch* heißt in S-Hess. ‚der M. in der Karwoche'. Im m M-Hess. war das jedoch ‚der preußische Buß- und Bettag', den die preußische Nachbarschaft im Gegensatz zur hessischen Stadt Gießen feierte. Dann kamen die Bewohner der Umgebung zum Einkaufen nach Gießen. Ausgestorben.

Mog(e) ↑ Mucke.

Mohr ↑ Maikäfer.

Molke f. ‚Flüssigkeit, die sich bei der Gerinnung der Milch absondert'. *Hau es viel Molge zerickgebliwwe.*

Molkenstehler ↑ Fledermaus 2.

Molkenzaubersche ↑ Maikäfer.

moll ↑ morsch.

Molter ↑ Multer.

Molterhauf, Moltertier ↑ Maulwurf.

Moltwurf m. ‚Maulwurf (Talpa europaea)' Andere Bez. und Verbr. ↑ *Maulwurf. Dai Jonge win die M. fange.* Die Mutter schimpft ihr vom Spiel schmutzig heimkommendes Kind: *Du bischd so schwarz wie en Molbe'd* [S. Wb. 4, 737]. Rätsel: *Mei Verrer* (Vetter) *Schwarz zackerd* (pflügt) *hinnerm Gardezaun unn mer siehd en nit* [S. Wb. 4, 737]. Ähnlich aus dem Vogelsberg: *Es ies e Männche hie aus. Das fährt des Morgens früh aus; Ohne Blukk en ohne Scharr, Es wirds kä Mann im Dorf gewahr. Was wird das sein?* [Vwb. 2, 360]. Volksglaube: *Wann de Molberd zu große Haufe stäißd, muß de Bauer sterwe*

[S. Wb. 4, 737]. So und ähnl. auch verstreut in den nördl. Regionen. – Lautf.: Großer Formenreichtum mit vielen volksetym. Bildungen: *Mollwärf, Mullwärf, Molbrof, Moldrof, Mulberd, Mundwurf, Molkoaf, Moadwurf, Mottwolf.* – Etym.: die meisten Formen beziehen sich auf mhd. *molt-werf* ‚Tier, das die Erde *(molt)* aufwirft'.

mondsüchtig sein ↑ nacht(s)wandeln.

Montur f. ‚gesamte Kleidung, die Männer u. Frauen tragen (auch Wäsche)' S-Hess., Rhein-Main, M-Hess., O-Hess. Gelegentlich auch ‚Uniform des Soldaten' oder nur ‚Männerkleidung' oder auch ‚Handwerkeranzug'. *Ich muß mer e neue Mondur kaafe.* Noch 1941 aus Frankf.: *Hol mer mal mei(n) Mondur* (den Zivilanzug) [F. Wb. 10, 2055].

Moos n. ‚Geld'. *Däer hott mih M. wäi Verstaand. Dem sai M. härr ich gern.* Aus einem Mainzer Fastnachtslied: *Und wenn dann do des M. nit rägt* (reicht), *do pumpt mer un mechd doch sein Sträch* ‚Streich' [S. Wb. 4, 749]. *Däer gruuse Bauer hott M. wäi Haa* ‚Heu'. Um 1910 aus Frankf.: *Was sieht mer als im Sommer im Millionärsviertel, manch scheenes Veilche* ‚Mädchen' *uff dem Balkong sitze, wer su ans sich haam holt, dem geht des M. un de Kies sei Lebdag net mehr aus* [F. Wb. 10, 2055]. – Etym.: < jidd. *moos* ‚Geld'.

Morgenrot n. Wie schspr. Dazu viele Rdaa., z. B. *Morjerot gitt e nasses Onnenbrot* ‚Nachmittagsmahlzeit'. *M. dout meest nit gout.*

morsch Adj., Adv. Neben der schspr. Bed. gilt ‚edelfaul' (von Birnen) w und n S-Hess., Rhein-Main, m und ö M-Hess. Syn.: *teigig* ö S-Hess., w O-Hess., w M-Hess., *teig* ö O-Hess.; im w M-Hess., N-Hess. und n N-Dtsch. *milde, morsch, muck* und *moll*, im N-Hess. *mürbe* [S. Wb. 4, 772 u. Kte. 58; Vwb. 2, 371 u. Kte. 43]. – *Däi Biier es so mosch, deß me se nid meh esse kann.*

Muck(e) f. 1. ‚Mutterschwein', ‚unverschnittenes weibliches Schwein' ö, n, nw S-Hess., Rhein-Main, M-Hess. Syn.: *Loos* sw S-Hess., *Ferkelsau* ö O-Hess., *Sau* ö N-Hess., n N-Dtsch. und sonst (von Herbstein bis Hofgeismar; von Frankenberg bis Sontra) *Docke* [S. Wb. 4, 785 u. Kte. 4, 59; Vwb. 2, 375f. u.

Kte. 45]. *Sich ahstenn* ‚anstellen‘ *wie die Mog* (oder *Kuh*) *zum Kräppelbacken* ‚nichts von der Sache verstehen‘. *Wann mer Ferkel keefd* ‚kauft‘, *guckt mer erscht noch de Mock* (derb!) ‚Wer heiraten will, soll sich erst die Familie des Partners ansehen‘. *Däer dabbd ewwerall hih wäi die M. ens Jirrehaus* ‚ist ungeschickt‘, ‚taktlos‘, ‚ohne Anteilnahme‘. Kinder büßen für die Sünden der Eltern: *Waß die M. verschitt, muß des Fergel entgelte* (weil es dafür schlechtere Milch bekommt!) [F. Wb. 11, 2074]. – 2. ‚dicke, auch schmutzige Frau‘ S-Hess., Rhein-Main, M-Hess., O-Hess. *So e derrbaanig M.* ‚dicke Frau mit dünnen Beinen‘ [F. Wb. 11, 2074]. – 3. ‚Frucht der Herbstzeitlose (Colchicum autumnale)‘ Rhein-Main, M-Hess. Aberglaube: In der Walpurgisnacht zum 1. Mai werden durch Hexen *die Mucke off de Wesse* ‚Wiese‘ *gestimpt* ‚gestümpft‘, d. h. die Blattspitzen werden abgeschnitten (zu dieser Zeit verdorren die Herbstzeitlosenblätter). – 4. ‚Herbstzeitlose (Colchicum autumnale)‘ verstreut in S-Hess., M-Hess. – Lautf.: *Mucke, Mug, Moge, Muuke.* – Etym.: Herkunft ist ungewiß, vielleicht keltisch [DWB 6, 1434].

muck ↑ morsch.

Muffel m., n. ‚Bissen‘, ‚Happen‘, ‚Mundvoll‘ S-Hess., Rhein-Main, M-Hess. *Kenn* ‚Kinder‘ *en ahle Loi* ‚Leute‘ *krijje Flaasch en Brut zou Meffel geschnirre. Mr hoo ned en eenzige M. ze easse.* Rda.: *Wenns Schoof blead* ‚plärrt‘, *schadds em en M.* – Hierher auch *muffeln* ‚(wenig) essen‘, ‚kauen‘, bes. ‚mit vollem Mund kauen‘. *Muffel doch nit so* ‚iß nicht so mit vollem Mund‘. *Sitze die Brieder do un muffele un saufe* [F. Wb. 11, 2079]. – Lautf.: *Muffel, Muufel, Miffel, Moffel, Moofel.* – Etym.: Wohl aus *Mundvoll* (mhd. *muntvol*) zusammengezogen.

Muldenscharre ↑ Trogkratze.

Müller ↑ Maikäfer, ↑ Fledermaus 2.

Multer, Molter m., f., n. ‚Lohn in Getreide oder Mehl, den der Müller einbehält‘ S-Hess., Rhein-Main, M-Hess., O-Hess., N-Hess., N-Dtsch. *Der Miller hott zeviel Molder behaale* ‚einbehalten‘. – Lautf.: *Molder, Mulder.* – Etym.: < mlat. *molitura* ‚Mahllohn‘, mit *Mühle, Müller* verwandt u. in den dt. Mdaa. weit verbreitet. – Hierher auch *multern, mültern* ‚den Multer einbehalten'. Wenn der Mehlsack zu wenig Mehl enthält, dann hat der Müller *werrer gut gemoldert.*

Multwurm ↑ Maulwurf.

mürbe ↑ morsch.

Mutterkalb ↑ Kühkalb.

Mutzen, Motzen m. 1. ‚Mieder in der Frauentracht' S-Hess., Rhein-Main, m, ö M-Hess., O-Hess., s N-Hess.; im N nur vereinzelt. In den einzelnen Trachtengebieten versch. Bed. *Dem Kattche baßd de Motze nit meh,* d. h. sie hat zugenommen. *Ei, wolle Se dann so iwwer die Gaß geh mit dem gestrickte Motze* [F. Wb. 11, 2099]. – 2. ‚Männerrock' verstreut, bes. in O-Hess. – Lautf.: *Mudse, Motze, Metzche, Mitzche.* – Etym.: < arab. *mustagah* ‚Pelzmantel mit langen Ärmeln', das mlat. als *almutia, armutia* ‚Staatskleid der Geistlichen mit Kapuze' vorhanden ist [Nabil Osman, Kleines Lexikon deutscher Wörter arabischer Herkunft, Beck 1982, S. 82].

mutzen, motzen ↑ prutzen, protzen.

N

Nabe f., **Naben** m. Wie schspr. ‚Radnabe', ‚Mittelstück des Rades' Allg. verbr. *Aχ sai em Morast beinoh bes zou de Noawe engesongge* ‚eingesunken'. Rda.: *Ich krieg's eraus unn wann's uff die Naab enausgeht* ‚und wenn es zum Äußersten kommt' [S. Wb. 4, 4855]. – Lautf.: *Nååb, Naben, Naawe.*

Nachlauf m., **Nachlaufen**(s) n., **Nachlaufches** n. 1. ‚Fangspiel (Nachlaufspiel) der Kinder' S-Hess., w und n Rhein-Main, w M-Hess. Syn.: *Fangen(s)* S-Hess., ö Rhein-Main, ö O-Hess., *Greifen(s)* m M-Hess. (Biedenkopf – Schotten), sonst ↑ *Kriegen(s)* [S. Wb. 4, 871f. u. Kte. 4, 68; Vwb. 2, 413 u. Kte. 2, 46]. Das Spiel hat verschiedene Formen, z. B. halten sich zwei

Kinder an der Hand und müssen die anderen fangen. *Er spielt Nachlääfches.* – 2. m. (Winzersprache) ‚der durch Pressen der Trauben gewonnene Most' S-Hess., w Rhein-Main.

Nachmittag ↑ Under(n).

Nachtessen n. ‚die letzte Tagesmahlzeit' S-Hess., Rhein-Main, O-Hess. Landsch. Syn.: ↑ *Abendessen* w M-Hess., w N-Hess., w N-Dtsch., ↑ *Abendsuppe* w und ö M-Hess. (Schotten – Biedenkopf), nw O-Hess., *Nachtsuppe* w O-Hess., *Abendbrot* N-Hess., ö N-Dtsch. Nach WSAH, Kte. 1, sind heute nur noch *Abendessen, Abendbrot, Nachtessen* vorhanden. – *Iwwers Nachtesse sinn mer beisamme gebliwwe.* Auch schon bei Frau Rat Goethe: *Abens hatte ich ein paar Freunde zum Nachtessen* [Vwb. 2, 419].

Nachtmahl ↑ Abendmahl.

Nachtsuppe ↑ Nachtessen.

nächt(e), nächten Adv. 1. ‚gestern' sö S-Hess., ö Rhein-Main, sö N-Hess., gr. Teil v. O-Hess. Sonst gilt meist *gest(ern). Naiχd hon aiχ dem Nochber em Stall geholfe.* Steht öfter in Verbindung mit *Morgen, Mittag,* ↑ *Undern* ‚Nachmittag', *Abend: nächte-zu-Morgen* ‚gestern morgen', *nächte-zu-Undern* ‚gestern nachmittag', *nächte-zu-(N)abend* ‚gestern abend' u. a. – 2. ‚gestern abend'. Verbr. wie bei 1. *Näichd hodd's sou geräjerd, daß es grååd gedrätschd hodd* [S. Wb. 4, 883]. In S-Hess. und auch sonst wohl schon um 1930 „meist nur noch von den Alten gebraucht bzw. gekannt" [S. Wb. 4, 884]. – Lautf.: *nächt, näichd, neechd; nächde, näächde.* – Etym.: Die Formen von *nächt(e)* gehen auf den erstarrten mhd. Dat. Sing. *nechte*, die von *nächten* auf den Dat. Pl. *nechten* zurück; ein altes, weitverbreitetes mdal. Wort, das mit dem adv. Suffix *-en* (wie *hinten*) gebildet ist.

nacht(s)wandeln sw. V. 1. ‚nachtwandeln' S-Hess., Rhein-Main, m M-Hess. Syn.: *mit den Holden fahren* (↑ *Holle 2.*) w und m M-Hess., *wandern* nö M-Hess., w O-Hess., s N-Hess., sonst (von Schlüchtern bis Hofgeismar, von Berleburg bis Eschwege) *mondsüchtig sein* [Vwb. 2, 425 u. Kte. 49]. – 2. ‚nach dem Dunkelwerden noch auf dem Felde arbeiten' vereinzelt.

nackicht Adj. ‚nackt' verstreut in S-Hess., ö Rhein-Main, M-Hess., N-Hess. *Nackiχt es jeder Mensch off die Welt komme.*

nackig Adj. ‚nackt' S-Hess., Rhein-Main, M-Hess., O-Hess., sö N-Hess. *Hau laafe manche Mannsloi en Waisloi* ‚Männer und Frauen' *halb nackiχ rem.* Rda.: *Se hawwe angegewwe wie zehn nackische Necher* [F. Wb. 11, 2115].

Nadel ↑ Spennel.

Nägelchen (**-sbäumchen, -blume**) ↑ Syringe.

Nähe[1] f. Wie schspr. *De Konnacker es ganz en de Neh.* Hierher auch *Die Sach der N. noch mache* ‚schnell und liederlich machen'. *Regen is off der N.* ‚im Anzug'. *Die Fraa ess off der N.* ‚steht vor der Niederkunft'. *Der geht der Näh nach* ‚in die Nachbarschaft' [F. Wb. 11, 2118].

Nähe[2] f. ‚Fährschiff zum Übersetzen über einen Fluß' S-Hess., Rhein-Main. *Mer sein bei Obbenem* (Oppenheim) *medd de Nee iwwergefahr* [S. Wb. 4, 906]. In der Nähe Marburgs ist heute noch die *Nähbrücke (Nehebrück)* bekannt, an deren Stelle noch 1778 eine *Näh* genannte Fähre über den Fluß führte [Vwb. 2, 431]. – Lautf.: *Neh, Näh, Neeb.* – Etym.: wohl aus mhd. *nâwe, naewe* ‚Fährschiff', das vielleicht auf lat. *navis,* Akk. *navem* ‚Schiff' verweist.

Nähterin f. ‚Näherin' S-Hess., Rhein-Main, M-Hess. *Neechsd Woch krije mer die Needern.* – Hierher auch *nähtern* sw. V. ‚nähen' S-Hess.

Nähtersche, -schin f. ‚Näherin', ‚Schneiderin' S-Hess., ö Rhein-Main, M-Hess., O-Hess., sö N-Hess. War oft die Schneiderin, die im Haus der Kundin die Trachtenstücke nähte. *Die Needersche hott en gurre Rock aus Berrerem* ‚Beiderwand' *geneht.* Nach Vwb. 2, 433 ist das Wort schon 1495 urkundlich in Marburg überliefert: *Es sollen auch die nederschen zu Marpurg dem ... sniderhandwerk ... keinen hinder* ‚Abtrag' ... *tun mit langen manskiddeln ...* – Lautf.: *Needesche, Neerersche, Neederschen, Neederschin.* – Etym.: Ableitung zu *nähen, Naht* mit dem Suffix *-sche, -se* < roman. *-issa*, das wohl in mhd. Zeit aus dem Altfranz. übernommen wurde (vgl. *princesse*). Es ist heute nur noch in dt. Mdaa. vorhanden.

naidschäärig ↑ neuesgierig.

Nasenbast(er) m. 1. ‚vorlauter Mensch', ‚naseweiser Junge' m, ö M-Hess.; vereinzelt in O-Hess., N-Hess., N-Dtsch. *Du best e richdig N.* – 2. ‚Frucht des Ahornbaumes, die aufgetrennt und von Kindern auf die Nase gesetzt wird' S-Hess., O-Hess.; auch kurz *Nase* S-Hess., Rhein-Main. *Die Kenner setze sich Nååse off.* – Etym.: < *Nasensebastian*; Sebastian, kurz Bast, war ein sehr häufiger Jungenname.

naseweisig ↑ neuesgierig.

Naupen Pl. ‚Launen', ‚Schrullen', ‚Fehler', ‚heimliche Bösartigkeiten' u. ä. S-Hess., Rhein-Main, M-Hess. *Wer voh ois hott kee Nauwe?* Rda.: *En Fugs verleert sei Hoon, awwer die aale Naube net* ‚Fehler bleiben bis ins hohe Alter'. – Lautf.: *Naube, Nauwe, Nuppen.* – Etym.: frühnhd. *nauppe* ‚Laune', ‚Schrulle', ‚Störrigkeit' [DWB 7, 474; Kluge/Mitzka, 504; T. Wb. 4, 841].

naut ↑ nichts.

neben(d) 1. Präp., wie schspr. *Der ist n. dem Häuschen* ‚nicht recht gescheit'. *Newem* ‚neben ihm' *stitt des grusse Mensch* ‚die große Frau'. *Gescheite Huinger* ‚Hühner' *leje aach emol newes Näest. Er wäscht de Hals newem Dreck* ‚arbeitet verkehrt' [F. Wb. 11, 2139]. – 2. Adj. S-Hess.: *De neewe Gaul* oder *der Neewe* ‚das rechte Pferd in einem Gespann' [S. Wb. 4, 943]. – 3. Adv. S-Hess., Rhein-Main, M-Hess. *Neewe* ‚daneben' *kann mer foan.* Ein betrügerischer Geschäftspartner, ein untreuer Ehepartner *geh neewe naus.* – Lautf.: *nääwe, neewe, newe; neewent, neewed* nur in O-Hess.

neber Präp. ‚neben' S-Hess., Rhein-Main, M-Hess., O-Hess. *Se hoo newer mir gesesse. Neewerm Häusche sei* ‚außer sich sein', ‚geistesgestört sein'. *Die gescheidsde Hinkel leje newers Neschd* [S. Wb. 4, 948]. – Lautf.: *näewer, nääwer, näwer.* – Etym.: *-er* in Analogie zu *über, unter* usw.

nebig Präp. ‚neben' S-Hess., Rhein-Main, M-Hess. *De Abbel laid neewich dem Baam. Ewig derrnewig* ‚immer daneben' [F. Wb. 11, 2141].

necksen sw. V. 1. ‚(sich) necken', ‚reizen', ‚verspotten' S-Hess., Rhein-Main, M-Hess. *De Kenn* ‚Kinder' *hoo deg* ‚oft' *de ahle Mann genecksd. Ich hatte eine unleidliche Manier, die andern zu reizen, zu necksen, und dann den Unschuldigen zu markie-*

ren [F. Wb. 11, 2124]. Auch in der Wetterauer Mda.dichtung: *Drim deare mer sche* ‚täten wir sie' *nexe* und schon beim jungen Goethe: *Heut nacht necksten mich halb fatale Träume* [Vwb. 2, 443]. – 2. ‚quälen', ‚unablässig bitten' [S. Wb. 4, 950].

Neeb ↑ Nähe[2].

Neerersche, Needersche ↑ Nähtersche.

Nest n. 1. Wie schspr. Auch übertr.: *Däer hott sich ens warme N. gesetzt* ‚hat gut eingeheiratet'. *Sai ääje Näest muß mer sauwer haale* ‚man muß in seinem Verhalten auf seine Familie Rücksicht nehmen, darf im eigenen Haus keine unsauberen Handlungen begehen'. *Sein Aajer in fremme Neschder leje* ‚mit anderen Frauen verkehren' und *einem e Guckucksaa'g ins Neschd leje* ‚mit der Ehefrau eines andern ein Kind zeugen' [S. Wb. 4, 960]. Wenn man *des Nääst richtig voll hott,* ist man betrunken. – 2. Frauenfrisur, meist ‚ein in Nestform aufgesteckter Zopf oder zum Knoten gewickelte Flechte' S-Hess., Rhein-Main, M-Hess., w O-Hess., N-Hess., N-Dtsch. *Des Maadche hott sech des Näest offgesteckt.* In Frankf. ‚Kopfputz': *Die hott awwer e schee Nest.* – 3. ‚Kopfputz aus Goldflitter mit herunterhängenden langen Seidenbändern', den die katholische Braut in Marburger Umland trug. – 4. (scherzhaft oder verächtlich) ‚kleines Dorf'. *En was feer'm Näest best de gruus won?* Schon Bettina v. Arnim berichtete: „Marburg ist ... ein Nest" [F. Wb. 11, 2147]. – 5. ‚Bett' (scherzh.) S-Hess., Rhein-Main, M-Hess. *Geh de helzerne Berg* ‚Treppe' *noff en mach dech ens Näesd.* Kommen die Kinder in die Schule, so müssen sie frühzeitig *aus dem N. krawwele* [F. Wb. 11, 2147]. Rda.: *Wer sped uffstihd, häld woarm des Nesd, wer froih uffstihd, fihrd allerbesd* [S. Wb. 4, 961]. – 6. ‚baufälliges Haus' Rhein-Main, O-Hess., N-Hess. – Lautf.: *Nest, Näesd, Nischd, Nääsd.*

netzen sw. V. 1. trans. ‚naß machen', ‚anfeuchten' S-Hess., Rhein-Main, M-Hess., N-Hess., N-Dtsch. *Die Fraa netzt des Himb baim Biijen* ‚Bügeln'; bes. ‚Brot beim Backen mit Wasser bestreichen' m M-Hess. Syn.: ↑ *streichen. Das Bruut wed schii braun, wann mesch* ‚wenn man's' *riχdiχ netzt.* Auch ‚wasserdurchlässig werden': *Da fängt das Schiff im Midde Mää* (mitten im Main) *bedenklich aa zu netze* [F. Wb. 11, 2149]. – 2. intrans. a) ‚leicht regnen' w Rhein-Main, M-Hess., s N-Hess.

Gestden håds de ganze Dach genetzt. – b) ‚von den Wunden Feuchtigkeit absondern', ‚nässen'. S-Hess., w M-Hess. *Däi Wonn netzt ziemlich.*

neuerlich ↑ neuesgierig.

Neuesgier f. 1. ‚Neugier' S-Hess., Rhein-Main, N-Hess. *Die Neuschier wåår bei'm* ‚bei ihm' *grisser wäi jede Ricksichd. Neuesgier* weicht immer mehr vor *Neugier* zurück. – 2. ‚neugieriger Mensch' S-Hess., M-Hess. *Das Mensch es velleicht e ahl* Neuschier. ö–Lautf.: *Neuschier, Naischier, Neuschua.* ↑ *neuesgierig.*

neuesgierig Adj. ‚neugierig' weitverbreitet; Syn.: im n und nö N-Dtsch. *neuerlich, neufängisch* (↑ *Neufang*), *neufündisch;* in S-Hess. *begierig, naseweisig* u. a. *Däer es so neuschierich wäi siwwe ahle Weiwer. Ich sein joo nedd neidscheerig, awwer wisse meechd ich's gern* [S. Wb. 4, 968]. *Neischierig Gaß* ‚neugierige Person' [F. Wb. 11, 2151]. 1915 wird berichtet: *Unsere lieben hessischen Bauern haben ruhiges Blut, und sie rühmen sich gern, daß sie nicht „neuschierig" wären* [Vwb. 2, 452]. – Lautf.: *naischeerich, naidschäärich, naischiirich, noischiirich* – Etym.: Wegen des *-sch-* wurde *n.* mit *scheren* zusammengebracht: *n.* ist, wer sich um jede Neuigkeit schert. Diese Etymologie vermag jedoch nicht zu überzeugen.

Neufang m. ‚neugieriger Mensch' O-Hess., N-Hess., m N-Dtsch. – Hierher auch *neufängisch* Adj. ‚neugierig' O-Hess., N-Hess., N-Dtsch. *Neifaangsche* Kinder horchen gespannt auf die Erzählungen der Erwachsenen. ↑ *neuesgierig.*

neufündisch ↑ neuesgierig.

Neuschier, neuschierig ↑ Neuesgier, neuesgierig.

nicht Adv. 1. Wie schspr. *Eich will net dohii geh. Gälle, hierscht nit mih* ‚hörst nicht mehr' *gout?* Aber schon im Faust, V. 4903: *Mir net so* [F. Wb. 11, 2159]. – 2. doppelte Verneinung = verstärkte Negation. *Es hott mer nix nit gewwe. Ich vergreife mich niemals nicht an demjenige, was Ihne is* [F. Wb. 11, 2195]. –3. fragend: ‚nicht wahr?' Landsch. Syn.: *Nicht* gilt in S-Hess., w N-Dtsch., *nicht wahr* in S-Hess., nw M-Hess., N-Hess., N-Dtsch. (Ziegenhain – Karlshafen; Berleburg – Eschwege); ↑ *wahre* erscheint im w M-Hess. (Limburg – Biedenkopf); im großen Restgebiet (Frankfurt – Ziegenhain, Herborn – Fulda) kommt *gelt(e)* vor [Vwb. 2, 458 u. Kte. 51]. *Du kimmst doch, net wohr?* – Lautf.: *net, nit; ned wåår, newor* (< *nedwor), nidd wohr.*

nichts Indefinitpronomen. Gilt im ganzen Gebiet, daneben im N und in der Mitte häufig *naut.* – *1. Wie schspr. Des is nix Halwes un nix Ganzes* ‚eine verfehlte Sache'. *Ich will meim Feind nix Beeses winsche, awwer lahm soll er werre* [S. Wb. 4, 980]. *Es batt* ‚nützt' naut. Do zanke se sich als ‚immer' *em naut un wearre naut.* – 2. als Subst. a) Unverkleinert. *Kein Nix en kein Naut:* verstärktes ‚Nichts'. – b) Dimin. Kindern verspricht man als Scheingeschenk, das man ihnen vom Markt mitbringen will, *ein silwern Nixchen en en golden Nautchen.* – Lautf.: *nex, nix, nischt; naud, naut.* – Etym.: *nichts:* eigentl. Gen. von *nicht;* es löste sich als selbständiger Nom., Akk. aus der alten Verbindung *nichtes – nicht* ‚nichts von nichts'. – *naut:* ahd. *neo-wiht* ‚nicht irgendein Ding, nichts' (und ahd. *eo-wiht* ‚irgendein Ding') > *nuwet (uwet)* > *nut (ut)* und durch die nhd. Diphtongierung > *naut* ‚nichts' *(aut* ‚etwas').

Niederlaß n., m. ‚bis kurz über den Boden reichende Verlängerung des Hausdaches auf der Wetterseite' w M-Hess. (Westerwaldhaus).

niederrucken, -rücken, -ruchen, rüchen sw. V. ‚wiederkäuen (der Kuh)' n M-Hess., O-Hess., s N-Hess. (Wetzlar – Fritzlar). Syn.: *iterücken, iterüchen* S-Hess., Rhein-Main, M-Hess., *wiederrücken* M-Hess. (Gießen – Schlüchtern) und *aderkauen* w N-Hess., w N-Dtsch. (Korbach – Arolsen), *herumkauen* n N-Hess., m N-Dtsch. (Waldeck – Karlshafen), *wiederkäuen* n N-Hess. (Raum Kassel). *Die Koih sai graod om nirreriche.*

nöte Adv. ‚notgedrungen', ‚ungern' S-Hess., M-Hess., N-Hess. *Wannes nit gerne tiet* ‚wenn er es nicht gerne tut', *muß es nöre tun.* – Lautf.: *neere, norn.* – Etym.: < mhd. *noete.*

nötlich Adj. Große Bedeutungsvielfalt: ‚verdrießlich', ‚wehleidig', ‚reizbar', ‚empfindlich', ‚gereizt'; aber auch ‚mürrisch', ‚kleinlich', ‚pedantisch', auch ‚unverträglich', ‚unwillig', schließlich ‚peinlich sauber' und ‚wählerisch im Essen' u. a. m. Verstreute Verbr. in der Südhälfte des Gebietes. – *He es so* *needliχ* ‚wählerisch im Essen'. *Se es berwarsch* ‚sehr' *nedliχ* ‚gereizt'. *Doas es e niedliχ* ‚peinlich saubere' *Fraa.*

nuseln sw. V. 1. ‚durch die Nase reden', ‚undeutlich sprechen', ‚nuscheln'. Verstreut über das ganze Gebiet. *De Mann hott so genusseld, des eχ en nitt verstanne hoo.* – 2. ‚leise regnen' S-Hess., M-Hess. *Wäs hott's gesten genusseld!*

Nuß f. Wie schspr. ‚Walnuß', aber auch ‚Haselnuß'. Viele Rdaa.: *Se hawwe da gehockt wie finf Ness* ‚saßen ängstlich eng zusammengedrängt'. *Däi muß en die hart Noß baise* ‚hat Schwierigkeiten'. *Mit dem haww ich noch Neß ze knacke* ‚ein Hühnchen zu rupfen'. *Große Nüsse im Sack haben* ‚große Ansprüche haben'. *Mit fuffzich sei die beste Niß geklobbd* ‚geht's im Leben abwärts'. *Dastehen wie e Dibbche Neß* ‚hilflos sein'. *E douts net fer dote Neß* ‚will ordentlichen Gewinn'.

Nüßchen n., meist Pl. ‚Feldsalat' (Valerianella olitoria). *Die N. schmecke dis Johr besonnesch gutt.*

nutz, nütze Adv. ‚nützlich', ‚brauchbar', ‚tüchtig'. *Däer Harstock* ‚Dengelamboß' *es naut* ‚nichts' *notz.* Rda.: *Wanne Bu an'm Houf verbeigäihd, wou e Hund iß, unn de Hund gauzd nidd, iß andwerrer de Hund nix nutz, äwwer de Bu* [S. Wb. 4, 1033]. ↑ *batten.*

O

O(h) Interj. Häufiger Ausruf des Erstaunens, des Bedauerns, des Mitleids und des Schmerzes. *Oh, wås es der Mann gruß! Oh, wås duut mer das laad! Oh, du årmes Kennche!:* beim Anblick eines blutenden Kindes. *Oh, hätt der doch mei Schmeaze en wär, wo de Peaffer weehst* ‚wächst'.

ob Konj. 1. Wie schspr. *De Vadder freegd sich, ob e saim Jong wohl glaawe kann.* Auch: ‚wenn auch', ‚obwohl', ‚obgleich'. *En ob de aach* ‚wenn du auch' *die Stell net ohnemme willst, du* *mußst's doch duu.* – 2. bei Vergleich mit ‚als': *Die mächd e Gesichd, als eb se de Essig ausgedrunke hädd* [S. Wb. 4, 1036].

Obacht f. Nur in *Obacht geben* ‚achtgeben'. Gelegentlich jedoch auch *Obacht passen,* wohl eine Mischung aus *Obacht geben* und *aufpassen: Baß oowachd, des dich die gruuse Honn* ‚Hunde' *net baise.*

Oberboden m. ‚Speicher des Hauses' S-Hess., m O-Hess. – Lautf.: *Owerboore, Owwerburre.* – Hierher ebenfalls *Oberbühne, Oberste Bühne* f., n M-Hess. (verstreut). *Mer hoo dis Johr soviel Fricht* ‚Früchte' (d.i. Körnerertrag) *beim Dresche kritt, des se kaum off die Owwerbii gitt.* Landsch. Syn.: ↑ *Laube.*

Oberdorf n. ‚der höher gelegene Teil des Dorfes, der oft durch eine Straße vom unteren Teil, dem *Unterdorf,* getrennt ist' S-Hess., Rhein-Main, M-Hess., N-Hess. *Die Jonge voom Owerdorf hoo deg* ‚oft' *geje däi voom Ennerdorf Indianer gespielt.*

Oberlaube, -läube f. ‚Speicher des Hauses' s und m M-Hess. (Raum Nidda – Hungen – Grünberg)(↑ *Laube*). Rda.: *Der dout prahle, mer maant, d's Kon läif'm de Oweläb erab* (so reich ist er).

Oberstube f. 1. ‚Stube im oberen Stockwerk des Hauses' S-Hess., Rhein-Main, M-Hess., O-Hess., sw N-Hess., auch ‚das obere Stockwerk des Hauses' O-Hess. *Em Owerstebbche leewe die Ahle schuu seit viele Johrn.* – 2. meist Dimin. (scherzh.) ‚Kopf' i. Sinne v. ‚Verstand'. Wer verrückt ist, *der es net ganz richdich em Owerstibbche; bei dem is es nedd in de Reih im O.; bei dem spuckts im O.* Wer gescheit ist, *der hat's im O., bei dem stimmt alles im O.* u. a.

Oberwasser n. ‚oberhalb der Mühle gestautes Wasser, welches das Mühlrad antreibt'. *Weil's lang nit geraand* ‚geregnet' *hat, es dem Miller des O. knapp won.* Weit verbreitete Rda., die aus den Mdaa. auch in die Hochspr. eindrang: *Oberwasser hawwe* ‚im Vorteil sein', ‚sich stark fühlen'.

obig 1. Präp. ‚oberhalb' S-Hess., Rhein-Main, M-Hess., N-Hess. *Er arweit haure owig insem Feald.* Um 1930 schon veraltend. – 2. Adj. ‚ober' S-Hess. und wohl öfter. *De oowich*

Weg es gutt ze befoan ‚zu befahren'. – Lautf.: *owich, oowich, öwig*. – Etym.: < *oben+ig*.

obstinat Adj. 1. ‚widersetzlich', ‚eigensinnig', ‚widerspenstig' S-Hess., Rhein-Main, M-Hess., O-Hess., N-Hess., auch ‚absonderlich', ‚wunderlich' S-Hess., Rhein-Main, M-Hess., N-Hess. *Däi Nochbersche* ‚Nachbarin' *es so obstennååd* ‚eigensinnig', *des se kaum noch Freunde hott. Was es he e obstenate* ‚wunderlicher' *Jong*. – 2. ‚empfindlich', auch ‚kleinlich', ‚pedantisch' und ‚fein tuend' u. ä. – 3. ‚wählerisch beim Essen' S-Hess. *Däi Fråå iß ganz obstenaad* oder auch *e Absenade* ‚eine Feinschmeckerin'. – Lautf.: *obsdenååd, abstenat, absenaad*. – Etym.: < lat. *obstinatus* ‚fest entschlossen, beharrlich, hartnäkkig'.

Ochse m. 1. gilt für den ‚Zuchtstier', aber auch für den ‚verschnittenen Stier', der als Mast- oder Zugtier dient. Hierzu viele Rdaa. *(↑ Lüpper)*, z. B.: Wer unverdientes Glück hat, *dem kalwe aach die Osse. Das nitzt geroed so viel, wie wenn mer em Osse ens Horn petzt* ‚nützt nichts'. *Der packt immer die Ochse bei de Hörner* ‚geht imme sofort aufs Ziel los'. *Der spannt each meest die Osse hinner de Pluck* oder *die Eeje* ‚Pflug oder Egge', d. h. fängt eine Sache meist verkehrt an (internat. bekannt: vgl. frz. ‚mettre la charrue devant les bœufs'). –2. auch Dimin. ‚männl. Kalb' verstreut im Gesamtgebiet. Meist gilt dafür jedoch *Ochsenkalb*. – 3. übertr. ‚dummer, törichter Mensch', ‚Grobian', ‚ungeschickter Mensch'. *Dem fehlt nix wie e paar Hörner, da weersch e vollkommener Ochs* [F. Wb. 11, 2203]. – Lautf.: *Ogs, Oks, Ocksch, Pl. Osse, Esse*.

ochsig, öchsig ‚brünstig (von der Kuh)' n S-Hess., w Rhein-Main, w M-Hess., s N-Hess. Syn.: *ochserig, pritschelig* S-Hess., *stierig* w S-Hess., *rinderig* s S-Hess., ↑ *farnig* m S-Hess., *ochselig* ö und nö S-Hess., ö Rhein-Main, m M-Hess., *ochsening* w N-Hess., *ochsisch* nö N-Hess., N-Dtsch. *Die Kouh es ossig, se muß bei'n Oss* ‚zum Zuchtstier'. – Verbale Ausdrücke gelten im Oststreifen: *rindern* sö S-Hess., ö O-Hess. *ochseln* ö Rhein-Main, w O-Hess., *ochsern* O-Hess., *ochsen* sö N-Hess. [S. Wb. 2, Kte. 33 und Vwb. 2, Kte. 55].

oder Konj. 1. Wie schspr. ‚oder' sw Rhein-Main, nw und n M-Hess., ö O-Hess., N-Hess., N-Dtsch. Im größten Teil des Gebietes (S-Hess., Rhein-Main, M-Hess., O-Hess.) gilt ↑ *aber* für ‚oder'. Im *aber*-Gebiet erscheint also *aber (awwer* u. ä.) für ‚aber' und ‚oder'. *Dein Freund oder du: eener werd's Geschäft mache. Ob du willst oder net, du mußt's mache.* Sprichw.: *Was mer spart am Mund, deß frißt die Katz odder der Hund*: sehr oft hilft alles Sparen nichts [F. Wb. 11, 2208]. – 2. ‚aber' S-Hess., m Rhein-Main. *De Mann es ganz schmåål, hot oder* ‚aber' *viel Kraft en de Ärm. Wann du odder* ‚aber' *glaabst, es wär zu spät, dann ...* [F. Wb. 11, 2207]. – 3. abgeschwächt zu *-er*, beinahe im ganzen Gebiet, meist für ungefähre Zeit- oder Maßangaben: *So e Johrer sechs kanns her sei. E Sticker finef* [S. Wb. 4, 1064]. *Vor e Wochener sechs* (vor etwa sechs Wochen) [F. Wb. 11, 2208]. *Em Aurer siwwe* ‚um 7 Uhr'. – Lautf.: *orer, oder, ore, ure.*

Ofenlappen m. ‚pfannkuchenartiger flacher Kuchen aus geriebenen Kartoffeln, der ohne (oder in wenig) Fett auf der Platte des Kachelofens oder der Kachel selbst gebacken wird' m und ö M-Hess. *Geasden huu mer Owelabbe en Klimberchessobb* (d. i. Milchsuppe mit Mehlklümpchen) *geasse* (billiges Essen). Landsch. Syn.: *Ofendatsch, -kuchen, -platz, Hatschel, Schepperling* u. a. *Ofenplatz* z. B. gilt im w M-Hess.

Ofenstein m. ‚Steinsitz zwischen Stubentür und Kachelofen' O-Hess.

oft ↑ dick.

Ohm f., n. Altes Flüssigkeitsmaß, im Weinanbaugebiet vor allem für Wein; meist rd. 160 l. *Mer hewwe 4 Ohm Woi*[n] *gemoochd* [S. Wb. 4, 1073]. – Lautf.: *Ohm, Åhm.* – Etym.: < mhd. *âme* und *ôme* ‚Maß überhaupt', zu mlat. *ama* ‚Gefäß'.

Ohr n. 1. Wie schspr. ‚Sinnesorgan bei Mensch und Tier', übertr. für das Hören allgemein. Dazu viele Rdaa. *Däer es noch nit trocken hinter de Ohn* ‚ist noch unerfahren'. *Dicke Uhrn hawwe* ‚schwerhörig sein'. *Ich haw's in de Ohrn* ‚habe Ohrenschmerzen'. *Einen an de Ohrn krije* ‚Vorhaltungen machen'. *He hatt sei Ohrn iwwerall* ‚ist neugierig'. *Die Ohn off Durchzug stelle* ‚eine Mahnung nicht beachten'. *Er hat berwarsch* ‚sehr' *feine Ohrn* ‚hört sehr gut'. Wer unaufmerksam ist, *bei dem kimmt zoum ee O. nen* ‚hinein', *wos aus'm anner gleich* *rauskimmt. E prieriχt* ‚predigt' *daawe Ohn* ‚redet ohne Erfolg'. *Es singelt mir in de Ohren,* sagt man bei leisem Klingen in den O. und glaubt, daß über einen selbst gesprochen wird: klingt das rechte O., dann ist es günstig, klingt das linke, dann ist es eine üble Lüge; alter Volksglaube, gilt für Teile des m M-Hess. und wohl öfter; in S-Hess. jedoch ist zu hören: *Moi^{n} rechd O. klingeld ... mer, ich werr geschennd; moi^{n} link O. klingeld mer, ich werr gelobd* [S. Wb. 4, 1078]. – 2. übertr. ‚umgeknickte Ecken von Buchseiten'. *Du host jo werrer Ohn em Buch gemoeχt.* – 3. ‚Henkel am Korb, am Geschirr u. ä.'. *En gruuse Korb brauch stearke Ohn.* Von neugierigen Kindern: *Kleene Dibberχer huu gruuse Ohn.* Sprichw. aus m M-Hess.: *De Krous* oder *de Kroug* ‚Krug' *gitt so lang bei'n* ‚zum' *Born, bis e O. abbricht.*

Olem m. ‚Unmenge', ‚sehr viel' S-Hess., m M-Hess. *En Oulem Riewe* ‚Rüben'. *En Oulem Späih* ‚Späne', *die kriggt'r do, Sie koschte Eich kaan Knopp* [S. Wb. 4, 1090]. *Wasen Olem von Mensche* [F. Wb. 11, 2225]. – Etym.: < jidd. *olom, oilom* ‚Weltall', ‚Ewigkeit', auch ‚Leute', ‚Öffentlichkeit'.

Olwel m. Schimpfwort für alberne, unhöfliche Person. ↑ *Rülpes.*

Onne(r)n ↑ Undern.

opeln sw. V. ‚rasch gehen', ‚rennen', tlw. auch ‚fahren' S-Hess., Rhein-Main, m M-Hess. *Mit maim naue Flitzepeed* ‚Fahrrad' *sain aχ geasden weit geopelt.* – „Wenn die ältere Generation auf dem Rad fuhr, sagte sie ‚geobbelt' (von dem Familiennamen Opel abgeleitet) ... Heute (1914) wird das Wort ‚obbele' nicht mehr von radfahren, sondern von schnell laufen gebraucht ..." [F. Wb. 11, 2232].

Opfermann m. ‚Kirchendiener' (der das Opfer einsammelt) S-Hess., m M-Hess., N-Hess. Von *Kirchendiener* verdrängt. Als Familienname ist O., *Oppermann* vielfach bezeugt: *Däi Oppermanns huu mich zoum Easse engelååre.* Syn.: *Opferdienstmann, Kirchendiener, Küster, Messner, Glöckner, Heiligenknecht, Kastenmeister.*

ordentlich Adj., Adv. ‚sauber', ‚ordnungsliebend', ‚tüchtig', ‚anständig', auch ‚mächtig', ‚stark', ‚sehr'. *De Nochbeschjong* *es e ordlich* ‚anständiger' *Kerl. Me misse dås emool odlich begäise* ‚tüchtig begießen' (darauf trinken). *Off de Woschdsobb hoo se sich ordlich* ‚sehr' *satt gegesse. Es is en ganzer ornlicher Mann* [F. Wb. 11, 2235].

Order f. 1. ‚Befehl', ‚Auftrag', ‚Anweisung', tlw. auch ‚Stellungsbefehl', ‚Einberufung zum Militär' S-Hess., Rhein-Main, M-Hess., verstreut auch O-Hess., N-Hess. *Geasd horr'e Oder kritt* ‚den Einberufungsbefehl bekommen'. *Moi Meesder håt ins O.* ‚Anweisung' *gegewwe.* – 2. ‚Mitteilung', ‚Nachricht' S-Hess., M-Hess., Rhein-Main, O-Hess., N-Hess. *He hott em O. geschickt* ‚ihn benachrichtigt'. *Däi hawwe biese O.* (bedenkliche Nachricht) [F. Wb. 11, 2235]. – Lautf.: *Order, Urder, Erder.* – Etym.: < frz. *ordre* ‚Befehl', ‚Auftrag'.

ores ↑ uräß.

Ort m. 1. ‚Schusterahle' S-Hess., Rhein-Main, M-Hess., O-Hess., N-Hess., nö N-Dtsch. *De ahl Schusder hott sich en neue Ord gekaafd.* – 2. Wie schspr. ‚Platz', ‚Stelle'. *Harr'e dann alles ohn sain riχdiχe O. gestellt?* Sprichw.: *En gout Woort find überaal en gout Oort.* – 3. ‚Ortschaft', ‚Dorf' gilt überwiegend in der Südhälfte. *He kimmt aus insem Ott* ‚stammt aus unserem Dorf'. *Man soll die Kerχ em O. losse* ‚sich in vorgegebene Verhältnisse fügen'. *Me soll die Kerχ net im de Ott trache* ‚tragen': keine überflüssigen Umstände machen. – 4. m., n. ‚Beet', ‚kleines Stück Grabland' M-Hess., N-Hess., N-Dtsch. – Etym.: < mhd. *ort* ‚Spitze', ‚Winkel', ‚Ende', ‚Stelle' u. ä.

Ortsdiener m. ‚Gemeindediener', ‚Polizeidiener' S-Hess., Rhein-Main, M-Hess., N-Hess. *De Odsdiener rabbeld aus* ‚ruft nach dem Läuten seiner Handschelle an festgesetzten Stellen Bekanntmachungen aus'. *De Oedsdiiner dud ausschäle* [S. Wb. 4, 1109].

Öse ↑ Schlinke 2.

Osterfeuer n. ‚am Karsamstagmorgen (S-Hess.) oder Ostersonntag (N-Hess., N-Dtsch.) im Freien, bes. auf den Höhen abgebranntes Feuer'. In S-Hess. wird es oft vom Pfarrer geweiht.

Osterwasser n. ‚das vor Sonnenaufgang des ersten Ostertages (meist schweigend) geschöpfte, nach weitverbreiter Meinung heilkräftige Wasser'. Es muß meist aus einem fließenden Bach gegen den Strom entnommen werden. *Dem aale Mann huu se O. gelangd* ‚geholt', *e hoffd, deß e itz werer riχdiχ seh kann.*

otmütig Adj. ‚niedergeschlagen', ‚traurig', auch ‚schwächlich', ‚elend' m M-Hess. *So en uttmoiriχe Kerl hon ich lang net geseh.* – Etym.: < mhd. *ôtmüetec* ‚sanft', ‚demütig'.

P

Pack m., n. 1. Wie schspr. ‚Paket', ‚Bündel', ‚Päckchen'. Zu einem einberufenen Soldaten: *Host de dain Pack zesamme?* Auch bildlich: *Jeder hatt sei Päckche ze trache* ‚hat seine Sorgen'. – 2. Dimin. ‚Kaffeezusatz', ‚Zichorie' S-Hess., M-Hess., O-Hess. Wohl deshalb, weil beides in Päckchen verpackt ist: *Den Päckelcheskaffee (Päckcheskaffee) trongk* ‚trinke' *ich nett.* – 3. Wie schspr. ‚Gesindel'. *Met so eem P. will ich naut ze duu hoo. P. schleed sich, P. verdreed* ‚verträgt' *sich.* – Lautf.: *Pag, Päggche, Päcklche.*

packen sw. V., gel. st. V. Wie schspr. ‚einpacken', aber auch ‚fassen', ‚anpacken'. *He hott fiier die weire Rees* ‚Reise' *sei Sache gepackt. Den muß me bei den Ohn packe, sonst girr'e* ‚gibt er' *nitt nooch.* Rda.: *Du kannst der dei gebackene Biien* ‚Birnen' *beinanner packe* ‚kannst deine Sachen packen', ‚bist entlassen'. *Pack dich oh deier aajene Nåås.* Auch übertr.: *Ois Noochber packt's net meh* ‚wird bald sterben'. Auch schon bei der Frau Rat Goethe: *wenn ichs noch p. kan, wirds fortgeschickt d 21ten*... [Vwb. 2, 536]. – Lautf.: *page,* als st. V.: *page, pig* bzw. *poug* in Teilen des Lahn-Dillkreises, also im w M-Hess.

Packwagen m. ‚Wagen, auf dem die bewegliche Habe des einheiratenden Partners (meist der Braut) aus dem Elternhaus in das neue Heim gebracht wird' M-Hess., N-Hess., N-Dtsch. und wohl öfter. Syn. im m M-Hess.: *Brautwagen, Bräutewa-*

gen, Brautchaise [Vwb. 2, Kte. 57]. *Die jonge Fraa hot en gruuße Packwaa.*

Pädde ↑ Frosch, ↑ Ütsche.

Pagenfist, -wimmel m. ‚Mistkäfer (Geotrupes stercorarius)'. Verstreut in N-Dtsch. Nach Vwb. 2, Kte. 42 vielfältige Syn., z. B. gilt noch *Ochsenkäfer, Mistpimmel, Wagenbrummer, Pferdebremse, Kuhstößer* u.v.a. – Lautf.: *Paden-, Pahlfist* und *Panwiemel.* – Etym.: Herleitung von mnd. *page* ‚Pferd'.

Palatin m., n. ‚langes, schmales Halstuch aus Wolle' S-Hess. (hier von beiden Geschlechtern getragen); Rhein-Main, M-Hess., O-Hess.: hier v.a. von Männern, seltener von Kindern getragen. – Lautf.: *Balediin, Balldiin, Palladin.* – Etym.: zu frz. *palatine* ‚Pelzkragen'. Pfalzgräfin („palatine") Liselotte (Elisabeth Charlotte) hatte diese bes. Art Kragen in Frankreich eingeführt.

Palme f. Außer der schspr. Bedeutung gilt 1. ‚der am Palmsonntag in der kath. Kirche geweihte Strauß (aus Weide, Buchsbaum usw.)' S-Hess, Rhein-Main, M-Hess., O-Hess., N-Dtsch. Er schützt vor Krankheit und Unglück. Im s S-Hess. wurde ein in der P. steckender Apfel mitgeweiht; wer von ihm aß, bekam nach der Volksmeinung kein Zahnweh. – 2. ‚Buchsbaum (Buxus sempervivens)' S-Hess., Rhein-Main, w M-Hess. Name entstand, weil man während des Hochamtes am Palmsonntag Buchsbaum (statt P.) weihen ließ. – 3. ‚Blüten(knospen) der Weiden (Salix caprea)' M-Hess., O-Hess., N-Hess., N-Dtsch. Auch sie wurden statt Palmen am Palmsonntag geweiht. – Lautf.: *Palme, Balme.*

Pansee f., n. ‚Gartenstiefmütterchen (Viola tricolor)' S-Hess., sw M-Hess. *Was sieht däi Paasee schee aus.* – Etym.: < frz. *pensée* ‚Stiefmütterchen'.

Papiller m. 1. ‚Schmetterling' n M-Hess., w N-Hess., sw N-Dtsch. (Korbach–Neustadt). Syn.: ↑ *Fledermaus 2.* Ein dürrer Mensch ist *licht* ‚leicht' *wie in Babiller.* – 2. ‚Nachtfalter' m M-Hess., N-Dtsch. – Lautf.: *Babiler, Papiller, Paboller.* – Etym.: wohl Spielformen zu frz. *papillon* bzw. lat. *papilio* ‚Schmetterling'.

Papillote f., meist Pl. ‚(eingewickelter) Bonbon' S-Hess., Rhein-

Main, M-Hess. – Lautf.: *Babiljotte, Bawelod, Baljotte.* – Etym.: zu frz. *papilloter* ‚in Papier wickeln' und *la papilotte* ‚(Haar)wickler'.

Pappel(s)blume f. ‚Sumpfdotterblume (Caltha palustris)' S-Hess., w M-Hess.

Parapluie m.,n. 1. ‚Regenschirm' S-Hess., Rhein-Main, M-Hess., s N-Hess. Meist veraltet. *E Ourewäller* ‚Odenwälder' *gäihd nidd iwwer Fäld ouhne sein Ballblee* [S. Wb. 1, 579]. – 2. ‚Kopf', auch ‚altes Haus' verstr. in S-Hess. – Lautf.: *Parablii, Barablee, Borbelee.* – Etym.: < frz. *parapluie* ‚Regenschirm'.

parforsch, par force 1. Adj., Adv. ‚grob', ‚herrisch', ‚mit Gewalt' S-Hess., Rhein-Main, M-Hess., auch ‚energisch', ‚kräftig', ‚schnell' u. ä. *De Mann es gemeenerhaand* ‚gewöhnlich' *proforsch zou de Kenn* ‚grob zu den Kindern'. *Werim eß der nur so goar net perforsch* ‚energisch' *bei sainer Fraa? Se eß e profods Waismensch* ‚eine kräftige Frau'. *Bei meer muß alles p.* ‚schnell' *geh!* – 2. Subst. *mit Proforsch* ‚mit alle Gewalt' M-Hess., auch übertr.: *Ma naande* ‚nannte' *de Nochber nur de ahle Profosch* M-Hess. – Lautf.: *perforsch, proforsch(t), profersch, parforsch.* – Etym: < frz. *par force ‚mit Gewalt'.*

Paris n. Zur Hauptstadt Frankreichs viele Rdaa.: *Off dem Messer kaan mer voh hier noch P. reire* ‚es ist stumpf'. *Håst de dås en P. gelangd?,* verspottet man jemand, der lange wegbleibt. In einigen Orten des m M-Hess. heißt es von Armen, die im gleichen Ortsteil zusammen leben: *Däi wuhn all en Paris.* Verspottung eines Mädchens aus dem Odenwald, das mit starken Füßen kleine elegante Schuhe tragen will: *Bariser Schickelcher unn Orewäller Füß* [S. Wb. 4, 587]. – *Klaa-Paris* = Frankf.-Heddernheim. (Benennung noch heute bes. zur Fastnachtszeit gebraucht).

Parrer, Pärrner ↑ Pfarrer, ↑ Pfärrner.

partu, partout Adv. ‚durchaus', ‚unbedingt', ‚auf jeden Fall'. *Des Kend will p. net enschloofe.* Veraltend, hält sich in Städten und allg. bei oberen Schichten länger. – Etym.: < frz. *partout* ‚allenthalben', ‚überall'.

Pasquill f. ‚(meist anonyme) Spottschrift, an markanter Stelle im Dorf angeheftet' S-Hess., Rhein-Main, M-Hess. Schon in den zwanziger Jahren veraltend. *Basquillr* wurden z. B. gegen soziale Mißstände im Dorf geschrieben, man suchte aber auch Leute – z. B. wegen heimlicher Affären – zu blamieren. Rda.: *On der Basquill kräje* ‚an der Brust packen'. – Lautf.: *Basgwil, Paskwäl.* – Etym.: < ital. *pasquillo* ‚Spottschrift'.

Paß m. Neben der schspr. Bed. gilt 1. ‚angenehmer Zustand', bes. in der Wndg. *nitt ganz ze Baß sein* ‚sich nicht wohl fühlen' oder *zu Paß kommen* ‚gelegen kommen'. *Eich sain net recht ze Baß* ‚fühle mich krank'. – 2. ‚Aufmerksamkeit', bes. in der Wendung *kaan Baß druff hawwe.* Auch *ich lege keinen B. droff. Ik hawwe keinen P. drup eslan* ‚keinen Wert drauf gelegt'. – Lautf.: *Bas, Pas.*

passen sw. V. 1. intr. a) ‚die Führung beim Kartenspiel aufgeben'. *Däer baßd beinoh jedesmool.* – b) ‚warten' S-Hess., Rhein-Main, M-Hess., ‚aufpassen' O-Hess., N-Hess., N-Dtsch. *Se basse* ‚warten' *schon zwuu Stonn. Off die Hinger basse* ‚aufpassen'. – c) ‚zusammenstimmen' (von Verhaltensformen, Gegenständen u. a.). *Der Rock baßd wie ohgemesse.* Rdaa.: *Wem de Rock (Stiefel, Schuh) baßt, zieht en sich an* ‚wer betroffen ist, meldet sich'. *Es is kaan Dibbche so schepp, es paßt e Deckelche druff* ‚jeder findet einen Partner, der zu ihm paßt'. *Du baßd dohii wäi e Sau ens Jerrehaus* ‚gehörst nicht dahin' – d) ‚genehm sein', ‚zusagen'. *Däi Vierschlee* ‚Vorschläge' *basse ins net.* – 2. refl. ‚sich gehören'. *Des baßd sich net.* – Lautf.: *base, basen, pasen.*

Pastor m. ‚evangelischer und katholischer Geistlicher' N-Dtsch. Im übrigen Gebiet nur vereinzelt und dann u. U. abwertend – neben wertneutralem *Parr* oder *Pärrner* – oder scherzhaft gemeint. Im größten Teil des Gebietes herrschen *Pfärrer (Parrer)* oder ↑ *Pfärrner, Pfarrner (Pärrner, Parrner)* vor.

Pate m. ‚Pate' sw Rhein-Main, w M-Hess., nö N-Hess., N-Dtsch., auch ‚Patenkind' M-Hess. [Vwb. 2, Kte. 58]. Syn.: ↑ *Pfetter, Petter.* Zur Differenzierung zwischen Mann und Frau entstehen einzelörtliche Bez. wie *Mann(s)pate, Patenmann; Frau-, Weibspate, Patenfrau.* Rda.: *Wenn das Kend gehowwe* (d. h. getauft) *ist, will jeder P. sein* ‚wenn man keine Verpflichtungen mehr zu fürchten hat, bekennt man sich zu ihnen'. ↑ *Gote,* ↑ *taufen.*

Patsch, Batsch m. 1. ‚Schlamm', ‚Morast', ‚weicher Boden'. *Do stecke mer åwwer em B. dren.* – 2. ‚Verlegenheit', ‚Notlage' w Rhein-Main, w M-Hess. *Das leeriχe* ‚ledige' *Waismensch* (das schwanger ist) *sitzt riχdiχ em B.* – 3. ‚Tölpel', ‚unbeholfener Mensch' vereinzelt im Gebiet. *He hot do eam Haus de B.* (den Tölpel, über den man lacht) *gemaacht* [Vwb. 2, 556]. – Lautf.: *Batsch, Baadsch, Patsk.*

Patsche f. 1. ‚schallender Schlag oder Fall', bes. ‚Ohrfeige' S-Hess., Rhein-Main, M-Hess., O-Hess., N-Hess. *De Vadder hodd dem Jong e laure Batsch gegewwe.* Wer versucht, *der Batsch e Ohrfeig ze gewwe,* verschlimmert den Fehler, den er gutzumachen sucht. Auch ‚Handschlag zur Besiegelung eines Kaufs, bes. eines Viehkaufs' S-Hess., w Rhein-Main. *Wäi mer die Kuh gekaaft hoo, hoo mer sich* ‚uns' *e Batsch gegewwe.* – 2. ‚Hand', ‚große Hand', ‚weiche Hand' (meist scherzh. in der Kinderspr.) verstreut im Gesamtgebiet. – 3. ‚großer Fuß' S-Hess. und vereinzelt im übrigen Gebiet. – 4. ‚Verlegenheit', ‚Klemme', ‚Verlust': wie schspr. *Mein Nochber hott mech en ne schlemme B. gebrocht.* Auch *en de B. setze* ‚in übler Lage sich befinden'. Wer *in schee B. krecht hott,* hat finanzielle Verluste erlitten. – 5. ‚unbeholfene, dicke Frau' S-Hess., w M-Hess., auch ‚Klatschbase' S-Hess., M-Hess. – Lautf.: *Batsch, Badsche, Patske.*

Peff, Piff ↑ Pfiff.

Peitsche f. Wie schspr. S-Hess., sw Rhein-Main (schmaler Streifen den Rhein und Main entlang von Koblenz bis Frankfurt), ö N-Dtsch. und nö N-Hess. Landsch. Syn.: ↑ *Schwippe* w N-Dtsch. (Arolsen-Sachsenberg), sonst ↑ *Geißel* [Vwb. 2, 564 ff. und Kte. 60; S. Wb. 1, Kte. 28]. Überall dringt *P.* gegen *Geißel* vor, das in S-Hess. bis auf Reliktgebiete zurückgedrängt worden ist. Häufig stehen beide Bez. am Einzelort nebeneinander, z. B. gehäuft im m Rhein-Main und m M-Hess. Dann kann es zu Bedeutungsdifferenzierung kommen: *P.* z. B. ist die feinere, gekaufte Art, die *Geißel* die selbsthergestellte Art mit geschnittenem Stiel u. ä. Gelegentlich wird auch gemeldet *P.* = Chaisenpeitsche, *Geißel* = Ackergeißel. Nach dem S. Wb. 4, 676 drang *Peitsche* ein „mit der feinen biegsamen Rohrpeitsche, die man in der Stadt oder beim Sattler kaufte und zuerst nur zu Spazierfahrten mitführte; im Gegens. zur selbstgefertigten *(Zacker-) Gaaschel* aus Holz, die noch lange danebensteht". Rdaa.: *Die Bitsch,* d.h. die Herrschaft auf dem Hof, *hörre* ‚hat er' *schon lang aus der Haand gegah* ‚gegeben'. *Wer die Beutsch hott, schleed* ‚schlägt' *aach droff:* wer die Gewalt hat, übt sie auch aus. *Der nimmt kee P. mih in die Haad* ‚Hand' = der stirbt bald. – Lautf.: *Baidsch, Baatsch, Beudsch, Bidsche, Pijtske.*

pekzieren, peksieren sw. V. ‚Böses verüben', ‚Fehler machen', ‚etwas anstellen' S-Hess., Rhein-Main, M-Hess. Zu spielenden Kindern: *Was horr'er* ‚habt ihr' *dann schon werrer peksiert* ‚angestellt'? *Was wolter pexärn* ‚was wollt ihr Böses tun?' *Ich seh's dem Kerl am Gesicht ah, daß er was pexiert hat.* – In Frankf. auch ‚stehlen': *Also noch emal, wer den Leffel pexiert hat, leg enn widder häämlich in de Kommodschublad un scheem sich innerlich* [F. Wb. 12, 2271]. – Lautf.: *begsii^{a}n, pegsiirn.* – Etym.: < lat. *peccare* ‚sündigen'.

Pellgrundbirne ↑ Quellkartoffel.

perturbieren sw. V. ‚(mit Bitten und Fragen) quälen' m und ö M-Hess., s N-Hess., auch vereinzelt in S-Hess. *Was kann de Jong pertewäjern.* In S-Hess. ‚einen quälen, peinigen'. *Waos mich däs Ding* (ein Geschwür) *pärdewiert hot, ich konnt e paor Naochde net schlofe* [S. Wb. 4, 706]. – Lautf.: *patterwieren, pädrawien, pärdewii^{r}n.* – Etym: < lat. *perturbare* ‚beunruhigen'.

Petter ↑ Pfetter.

Petz(e)**kuchen** ↑ Pfetz(e)kuchen.

petzen ↑ pfetzen.

Pfaffenblume f. 1. ‚Löwenzahn (Leontodan taraxacum)' vereinzelt m M-Hess. – 2. ‚Klatschmohn (Papaver rhoeas)' nw S-Hess., m M-Hess. [S. Wb. 1, Kte. 32].

Pfannkuchenkraut ↑ Bris-lauch.

Pfarrer, Pfärrer, Pfarr m. 1. ‚der evangelische Geistliche' S-Hess.; im größten Teil von Rhein-Main, M-Hess., s O-Hess., s N-Hess. (selten); meist nur, soweit diese Gebiete evangelisch sind. *Das ist gewiß, wie des letzt Wott* ‚Wort' *vom Parrer in de Kerχ.* Von einem faulen Jungen: *De wead weadoags* ‚werktags'

P. en sondoags Schullehrer. Dear macht Schritt wäi en P. ‚kommt vornehm daher'. Irrtum ist überall möglich: *Es ärrt sich ja der Parrer uff der Kanzel* [F. Wb. 12, 2291]. – 2. ‚der katholische Geistliche' S-Hess.; im katholischen Teil von Rhein-Main, M-Hess. *De Herr P. bringt dem Kranke des heilig Eel. Dem kann kaan P. meh helfe* ‚der stirbt bald'. – Lautf.: *Parrer, Parr, Parre, Farrer, Pärrer.*

Pfärrner, Pfarrner m. 1. ‚der evangelische Geistliche' in kleineren Gebieten des w und m M-Hess., in einem größeren Gebiet des ö M-Hess. und sw N-Hess. (Grünberg–Fritzlar). *P.* weicht vor ↑ *Pfarrer (Parrer)* immer mehr zurück. So heißt es mancherort zwar noch *es läutet Pärrner* ‚läutet zur Kirche', in der Anrede aber sagt man *Herr Pfarrer.* Rdaa.: *Vom Pärrner off die Gaast komme:* vom Hundertsten ins Tausendste kommen. *En Pärrner ohne Fraa* ‚Frau' *is e Schauer* ‚Scheune' *ohne Haa* ‚Heu'. – 2. ‚der katholische Geistliche' vereinzelt im w M-Hess. – Lautf.: *Pärner, Pänner, Parrner, Pferner.*

Pfetter m. 1. ‚Taufpate'. Im größten Teil des Gebiets, nur im W und N gilt ↑ *Pate. Einem den P. bringen* oder *anbieten* ‚die Patenschaft antragen'. *Wenn's Kind gehowwe eß, will jeder P. sein. Den P. kriegen* ‚Pate werden'. *Wer de Poapst zoum P. hodd, kann leichd Koardinal werrn* [S. Wb. 1, 746]. – 2. ‚Patenkind' M-Hess. – 3. ‚Großvater' S-Hess. (vereinzelt) M-Hess. Der Großvater ist oft Taufpate beim Erstgeborenen. – Lautf.: *Peder, Pädder, Perer* – Etym.: < mlat. *patrinus* ‚Taufzeuge'.

pfetzen sw. V. 1. ‚(schmerzhaft) kneifen' S-Hess. Rhein-Main, M-Hess., O-Hess.; n davon (N-Hess., N-Dtsch.) gilt ↑ *kneifen* [s. a. WSAH-Kte. 198]. In der Grenzzone von Biedenkopf über Rotenburg, Fulda und Eschwege erscheinen am Einzelort *kneipen* und *p.* nebeneinander, häufig mit Bedeutungsunterscheidung: z. B. *p.* für den starken Schmerz, der mit den Nägeln zweier Finger zugefügt wird, und *knippen (kneipen)* für das weniger schmerzhafte Kneifen mit der ganzen Hand. Oder: Der Bursche *knippt* sein Mädchen liebevoll, ein Junge aber *pitzt* einen anderen schmerzhaft aus Rache [Vwb. 2, Kte. 65]. *Pitz mich doch net so, doas dout bewarsch* ‚sehr' *wih.* Rda.: *Däes batt groed soviel, wäi wonn mer em Osse ens Horn petzt* ‚alle

Mahnungen nützen nichts' – 2. ,wehtun', ,schmerzen' S-Hess., M-Hess., N-Hess. *Die dinne Gert petzt meh wäi de dicke Steacke. Die Gicht pitzt mech en maim gruuße Zieb* ,Zehe'. Auch seelischer Schmerz: *De Duud fah saier Modder* ,Tod seiner Mutter' *petzt en arχ*. – 3. ,(Alkohol) trinken' S-Hess., Rhein-Main, M-Hess., O-Hess., w N-Hess. *De Karl kann velleicht petze. E hott sich aan gepetzt* ,sich einen angetrunken'. – 4. ,beim Lehrer anzeigen, anschwärzen, melden' verstreut im Gebiet. – Lautf.: *petse, pidse, fedse.*

Pfetz(e)kuchen m. 1. ,Waffel' m und ö M-Hess.; Teile von O-Hess. und N-Hess. Dort schließt sich, bes. im N, ein Gebiet mit *Knippkuchen* an. Die *P.* werden im Waffeleisen *(Pfetzkucheneisen, Pfetzeisen)* gebacken. – 2. ,Flachkuchen, auf dessen Oberfläche durch ↑ *pfetzen* mit Daumen und Zeigefinger, durch Gabel, Löffelstiel o. ä. Vertiefungen entstehen, die mit Butter gefüllt werden'. Die Vertiefungen stellen alte Stilmuster der Volkskunst dar: Blumen, Bäume, Schnecken u. a. Die *P.* werden (wurden) in Teilen M-Hess., bes. zur Hochzeit, Taufe, Kirmes, im Odenwald zur Beerdigung gebacken.

Pfiff m. 1. Wie schspr. *Was hott der fier en laure Peff gedaa.* Rda.: *E (se) gitt off de Peff* ,ist folgsam' (wie ein Hund z. B.), aber auch abwertend gemeint von allzu willfährigen Mädchen [S. Wb. 4, 794]. – 2. übertr. ,List', ,Trick', ,Kniff'. *Däer steckt voller Peff* ,voller listiger Absichten'. 1901 aus Frankf.: *Deß sinn faule Fisch! So was musse Se mich net weiß mache wolle, Fräulein, mir kenne die preußische Piff* [F. Wb. 12, 2300]. Auch ,Spott' u. ä.: *Däer hott naut wäi die Leu zoum Peff* ,neckt die Leute nur'. *Wås hott der Lausjong Waisleu en Mannsleu fiir'n Peaff gehadt* ,geuzt, verspottet'. Die Bed. ,Kunstgriff', ,listiger Streich' ist schon bei Lessing, also in der Hochsprache des 18. Jhd., überliefert: *Ihr Pfiff, lieber Nachbar, hilft Ihnen nichts* ... [Röhrich 2, 728]. Rda.: *den P. los haben* ,eine Sache verstehen'. – Lautf.: *Pef, Peaf, Pif, Bfüf, Pip.*

Pfingstochse m. Meist in rdal. Vergleichen, in denen übertrieben (geschmacklos) gekleidete Menschen charakterisiert werden; z. B.: *aussehen, (heraus)geputzt, aufgeputzt, geschmückt, bekränzt, aufgedonnert sein wie ein P. Däer es* oder *hott seχ gebängert* ,gebändert', d. h. zurechtgemacht *wie en Pengstosse.*

Die Wendungen gehen in unserer Region wohl auf den alten Brauch zurück, zu Pfingsten beim Frühjahrsauftrieb das erste und (oder) letzte Tier der Herde zu schmücken: *P.* oder auch *Pfingstkuh*. Im NO unseres Bereiches wurde „einige Tage vor Pfingsten von den Metzgerburschen ein bekränzter Ochse, der P., durch die Straßen geführt.“ [Vwb. 2, 612]: er war wohl zum Pfingstbraten bestimmt. Ähnlich aufgeputzte Mastochsen sind auch in Frankreich zur Fastnachtszeit bekannt [Röhrich 2, 731]: „Der festliche Schmuck deutet möglicherweise darauf hin, daß die Schlachtung ehedem als eine Art Opferhandlung aufgefaßt wurde.“

pflanzen sw. V. 1. trans. a) ‚Setzling von Dickwurz, Kohl usw. ins Ackerland umpflanzen‘ S-Hess., M-Hess. *Mer huu en zwee Onnen* ‚Nachmittagen‘ *viel geplaanzt.* Auch bildl.: *Wer sich de Hooen* ‚Haare‘ *blaanzt* ‚mit Pomade schmiert‘, *der ean die Hell daanzt.* – b) ‚Kartoffeln setzen‘ N-Hess., N-Dtsch. – 2. intrans. ‚gut ansetzen‘, ‚sich gut bestocken (vom Getreide)‘ S-Hess., Rhein-Main, M-Hess. *Die Friχd* ‚das Getreide‘ *hott gout geblaanzt.*

Pflug m. Wie schspr. Der früher vorhandene Spitzpflug (auch ↑ *Sechpflug* genannt) ist längst veraltet. Er wurde vom Eisenpflug, d. h. dem *Wendepflug,* abgelöst. Man kann die verschiedenen Pflugarten nach Bauart, Herkunft, Verwendung u. a. unterscheiden. *Land unterm P. haben* ‚Ackerland besitzen‘. *Off eem Mann bleibt kein Pluck stehen:* ‚der Ausfall (Tod) einer Arbeitskraft hemmt die Arbeit nicht‘. Bekannt in mdal. Verwendung ist die weitverbreitete Rda. *Die Hand an den P. legen* ‚eine Arbeit aufnehmen‘; vgl. Lukas 9, 62: „Wer seine Hand an den Pflug legt und sieht zurück, der ist nicht geschickt zum Reich Gottes.“ [Röhrich 2, 732 f.] – Lautf.: *Blug, Bluuch, Bluug, Pluh, Bflug, Ploug, Plooch.*

Pflugschleife, -schleppe f. ‚zwei spitzwinklig aneinander befestigte Balken oder Stangen, auf denen der Hinterpflug ins Feld oder nach Hause befördert wird‘ S-Hess., M-Hess., N-Hess., N-Dtsch. Wurde mancherorts durch ↑ *Pflugskarch, -karren* abgelöst. *Seit die neue Schossee* ‚Straße‘ *gebaut ist, derfe mer die P. nitt mih neme.* – Lautf.: *-schlaaf(e), -schlääf(e), -schleife, -schliepe, -schleufe.*

Pflugskarch m., **Pflugskarren** m. ‚zweirädriger Karren, der an den Vorderpflug angehängt wird und auf dem der Hinterpflug ins Feld gefahren wird (wurde)' S-Hess., M-Hess. Trat oft an die Stelle der ↑ *Pflugschleife.*

Pfud(d)el 1. m., f. ‚Jauche'. Verbr. ↑ *Sutter. De Bauer hott haure Pull gefoahn.* In S-Hess. stehen sich *Pul* und *Pudel* gegenüber. „Häufiger ist das ‚feinere' *Pudel,* ... das ... als Wort der Vornehmen erscheint" [S. Wb. 4, 1202]. Von einem Sommersprossigen heißt es hier: *Er hodd in de P. geplatschd.* Auch übertr.: Aufforderung zum Weggehen: *Zieh Puddel, der Maa brennt* [F. Wb. 12, 2378]. – 2. f. ‚Wasserlache' w Rhein-Main, M-Hess., auch ‚trübes, schmutziges Wasser in einer Erdmulde' S-Hess., Rhein-Main, w M-Hess. (vereinzelt). *Doo siehst de e großer Pul.* Auch ‚Regenpfütze' w M-Hess. – Lautf.: *Puudel, Puurel, Porrel, Pull, Puul.* ↑ *Pfuhl.*

Pfuhl m., f. ‚Pfütze', ‚kleines, stehendes Gewässer' S-Hess., Rhein-Main, M-Hess., O-Hess., N-Hess., N-Dtsch. *Däer eß en de Poul getreere, deß des Wasser huuch offgespritzt eß.* Übertr.: *Der hat en in Poul geträre* ‚ist betrunken'. – Lautf.: *Poul, Poohl, Puhl, Bfuel, Puddel.* Die Formen sind von denen, die zu ↑ *Pfuddel* gehören, nicht immer sicher trennbar.

Pfühl, Pülven m., n. 1. ‚Unterkissen im Bett'. Die Bed. wechselt regional zwischen ‚breitem, rechteckigem Kissen, das unter den anderen Kissen liegt', ‚mit Spreu gefülltem Kopfkissen im Strohbett' und ‚breitem Federkissen'. Man unterscheidet auch zwischen *langem P.* im früheren Doppelbett und *korzem P.* im modernen Bett. usw. – 2. ‚Unterbett' m M-Hess. *De Peäl es so laangk wäi des ganze Bett.* – 3. ‚Kopfkissenbezug' O-Hess., auch ‚Bettbezug' O-Hess. – 4. ‚Querholz am Vorderpflug, auf dem der Grindel des Hinterpfluges liegt und das zum Tiefer- oder Höherstellen des Pfluges senkrecht verschoben werden kann' S-Hess., M-Hess., N-Dtsch. – Lautf.: *Pilf, Pilwe, Pelf, Peeal, Peel, Pül.* Die Formen führen tlw. auf *Pfühl;* sie sind von denen, die an *Pülven* anschließen, nicht immer klar zu trennen. – Etym.: < lat. *pulvinus* ‚Polster, Kissen'; ahd. *phulawi,* mhd. *phulwe, phülwe,* ‚Federkissen'.

Pfütz m. ‚Ziehbrunnen' w M-Hess. Die *P.* in den Dörfern schwinden (schwanden) mit der Anlage der Wasserleitung. –

Lautf.: *Pitz, Petz.* – Etym.: < lat. *puteus* ‚Brunnen', mhd. *phütze.*

Pfütze f. ‚kleines, stehendes Gewässer', ‚Wasserlache'. Einzelörtlich Syn.: ↑ *Pfuhl;* bei Bedeutungsdifferenzierung bedeutet *P.* ‚die kleine Wasserlache', *Pfühl* aber ‚das größere, stehende Gewässer' u. a. *Die große Pitz* ist der Atlantik. *E groß P. mache* ‚viel Wasser verschütten'. *In die P. treere* ‚treten': ‚Unheil anrichten', ‚es mit jedem verderben'. *Hä trett jeder Petsch die Öje* ‚Augen' *aus* ‚ist bei jedem bösen Vorfall dabei'. – Lautf.: *Pids, Pidsch, Pedse, Pödsche.* – Etym.: ↑ *Pfütz.*

Piek(**e**) f., auch **Pick** m. ‚geheimer Groll'. *Eine Pieke, einen Pick auf jemand haben,* z. B. *E horr'n off'm Pick* ‚hat heimlichen Groll gegen ihn'. *En Biek hawwe* [F. Wb. 12, 2323]. – Etym.: Vielleicht aus der ndl. Rda. *eenen pick hebben teghen iemanden* über das Ndd. eingedrungen, aber auch Entlehnung aus dem Frz. über das Obd. möglich: franz. *pique* hat sich wie ital. *picca* aus der Bed. ‚Spieß', ‚Groll' entwickelt [Röhrich 2, 736].

pisbern ↑ pischpeln.

pischpeln, bischpeln sw. V. ‚flüstern'. Weitverbr. neben den Syn. *pischpern,* ↑ *pispeln, pispern, bispern* w Rhein-Main, w M-Hess., *plispern, buschpeln. Se hott mer wos ens Ohr gepischbeld. Die bischbele ganz beducht* ‚befangen' *unner enanner* [F. Wb. 12, 2319].

pispeln sw. V. ‚flüstern' = ↑ *pischpeln. Werim bispelsd de dann so?* Im besonderen bedeutet *p.* ‚flüsternd einen Krankheits-(Gesundheits-)Segen hersagen'. *Die Oma beasbelt füer die Gesondhaad faam Enkelche.*

Placken, seltener **Plack** m. 1. ‚Fleck' S-Hess., Rhein-Main, M-Hess., N-Dtsch. *E hott sech vebraat* ‚verbrannt' *en hott en gruuße ruure Placke em Gesicht zerickbehaale.* – 2. ‚Stoff- oder Flicklappen' S-Hess., Rhein-Main, M-Hess., N-Dtsch. *De Fraa horr'm en Placke off's Loch en der Hose genaat* ‚genäht'. Auch übertr.: *Das Loch eas aach immer größer wie der P.:* man braucht stets mehr, als man hat. – 3. ‚kleine Fläche', ‚Platz', ‚Wiesen- oder Waldstück' S-Hess., Rhein-Main, M-Hess., w N-Hess., nö N-Dtsch. *De Bauer horr e Drenaχ gegraawe geeje de feuχde P. em Agger.* – Lautf.: *Blage, Placken.*

Plärr, Plarr m. 1. ‚lauter Schrei', ‚Geschrei' S-Hess., M-Hess., N-Hess., N-Dtsch. (verstreut). *Was hott der Mensch Blärr gedah.* Antwort eines Gastes auf die Frage, warum er beim Essen so schweigsam gewesen sei: *Jeder Plärr schatt dem* ‚schadet dem' *Schof en Muffel* ‚Maulvoll', d. h. wer beim Essen spricht, kommt zu kurz. – 2. ‚Aufsehen', ‚Schande', ‚schlechte Nachrede' S-Hess., Rhein-Main, M-Hess. *Däi huu sich en schiene Plärr gemoeχt* ‚Schande, bösen Leumund zugefügt' – Lautf.: *Blärr, Plorr.*

Pläsier f., n. ‚Vergnügen'. *Das macht em feel P. Jedes Dierche hot sei Pläsierche.* – Lautf.: *Blessiier, Blasiir.* – Etym.: < franz. *plaisir* ‚Vergnügen'. – Hierher auch *Pläsiermichel* m. ‚Mensch, der andere erheitert oder unterhält' (und sich dabei leicht lächerlich macht!) Rhein-Main, M-Hess.; auch ‚vergnügungssüchtiger Mann' S-Hess.

Plättchen ↑ Schale^2.

plätten ↑ streichen 2.

Platz ↑ Schwinge 1.

plaudern ↑ schwätzen.

plete (**pleite**) Adv. 1. ‚fort', ‚verschwunden' S-Hess., Rhein-Main, M-Hess. *Des Mensch eß b.* ‚*ist verschwunden*'. *P. gehen* oder *(sich) p. machen* ‚sich heimlich davonmachen', auch ‚sterben'. *S Johr, wu ewe b. geht* ‚das gerade zu Ende geht' [S. Wb. 4, 938]. *Da geht er bleede* ‚da geht er schnell fort' [F. Wb. 12, 2333]. – 2. Wie schspr. ‚pleite', ‚bankrott': *blaide gehen* oder *b. machen.* Hd. Lehnwort, im 19. Jhd. aus der Ugs. meist nur in die Stadtmdaa. eingedrungen. – Etym: < jidd. *pleto* ‚Flucht'; damit war urspr. Flucht vor den Gläubigern und der Schuldhaft gemeint [F. Wb. 12, 2332 f.; Röhrich 2, 740].

Ponem ↑ Bonem.

Porz m. ‚Seitengefach der Scheune' M-Hess. *Em Pots huu mer die Struhschneidmaschin innergebråcht.* – Lautf.: *Porz, Pots, Perz.* – Etym.: < mhd. *porz(e)* < lat. *porta* ‚Tür'.

Posse f., **Possen** m., meist Pl. 1. ‚lustiger Streich', ‚übermütiger Scherz', ‚Späße'. *De Jong hot nur Bosse* ‚lustige Streiche' *em Kopp. Was host de dann schon werre fier B.* ‚Scherze' *gemacht?*

Dreib die B. ‚Späße' *net zu doll!* – 2. ‚boshafte, tückische Streiche'. *Wann de so weirer machst, land'st de noch em Stockhaus; do heern die B. schon off. Der Frau ist ein P. gethan!* ‚Sie ist behext' [S. Wb. 4, 1040]. *Schläachte Bosse* ‚unangebrachter Scherz' [F. Wb. 12, 2349]. – Etym.: < spätmhd. *possen* ‚Figur'; frühnhd. *bosse, posse* ‚Zierat, Beiwerk an Kunstdenkmälern', bes. Scherzfigur an Brunnen. Nach Röhrich 2, 741 bed. *Possen reißen* (später *P. treiben*) urspr. „das Entwerfen solcher Scherzfiguren auf dem Reißbrett; seit dem 16. Jh. bedeutet die Wndg. soviel wie: Scherz, Unfug treiben."

Pott m. ‚Topf' N-Hess., N-Dtsch., s anschließend gelten u. a. *Düppen,* ↑ *Hafen. Et es kenn P. so scheip* ‚schief', *ett passet en Deckel drupp* ‚jede(r) findet eine(n) Ehepartner(in)'. Trost der Eltern, wenn die Tochter einen alten (reichen) Mann heiraten soll: *Vör den alten P. kriegste auch nåch en niggen* ‚neuen' [Vwb. 2, 680]. – Lautf.: *pot, bod.* – Etym.: < mnd. *pot, put* ‚Topf'. – Hierher auch *Pötteker* m. ‚Töpfer' N-Dtsch. – Etym.: < mnd. *potker* ‚Töpfer'.

power Adj., Adv. 1. ‚arm(selig)', ‚besitzlos', ‚dürftig' S-Hess., Rhein-Main, M-Hess., N-Dtsch. *Der eß awwer boower. Was fiier e boowerχe Hose der ohhott.* Die Verkleinerungsform auch adverbiell: *Hei gihts åwer bowerχe her.* – 2. ‚stark ermüdet' N-Hess., N-Dtsch. – 3. ‚schwächlich, kränklich' O-Hess., N-Hess. – 4. ‚traurig' w O-Hess. – Lautf.: *boower(che).* – Etym.: < frz. *pauvre* ‚arm'.

probieren sw. V. Neben den bekannten Bedeutungen (‚Speisen, Getränke kosten', ‚einen Versuch machen' u. a.) gilt in Teilen des sw und w Rhein-Main noch ‚jemanden auf die Probe stellen, ob er (sie!) hext' (veraltend): *Då honse die Läit pråweert. Se hon er'n Bääsem geläät* ‚in den Weg gelegt'; *se ist awwer driwwer gange, un do wårsch kän Hex* [Vwb. 2, 694].

proforsch ↑ parforsch.

proper Adj., Adv. ‚sauber', ‚reinlich', ‚gut gekleidet'. *Däi aalt Fraa sieht em Aazug›* ‚in der Tracht' *emmer prober aus. Broberche sieht's en de ganze Wuhnung aus. En Staat* ‚Prachtstück' *von em Waismensch, wäi se do so prober steht.* – Etym.: < frz. *propre* ‚sauber', ‚rein'.

prozessen sw. V. 1. ‚einen Prozeß führen'. – 2. ‚widersprechen', ‚nörgeln' S-Hess. (vereinzelt) Rhein-Main, M-Hess. *Etz loss doch endlich dei prozesse* ‚nörgeln' *sei.* – 3. ‚streiten' S-Hess. *Brezeß doch nit mit dem.*

prutzen, protzen sw. V. ‚schmollen', ‚trotzen'. Allg. verbr. außer w M-Hess. u. ö O-Hess. Einzelörtlich neben *mutzen, motzen. Des Kind protzt mit seiner Modder. Endlich awwer, wie se weiter geprutsch hat, hat er doch nachgewwe* [F. Wb. 12, 2377]. Sprichw. aus S-Hess.: *Wer protzd an de Schissel, dem schadd's an seim Rissel:* wer bei Tisch schmollt, wird nicht satt [S. Wb. 4, 1151]. – Lautf.: *brodse, brutze, prutzen.* – Hierher auch *Prutzkopf, Protzkopf* ‚Trotzkopf'.

Pud(d)el ↑ Pfud(d)el.

Pulle f. 1. ‚Krug' n N-Dtsch., m N-Hess. – 2. ‚weitbauchige Flasche' verstreut in der Nordhälfte des Gebietes. *Aus der Bolle en Schluck nemme.* – Lautf.: *Pule, Bule, Buli.* – Etym.: < *lat. ampulla* ‚Fläschchen'.

Pünge(l) m. ‚Bündel' n N-Dtsch. Auch übertr.: *Er hat seinen P.* ‚seine Last'. – Lautf.: *Püngel, Pönge.* – Etym.: vgl. mnd. *punge* m. ‚Beutel' usw.

putzen sw. V. 1. Wie schspr. ‚reinigen', ‚säubern'. *Die Waisloi budse des Haus füer die Kerb* ‚Kirchweih'. *Friχt muß gebodst wean* ‚Getreide muß nach dem Handdrusch von Staub gereinigt werden.' *Die Wiesen p.* ‚durch Beseitigung d. Maulwurfhügel, Laub u. a. reinigen' u. v. m. *(↑ räumen 1).* – 2. refl. ‚(sich besonders) fein machen'. *Des Maadche hott sech schee gebodsd* ‚prächtig angezogen'. – 3. refl. ‚die Nachgeburt abstoßen (von der Kuh)'. Nach der Geburt wacht der Bauer, bis *die Kuh sich gebodsd hott (↑ losen 2, sich ↑ fegen).* – 4. ‚wegräumen'. *De Pohl* ‚Pfahl' *es gebudsd* ‚weggeräumt'. *Es botzt sech goa koads* ‚führt bald zum wirtschaftlichen Ruin, wenn zwei Trinker im Hause sind'. – Lautf.: *bodse, bodsen, putsen.*

Q

quackeln sw. V. Große Bedeutungsvielfalt: 1. ‚geräuschvoll kochen' ö M-Hess., O-Hess. *Hoingk* ‚Honig' *quackelt barwarsch* ‚sehr'. – 2. ‚unsicher, wankend gehen' S-Hess., Rhein-Main, M-Hess. *Kenner* ‚Kinder' *quacken* ‚machen die ersten Gehversuche'. Dafür auch *quackelig gehen. Ahle Leu en Kenn geh ziemlich quackelig.* – 3. ‚langsam sein, arbeiten' S-Hess., O-Hess. – Lautf.: *gwagele, kwakelen* [DWB 7, 2290 f.].

Quaddel, Quattel f., m. 1. ‚Hitze- oder Eiterbläschen, Pustel (im Gesicht)', ‚Hautausschlag, bes. bei Krankheiten' verstreut in S-Hess., M-Hess., N-Hess., N-Dtsch. *Was har e fier Quarrel em Gesicht.* – 2. ‚kleines, dickes Kind' verstreut S-Hess., Rhein-Main, M-Hess.; ‚unruhiges, kleines Kind' O-Hess., N-Hess.; ‚kleines Kind' (scherzh.) Frankf., ‚kleiner, dicker Mensch' M-Hess. – Etym.: vielleicht von mnd. *quattele* ‚lustiges Mädchen zweifelhaften Charakters'. – Hierher auch *quatteln* sw. V. 1. ‚wallen', ‚brodeln' (von Wasser, Suppe u. ä.) S-Hess., O-Hess. – 2. ‚langsam, unbeholfen gehen'.

Quadratlatsche f. 1. Meist Pl. Scherzh. oder auch verächtl. Bez. für ‚große Füße' verstreut über das Gesamtgebiet. *Wås hott der Kerl fiier Q., sein Fuß ist so groß wie dem Goethe seiner auf dem Denkmal* [F. Wb. 12, 2397]. – 2. Scherzhaft für ‚plumpe, große Schuhe' S-Hess., Rhein-Main, M-Hess. *Deem muß de Schusder die Q. ohbasse, em Geschäft kann der kaa krije.*

Quadutter m. 1. ‚kleiner, dicker Mann' S-Hess., Rhein-Main, M-Hess. *Du best e richdiche Quadudder.* – 2. ‚im Wachstum zurückgebliebenes Kind' S-Hess. In Frankf. ‚kleiner, verwachsener Mensch': *Sie schepper Quadutter* [F. Wb. 12, 2379]. – 3. ‚dicker Junge', ‚kleines, unansehnliches Kind', aber auch kosend für Jungen. Rhein-Main, w M-Hess. *E es so e goldig Q.* In Frankf. auch ‚kleiner, unartiger Junge': *Ei guckemol den klaa Quadudder aa* [F. Wb. 12, 2397]. – 4. scherzh.: ‚dickes Gesäß' S-Hess., M-Hess. *Einem de Quadudder verschlaa* [S. Wb. 4,

1125]. – Etym.: wohl Wortkreuzung aus *Qua* (< *Quadiier* ‚Gesäß') und *Dudder* m. ‚dickes Gesäß' (scherzh.).

quaken sw. V. 1. ‚schreien (von Fröschen)'. *Die Freesch q. so laure* ‚laut', *des mer net schloofe kann.* – 2. ‚schnattern (von Enten)' verstreut über das Gebiet. *Die Ende quake.* – 3. ‚krächzen (von Krähen)' Rhein-Main, M-Hess., O-Hess., N-Hess., N-Dtsch. *Wårem q. däi Rååwe* ‚Krähen' *so ferχderliχ?* – 4. ‚schreien', ‚überlaut sprechen'.

Quäleisen n. ‚Mensch, der einen durch dauerndes Bitten und Fragen quält' m M-Hess. *So e Q. wäi daiχ huu aχ noch net geseh.* Bes. auch ‚kindlicher Quälgeist'. *Deß es e riχdiχ Q.*

Qualm m. Wie schspr. ‚dichter Rauch', ‚Dunst', ‚Dampf'. *Däer macht en Q., mer maand, en årmer Mann deed backe* (der hat nur frisches, nasses Holz, das stark raucht). Übertr.: *Se es in nem riχdiχe Q.* ‚ist erzürnt, erregt'. *Es is Q. en de Kiχ* ‚Küche', d. h. ‚Unfriede im Haus (dicke Luft!)' – Hierher auch *qualmen* sw. V. Wie schspr. Dazu bes. 1. ‚rußen (von der Petroleumlampe)'. *De Lamp qualmt, des me naut mih seh kann.* – 2. ‚stark Tabak rauchen'. Ein Raucher *qualmt wie's Firloch* ‚Feuerloch'.

Quast m. Viele Bed., z. B. 1. ‚Fruchtstand der Johannisbeeren', auch ‚zusammensitzende Haselnüsse' w M-Hess. – 2. ‚Haarbüschel am Ende des Kuhschwanzes' M-Hess. *Die Kouh hott en dicke Q.;* daher auch ‚dicker Weißbinderpinsel' Rhein-Main, M-Hess. – 3. ‚Troddel', ‚Quaste' M-Hess.; ‚Strumpfbandquasten der Trachtenfrauen des Breidenbacher Grundes' m M-Hess. *Des Määdchen hott sich scheene Schdrimb mit Q. ohgezooche.* – 4. ‚Spitze', (z. B. die des Baumes) n N-Dtsch. – 5. ‚Plunder, Lumpen' S-Hess.: *De alde Quaschd* [S. Wb. 4, 1139]. – Lautf.: *Gwasd, Kwast, Gwaschd.* – Etym.: < mhd., mnd. *quast* ‚Laubbüschel' u. ä.

Quaste f. 1. ‚Troddel' S-Hess., N-Hess. und wohl öfter. Auch ‚Schleife', ‚Schlinge' oder ‚rotes Band am Spinnrocken' n N-Dtsch. oder ‚rotes Band' zum Schmuck der Fronleichnamsehrenpforten. Ein ähnliches wird auch von den erwachsenen Brautjungfern oder den Erstkommunikantinnen der katholischen Marburger Tracht getragen, m M-Hess. – 2. ‚Haarbüschel des Kuhschwanzes‘ S-Hess. – 3. ‚Kehle‘, ‚Gurgel‘. *Aan an de Quast krieje* [S. Wb. 4, 1139]. In Frankf. u. a. ‚Schopf‘: *Ich awwer krag en bei der Gwast un aans, zwaa, drei – flog er den Keller enaus un war bei'n Deiwel gejagt* [F. Wb. 12, 2400].

Quatsch m. 1. ‚weicher, schlammiger Boden‘. *De Schnäi es weg, åwwer de Q. es doo.* – 2. ‚verworrenes, törichtes Gerede, Unsinn‘. *So en Q. kann abh nur en Leejener* ‚Lügner‘ *fedseen* ‚erzählen‘. – 3. ‚(meist selbstgemachtes) süßes Fruchtsaftgetränk‘, bes. ‚Himbeersaft‘ vereinzelt M-Hess., O-Hess. – Etym.: vielleicht ablaut. Bildung zu nhd. *quetschen.*

quatschen sw. V. 1. ‚durch Nässe und Schlamm waten und dabei ein klatschendes Geräusch hervorbringen.‘ *Die Hose* ‚Strümpfe‘ *wåån so naß, des se gequatscht hoo.* – 2. ‚mit hörbarem Geräusch essen‘, ‚schmatzen‘ w Rhein-Main, M-Hess. *Der quatscht wäi e Sau aam Trog.* – 3. ‚dummes Zeug reden‘. *Quatsche wie e ahl Leenersche* ‚Lügnerin‘. Auch ‚(langweilig) erzählen‘ w M-Hess., ‚verleumderisch über Abwesende reden‘ S-Hess.; verstreut in M-Hess., N-Hess., N-Dtsch. ↑ *Quatsch.*

quellen sw. oder st. V. 1. intr., st. V. ‚hervorquellen‘, ‚heraussprudeln‘ (Wasser aus der Erde); auch ‚infolge von Feuchtigkeit anschwellen‘ (Holz; Hülsenfrüchte). *Des Fensder es so gequonn, des es nit mih zougeht.* – 2. trans., sw. V. ‚(Kartoffeln) in der Schale kochen‘. *Gequellte Kadoffen schmecke gut met Schmeerkees* ‚Quark‘. Schon bei A. Stoltze (1892): *Drum quell' jetz gleich, un ja net so knapp, en Kroppe vol Kadoffle ab* [F. Wb. 12, 2401]. ↑ *Quellkartoffel.*

Quellfleisch n. ‚das am Schlachttag im großen Kessel gekochte Schweinefleisch, das zu Wurst verarbeitet werden soll‘. *Ahm Schlochtdååg easse mer zoum Frihstick en middäägs gern Quellflaasch. Däi Waisloi koche ahm Schlachtdååg Sauerkraut en Quellfleesch.* Landsch. Syn.: *Kesselfleisch, Kesselspeck, Quellspeck, Wellfleisch.* – Lautf.: *Gwellflaasch, -flääsch, Gewellflaasch.*

Quellkartoffel f. ‚Pellkartoffel‘ S-Hess., Rhein-Main, M-Hess., O-Hess. Syn.: *Abgequellte, Abgesottene, Eingewickelte, Gequellte, Kartoffel in ganzer (voller) Montur, Pellgrundbirne,*

Siedkartoffel u. a. alle S-Hess. [nach S. Wb. 4, 1150 ff.] In den anderen Gebieten gilt z. T. noch *Quellgrundbirnen, gesottene Kartoffel, Pellkartoffel* u. a. *Q.* wurden gerne mit Heringen gegessen.

Quellspeck ↑ Quellfleisch.

Quendel m. ‚wilder Thymian (Thymus serpyllum)' S-Hess., Rhein-Main, w M-Hess. *Quennel hilft bei viele Kranggede* ‚Krankheiten'. Q. wird als Heilkraut verwendet, Volksglaube aus dem ö M-Hess.: ein Brei von zu Himmelfahrt gepflücktem Q. hilft gegen Läuse im Kälberfell. – Lautf.: *Kwintel, Gwenel, Gweanel.* – Etym.: < mhd. *quenel* ‚wilder Thymian'.

quengeln sw. V. ‚nörgeln', auch ‚durch anhaltendes Bitten quälen' Rhein-Main, M-Hess., O-Hess., N-Hess., N-Dtsch. Außerdem ‚unaufhörlich weinen' n N-Dtsch., ‚nicht gedeihen', ‚kränkeln' S-Hess., Rhein-Main (meist für kleine Kinder und Haustiere gebraucht). *Däer kann naut wäi* ‚nichts als' *kwängeln. Wås hot des Kend sai Motter gekwengeld. Das klaane Kalb gwängeld* ‚kränkelt'. – Lautf. *gwängele, gwangeln.*

quer Adv. 1. wie schspr. ‚quer' S-Hess., ö Rhein-Main, ö M-Hess., O-Hess., N-Hess., N-Dtsch. *Sie sein kreiz unn q. iwwer die Äcker gelaaf* [S. Wb. 4, 1152]. Im w und m Rhein-Main und w und m M-Hess. selten, hier gilt meist *zwerch.* Einzelörtlich steht auch öfter *derwerst* neben *quer,* dann kann Bedeutungsdifferenzierung eintreten: im ö M-Hess. z. B. wird gemeldet: *d'rwäscht eege* ‚eggen', aber *querch* ‚krumm' *gehen.* – Verwünschung in Frankf.: *Häst de die Määhbrick* ‚Mainbrücke' *quer im Hals* [F. Wb. 11, 2402]. – 2. ‚verkehrt' verstreut in M-Hess., O-Hess., N-Hess., ‚übergeschnappt' in Rhein-Main, ö M-Hess., O-Hess., N-Hess. *Das Waismensch* ‚Frau' *es reine querch* ‚verrückt'. *Querches* ‚dummes' *Zeug.* – Lautf.: *gwärch, gwäär, gweer.*

Quetsche f. 1. ‚die im Frühherbst reifende, längliche Zwetsche (Brunus domestica)'. *Reisbrei en gedeatte* ‚gedörrte' *Q. easse miir gean.* Bauernsprichwort: *Wann die Q. ounfange ze blooe* (blau werden), *häwwe die Kelwer silwerne Klooe* ‚silberne Klauen', d. h. sind die Kälber teuer [S. Wb. 4, 1154]. – 2. übertr. ‚unansehnliche Frau' S-Hess., Rhein-Main. *Unn mancher hat aach noch sei schepp Q. am Aarm* [F. Wb. 11, 2403].

quitt Adj., Adv. 1. ‚los', ‚verloren' S-Hess., w Rhein-Main, w M-Hess. *Er will sein Vemeeje q. werre* ‚verlieren'. *Ebbes quitt sein* ‚etwas verloren haben', ‚sich von etwas befreit haben'. *Der will wohl sei Haus quitt werre* ‚sein Haus verlieren': (ironisch) von einem, der sein baufälliges Haus heimlich ansteckt, um die Versicherungsprämie zu bekommen. – 2. ‚ausgeglichen', ‚wett'. *Diou saist* ‚du bist' *quitt mit mir* ‚stehst gleich und gleich mit mir'. *Mit dem sain asch noch nit kwitt* ‚mit dem habe ich noch ein Hühnchen zu rupfen'. – Lautf.: *gwid, quitt, gewaid, gwaid.* – Etym.: Aus lat. *quietus* ‚ruhig', mlat. *quitus,* über afrz. *quiete, quite* ‚los, ledig, frei' zu mhd. *quit, quît* auch schon mit der Bed. ‚aller Verbindlichkeiten ledig' [Röhrich 2, 754; Kluge/Mitzka, 575].

R

Raal, Raarel ↑ Reitel.

Rabe f., m. 1. ‚Raben-, aber auch Saatkrähe' (Corvus frugilegus und Corvus corax). *En Rååwe hackt der annen kee Aach aus. Däer singt wäi e Rååb* ‚singt mit heiserer Stimme, gröhlt'. Nicht nur der *Atzel* ‚Elster', sondern auch dem R. wird in unserer Region diebisches Verhalten nachgesagt: *Steen* ‚stehlen' *wäi e Raab (wie 'ne Atzel)* ist nach Röhrich 2, 755 schon im 15. Jhd. bei Nikolaus Manuel bekannt: *Ir diebsböswicht stelend wie die rappen. Wann mer im Walpern* (um ‚Walpurgis', d. i. 31. 4.) *em Konn* ‚Roggen' *en Rååb versticken kann, stitt's gout* ‚steht's gut'. *E Rab macht kee Drossel* ‚ein Apfel fällt nicht weit vom Stamm'. *Das eß so selle* ‚selten' *wie en weiße Rab* ‚passiert kaum'. Weitverbreitetes Kniereiterliedchen: *Hoppe, hoppe, Reiter / Wann* ‚wenn' *e fällt, dann schreit er / Fällt e in de Graawe, fresse ihn die Raawe / Fällt e in de Sumpf, macht de Reiter Plumps.* – 2. übertr.: ‚Mensch mit schwarzen Haaren' S-Hess., w M-Hess. *So e Rab* ‚schwarzhaariges Mädchen'. Auch

‚mageres, altes Pferd' S-Hess., m M-Hess. *Rååb, Rååb!* rufen Kinder spottend zum Ärger des Besitzers hinter einem solchen Pferd her. – Lautf.: *Rååb, Rååwe, Raab(e), Råwwe, Robbche.*

rack Adj., Adv. 1. ‚steif', ‚starr', ‚lahm', bes. vor Kälte oder schwerer körperl. Arbeit [F. Wb. 12, 2412] S-Hess., Rhein-Main, M-Hess. *Däer hott ganz racke Gliirer* ‚Glieder', *Henn en Fois* ‚Füße' *dou weh fier Käll* ‚vor Kälte'. *Die alde Knoche werrn r. unn steif* [S. Wb. 4, 1174]. – 2. ‚rauh', ‚hart', ‚straff' S-Hess, w Rhein-Main. *De Boddem iß r. gefrorn* [S. Wb. 4, 1174]. *Is dr awwer des Saal r.* ‚das Seil straff gespannt' [Vwb. 2, 744]. – 3. ‚roh', ‚ungeschlacht' (vom Menschen), ‚störrisch' (vom Pferd) S-Hess. – Etym.: < mhd. *rac, rach* ‚straff', ‚steif'.

Racker(**t**) m. ‚bösartiger, schlechter Mensch' S-Hess., Rhein-Main, O-Hess., N-Dtsch. Auch ‚Schelm', ‚Gassenjunge' Frankf. und anderswo. *Håt doch där Racker richtig widder e Scheib ei(n)geschmisse* [F. Wb. 12, 2412].

rackern, auch **sich abrackern** sw. V. 1. trans. ‚jemand durch harte Arbeit quälen' S-Hess.; auch intrans. ‚fleißig arbeiten' S-Hess., Rhein-Main, M-Hess. *Däer rackerd fah mojeds bis ooweds.* – 2. refl. ‚sich abmühen' S-Hess. und verstreut über das ganze Gebiet. *Se rackerd sich off'm Hoob* ‚Hof' *wäi e Steck Vieh.*

Rad n. 1. Wie schspr. ‚Rad am Wagen u. ä.', ‚Schwungrad an Maschinen u. ä.', ‚Fahrrad'. Dazu viele Rdaa. *He gilt so viel wie des fünfde R. am Waache* ‚er gilt nicht viel': weitverbr. in Hessen. Es kommt schon bei dem bekannten hess. Dichter Herbort von Fritzlar um 1200 vor: *So zele man mich zu dem fünften rade, Und frume ich niht, ich bin nicht schade* [Röhrich 2, 756]. Auf den alten Kult der Jahresfeuer verweist *e R. schbrenge* ‚springen' oder *laufe lassen* ‚ein brennendes Feuerrad (vom Berg ins Tal) laufen lassen' sö S-Hess. Diese Sitte hat wohl „fruchtbarkeitsfördernde, dämonenabwehrende Kraft" [H. d. A. 7, 470]. *Wann em* ‚einem' *de Wåå am beste laafd, fällt em e Raad aus* ‚wenn es einem am besten geht, kommt ein Unglück'. Wer wirres Zeug redet, bei dem *gett e Räädche falsch rem* oder bei dem *is e R. (em Owwerstibbche) los. Aus innem* ‚einem' *goldenige R. fällt immer (deg) en goldenige Naal* ‚große Geschäfte bringen immer (oft) was ein'. *Deß Råd gäihd a noch* *rimm, wånn ich nemmer do bin* ‚jeder Mensch ist zu ersetzen' [S. Wb. 4, 1178]. *R. schlagen* ‚mit ausgestreckten Armen und Beinen radförmige Bewegungen ausüben' ist ein beliebter Kinderspaß im Freien, S-Hess., Rhein-Main, M-Hess., O-Hess. – 2. übertr. a) ‚Radmantel', ‚weiter ärmelloser Mantel' S-Hess., Rhein-Main. – b) *Rad (Rädchen) werfen* ‚einen flachen Stein über einer Wasserfläche mehrmals aufhüpfen lassen'. – Lautf.: *Raad, Root, Rååd.*

Rade f., m. ‚Kornrade (Agrostemma githago)' allg. verbr., nur im N-Dtsch. ist ↑ *Radel* häufiger. *Rade* und *Durt* verunkrauten das Getreide. Jedoch: *Ein Malter Rååre eß'm Bauer keen Schååre* ‚Schaden', d. h. eine kleine Menge Kornradesamen beim Dreschen schadet nicht. In M-Hess. hört man *Raare en Durt healfe em årme Mann furt:* er reinigt vom Müller abzuholenden Roggen nicht, um das Gewicht aufzubessern. *Die Rååre doun'em Bauer kaan Schååre, äwwer die Wicke doun en dricke* [S. Wb. 4, 1180]. Dem Pfarrer, der einst Naturalgaben aus dem Dorf bekam, in den Mund gelegt: *Rore, Durt en groe* ‚graue' *Wicke darf mer keinem Priester schicke.* – Lautf.: *Rååd, Råår, Roore, Raare, Roorem.* – Etym.: < mhd. *râde, ratte(n)* ‚Kornrade'.

Radel m. ‚Kornrade (Agrostemma githago)' N-Dtsch., verstreut s davon. – Lautf.: *Råådel, Raal, Raadel, Raddelken.* – Etym.: < mhd. *radel* ‚Kornrade'.

Rad(e)**macher** ↑ Wagner.

raffen sw. V. 1. ‚rasch greifen', ‚hastig an sich reißen', ‚etwas vom Boden auflesen, -heben' S-Hess., Rhein-Main, M-Hess. *Wås kann des Mensch raffe.* Bes. *Ähren r.* ‚Ähren nachlesen', aber auch *Äpfel (Äbbel), Kartoffeln, Holz, Steine* (vom Acker) *raffen* ‚auflesen'. *Gerofft un uffgestucht* wird der Flachs, wenn er nach dem Wässern und Bleichen nochmals in kleinen Haufen aufgestellt wird [Vwb. 2, 749]. – 2. ‚die Samenkapseln des Flachses abstreifen' ö O-Hess, meist dafür ↑ *reffen.* – 3. ‚lesen (Geschriebenes, Gedrucktes)' S-Hess., m M-Hess. Bekanntes Wortspiel zwischen *lesen* ‚einsammeln' und ‚Gedrucktes lesen': *Wer's nit lese kann, mag's raffe.* – Lautf.: *raffe, raffen, rappen.*

Rahm m. ‚Fettschicht auf der gekochten oder ungekochten

Milch'. Verbr. ↑ *Schmant.* In armer Zeit mahnte die Mutter beim Distelstechen: *Kaan Distelche eß nett so klaan, eß gitt e vull Leffelche mit R.* (weitverbr.). Wenn man finanziell ruiniert ist, dann *hott mer sein R.* oder *sein Schmant.* Bekannt ist mdal. und hochspr. *den R. abschöpfen* ‚den Hauptnutzen von etwas haben'. Nach Röhrich 2, 759 kannte der Hesse Grimmelshausen schon die übertr. Bed.: *„Als ward meiner jungen Frau ihr Mann ein Cornet, vielleicht deswegen, weil ihm ein andrer das Raum* (ältere Form für Rahm) *abgehoben und Hörner aufgesetzt hatte."* – Lautf.: *Rahm, Rohm, Roum.* – Etym.: < mhd. *roum* ‚Milchrahm'.

rahn(ig) Adj. ‚schlank', ‚schmächtig', ‚zart', ‚rank' S-Hess., Rhein-Main, M-Hess., O-Hess., verstreut auch ‚fein', ‚dünn', ‚klein'. *De Jong hott en rahne* ‚schlanken' *Kerper. Inse Osse sinn noch ze roahm* ‚schmächtig', *mer kenne se noch nitt verkaafe. Des Feld iß grååd sou råhn wie in* ‚ein' *Gaa'de* [S. Wb. 4, 1191 f.]. – Lautf.: *raa, råå, rahm, room.* – Etym.: < mhd. *ran, ranec* ‚schlank', ‚schmächtig'.

Rain m. 1. ‚(meist mit Gras bewachsener) Abhang', ‚Böschung' allg. verbr., nur s N-Dtsch., w N-Hess., nw M-Hess. statt dessen *Ufer. Die geringe Leu mache mit de Sixel am Ree Fourer* ‚Futter' *fier die Geasde* ‚Ziegen'. Wenn jemand finanziell in Bedrängnis gerät, *dann getts mer'em de Ree nab.* – 2. ‚schmaler, meist grasbewachsener Streifen zwischen zwei Äckern' weitverbr.; aber auch ‚feldwegartiger Trennungsstreifen zwischen zwei Ackerbreitseiten' Frankf., verstreut m M-Hess., ö N-Hess. Schon alt: so heißt es 1804 in einem Erbleihbrief für die Armenruhmühle bei Biebrich: (Der Müller soll) *das Ackerfeld in seinen Rainen und Steinen erhalten* [Vwb. 2, 752]. – Lautf.: *Raa, Rää, Rain, Reng, Ree.*

Rand[1] m. 1. Wie schspr. ‚äußere Begrenzung', ‚Rand an Flächen, Gefäßen' u. ä. *Des Glaes es voll bis an de Raand.* – 2. ‚Randstück des Brotlaibs oder des Flachkuchens'. – 3. ‚Äußerstes', ‚Letztes'. Wer *aam Raand eas,* mit dem geht's zu Ende. Aus der Fachsprache des Böttchers stammt die Rda. *Aus Rand en Band sai:* von ausgelassenen Kindern. Urspr. war ein Faß gemeint, das auseinanderfällt. – 4. scherzh. oder verächtlich für ‚Mund'. *Haal dei Raand* ‚deinen Mund'. Einer in der Klasse *håt* *de greeßde Rand.* – Lautf.: *Raand, Rend, Raad.* – Etym.: < ahd., mhd. *rant* ‚Schildrand' u. a.

Rand[2] m. 1. ‚schneller Gang' S-Hess., Rhein-Main. *En orntliche Rand* ‚ausgedehnten Spaziergang' *mache.* – 2. ‚Anlauf' S-Hess., Rhein-Main. *De kleene Spoddler hat en riχdiχe R. genomme.* – 3. ‚Stoß', ‚Anstoß' S-Hess., Rhein-Main, M-Hess. *E hott mer en Raand gewwe, deß ich hingefalle sai. Itz geb der en R.* ‚entschließe dich'. – Lautf.: *Raand, Rånd.* – Etym.: gehört zum Verb *rinnen* wie *Brand* zu *brennen* [DWB 8, 87].

Randstein ↑ Trottoir.

Ranken m., **Ranke** f. ‚große Scheibe Brot rund um den Laib' S-Hess., Rhein-Main, M-Hess. *Wås hott der Kerl fier e Ranke Brut enn wås fier e Stick Woschd en de Henn* ‚Händen'. *Der hat sich en rischdische Keil ... (en rischdische Ranke) Brot abgeschnitte* [F. Wb. 11, 2423]. Syn.: ↑ *Runken.* In S-Hess. auch *en R. Worschd* ‚großes Stück Wurst', *en Ranke Acker* ‚ein größeres Ackerstück' und auch *e Ranke Drauwe* ‚eine volle Weinbeerentraube' [S. Wb. 4, 1213] – Lautf.: *Ranke, Range, Rangen* [DWB 8, 105].

Ranzengarde f. 1. ‚Kinderschar' S-Hess. *Deß iß e Ranzegard Kinner* [S. Wb. 4, 1216]. Auch ‚tornistertragende Infanterietruppen' Frankf. – 2. Name der ältesten Fastnachtsgarde in Mainz (Wortspiel, bestand urspr. aus Männern mit *Ranzen* ‚dicken Bäuchen'), auch allg. ‚närrische Gruppe der rheinischen Fastnacht' w Rhein-Main. *Jetzt odder uffgebaßt! Jetzt kimmt die Ranzegard von Frankfort* [F. Wb. 12, 2425].

rappeln sw. V. 1. ‚ein klapperndes Geräusch hervorbringen'. *Die Dasse off'm Disch hoo gerabbelt. Die Fensterscheiwe hawwe gerappelt* ‚geklirrt'. Wer betrunken ist, *der hirrt Biergleeser rappen.* Auch übertr.: *Bei der Kerb* ‚Kirmes' *eß es meest gerabbelt voll.* – 2. ‚schellen' M-Hess., O-Hess., N-Hess. Von der bekannten Figur des alten Dorflebens, dem Ortsdiener: *He rappelt* ‚macht laut mit seiner Glocke auf die Bekanntmachungen aufmerksam'. *Main Wecker hott hau die Mojed* ‚heute morgen' *nit gerabbelt. Itz hott's awwer gerabbelt* ‚ist meine Geduld zu Ende'. – 3. ‚übergeschnappt, nicht ganz bei Verstand sein'. *Bei dem rappelt's.* – Hierher auch: *en Rappel hoo* ‚haben'. *Rappelkopf* m. ‚verschrobener Mensch' S-Hess., ‚zu unbedachtem Handeln geneigter Mensch' Rhein-Main, M-Hess. *Das ist een Rappelkobb* ‚der ist übergeschnappt'. *Rappelohr* ‚einfältiger Mensch' M-Hess., *Rappeltasche* ‚geschwätzige Frau' s N-Hess.

rappen ↑ raffen.

rappschen sw. V. ‚rasch, gierig ergreifen'. Andernorts, bes. w Rhein-Main, w M-Hess., O-Hess., n N-Dtsch., *grapschen. Däer hott sei Sach schneall gerappscht* ‚zusammengerafft' *en sich fortgemacht.* Auch substant. gebraucht: Beim Festzug werden vom Wagen den Kindern Bonbons *zum Rappsche hihgeworfe.* ↑ *wamschen* 3.

Rapuse f. 1. Nur in der Rda. *in die R. werfen (geben)* ‚Geld (Bonbons o. a.) zum Aufraffen (↑ *rappschen)* in die Menge werfen' Rhein-Main, M-Hess. Wer sein Vermögen leichtsinnig vergeudet, *der werft all sein Geld in die R.* – 2. ‚schlimme Behandlung' S-Hess., s Rhein-Main. *De Vatter hott sein Bub in de R. gehatt* ‚hat ihn tüchtig geschlagen'. – 3. *in die R. kommen* ‚verlorengehen'. *Tu das weg, sonst geht's in die Rabus.* Diese Rda. ist nach Röhrich 2, 761 seit dem 17. Jhd. überliefert. So schreibt Leipnitz von den Verwüstungen des 30jährigen Krieges: „und ist nicht weniger unsre Sprache als unser Gut in die Rappuse gegangen." – 4. ‚Eile' S-Hess., Rhein-Main, ‚Wut' M-Hess. *E hot in de Rabuus* ‚hastig' *sei Awetbroot gesse. Se es in die Rawus* ‚Wut' *komme.* – Lautf.: *Rabuus, Rambuuse, Rabus, Rabutsch.* – Etym.: < spätmhd. *rabusch* ‚Kerbholz' über das Slaw. aus ungar. *rovaš* (tschech. *rabuše*) entlehnt; tschech. *repuše* kann neben ‚Kerbholz' auch ‚Plünderung', ‚Verlust', ‚Wirrwarr' u. ä. bedeuten.

rar Adj., Adv. 1. ‚selten', ‚knapp', ‚teuer'. *Aier sein des Johr rar* ‚knapp'. *Sich rar machen* ‚selten zu Besuch kommen'. Rda.: *so rar wie e weiß Rååb.* Landsch. Syn.: *spenge, knapp* ‚selten'. – 2. ‚fein', ‚kostbar', ‚vorzüglich' w M-Hess., N-Hess. *Des Maadχe hott e rare Aadsuch* ‚Anzug' (d. i. Trachtenkleidung) *oh.* – Lautf.: *raar, raa, råår.* – Etym.: < frz. *rare* ‚knapp', ‚(weit)auseinanderliegend', ‚selten' u. ä.

rasig Adj., Adv. 1. Adj. a) ‚rasend', ‚tollwütig' S-Hess., w und m

M-Hess. *De rosige Ochs es gefährlich. De rosige Orrer* ‚Ader' empfindliche Stelle am Ellbogenknochen. *S gitt meh Kette wie rasige Honne* ‚Hunde'. – b) ‚wütend' M-Hess., auch ‚wild', ‚ungestüm', ‚rasch wachsend' (von Pflanzen). *E rosig Mensch* ‚eine wütende Frau'. – c) ‚ausgeprägt', ‚stark' w M-Hess. *E hott e rosig Maul* ‚Mundwerk'. – 2. Adv. ‚sehr': *He eß rasig sauer off mich.*

Rasselbock m. 1. ‚alles, was klappert' S-Hess. und wohl öfter. – 2. übertr.: a) von Menschen: große Bedeutungsvielfalt von ‚hagerer Mensch', ‚eigensinniger Mensch', ‚redseliger Mensch' bis ‚launischer Mensch', ‚lebhaftes Mädchen', auch ‚ausgelassenes, vorwitziges Kind' meist S-Hess., tlw. Rhein-Main, M-Hess. – b) von Tieren: ‚dürres Vieh', ‚widerspenstiges Pferd' S-Hess., sö Rhein-Main. – 3. Pl.: Spottname für die Einwohner einiger Orte in M-Hess., z. B. Driedorf oder Medenbach im jetzigen Lahn-Dill-Kreis, Bad Endbach im jetzigen Kreis Marburg-Biedenkopf. – 4. meist Pl.: Name für Fabeltiere, die ein einfältiger Mensch nachts fangen soll, S-Hess., Rhein-Main, M-Hess. *Der is so dumm, deß mer Rasselbick metem fange kennt. Mit mir kannst de kee R. fange* ‚das laß ich mir nicht gefallen'.

Rat m. 1. ‚Hilfe', ‚Abhilfe'. *Se hott keen Root meh gefonne. Seinem Leben keinen Rat wissen* ‚keinen Ausweg wissen'. *De Dokter muß R. schaffe.* – 2. ‚Ratschlag'. *Als mit Root haaneln* ‚immer mit Überlegung handeln'. *Soll ich mer ein gurre Rååt gewwe lasse? En goure Root ies drei Batze wärt* [Vwb. 2, 775]. – 3. ‚Unterhaltung'. *Hast de ihm de R. gehaale* ‚hast du ihn unterhalten?' Freundliche Frage an Bekannte, die sich unterhalten: *Habt er en goure Rået?* Antwort oft: *E kennt besser sein!* – Lautf.: *Råået, Rååt. Root.* – Etym.: < ahd., mhd. *rāt* ‚Rat, vohandene Mittel u. a.' [DWB 8, 166].

Ratz m. 1. ‚Iltis (Mustela putosius)'. *Schlafen wie ein R.* ‚fest schlafen'. *Er hat Angst wie ein R. Wer nicht nähren will die Katzen, muß ernähren Mäus unn Ratzen* [S. Wb. 4, 1254]. – 2. ‚Hausmarder (Mustela foina)' verstreut S-Hess., M-Hess., O-Hess., N-Hess. – 3. ‚Schreckgestalt für Kinder' S-Hess., M-Hess. *Der Ratz soll dich lange* ‚holen'. – *Ratz* ist die obd. und tlw. md. Form von *Ratte* [DWB 8, 208 f.]

Rauch m. 1. Wie schspr. Dazu viele Rdaa. *Wuh Raach es, doh* *brennt's ach:* die Gerüchte werden wohl ihren Grund haben. Warnung vor jugendlichen, aber auch älteren Neugierigen: *Es eß Raach en de Kiχ. De Backoowe ohitze wäi en geringe Mann, bei dem gitt's schwåze Raach:* denn der kann den kalten Backofen des Gemeindebackhauses nur mit grünem, stark qualmendem Holz anheizen. Rätsel: *Es geht was der Steχ* ‚Stiege' *enuff, mer heerts nett unn siehts nett! – der Raach* [F. Wb. 12, 2445]. – 2. ‚Wasserdampf beim Kochen' S-Hess. und wohl öfter. – 3. ‚Rauchfang in der Küche' S-Hess., Rhein-Main, M-Hess. – 4. ‚Hunger' S-Hess., Rhein-Main. – Lautf.: *Raach, Rööχ, Raiχ.*

raumen, räumen sw. V. 1. Wie schspr. ‚leer machen'. *Die Wisse* ‚Wiesen' *raumen* ‚Wiesen von Maulwurfshaufen, Laub, Moos u. a. reinigen'. Auch absolut: *Horr er* ‚habt ihr' *schon gerammt?* fragt man die vom Wiesensäubern heimkehrenden Frauen; Antwort: *Joo, me huu. Ich hoo emool riχtiχ geraamt* ‚die Sache in Ordnung gebracht'. *Em Froijohr werd die Bach geräumt* ‚wird der Bach von Schlamm und Abfall gereinigt'. Bekanntes Sprichw.: *Bodder on fresch Brot roumet wie die Schwänot* ‚verbrauchen sich so schnell, wie die schwere Not mit dem Menschen aufräumt' [Vwb. 2, 788]. – 2. ‚von statten gehen'. *Däi Arweid rammt mer* ‚die Arbeit geht mir gut von der Hand'. *Es räumt ihm nicht* ‚er arbeitet langsam'. *Dem r. 's ha'm Blaurern* ‚er spricht schnell' [S. Wb. 4, 1272]. – Lautf.: *rååme, råume, raume, rame, rumen, rungmen.*

Rebbach m. ‚Verdienst', ‚Gewinn', ‚Profit' S-Hess., Rhein-Main, M-Hess., O-Hess. *Doo horr e werrer sein scheene Reiwach gemacht.* – Lautf.: *Rewwach, Räiwach.* – Etym.: < hebr., jidd. *räwah* ‚Gewinn', ‚Profit'.

Rechen m. 1. Wie schspr. ‚Rechen'. Nur im n N-Dtsch. gilt statt dessen ↑ *Harke(n). Met'm gruuse eisern Reache wean die Äen* ‚die Ähren (auf dem Acker)', *mit dem kleenere hilzen* ‚hölzernen' *Reache des Haa en des Greamed zesammegereachd.* Bauernregel: *Wer em Sommer de R. dout schleefe* ‚schleifen' (d. h. die Wiese gründlich säubert), *breach* ‚braucht' *em Weander kee Haa* ‚Heu' *ze keefe.* Ähnlich in S-Hess.: *Wer nedd springt mirr em R., wann Micke unne Bremmse steche, der muß em Winder springe mirr em Saal* ‚Seil' *unn rufe: Hodd* *jemand Haai faal?* [S. Wb. 4, 1286]. – 2. ‚Gerät zum Abstreifen der Samenkapseln des Flachses‘ w M-Hess. – 3. übertr. ‚große, hagere Person‘ S-Hess., s Rhein-Main. *Der es en lange R.* – 4. ‚das Sternbild Orion‘ Rhein-Main, M-Hess., O-Hess., N-Hess. – Lautf.: *Reχe, Reache, Räχe.*

reden ↑ schwätzen.

Reff n. 1. ‚Fangvorrichtung am Sensenwurf‘ (Bügel, meist aus Holz o. Eisen, mit Fliegendraht bespannt), auch ‚Fangvorrichtung, die am Sensenbaum selbst befestigt ist‘. Durch diese Vorrichtung wurden die gemähten Halme, meist Hafer, an das noch stehende Getreide angelehnt und konnten leicht mit der Sichel aufgehoben werden. Syn.: ↑ *Flittich* 3. *Des Reaff hott de Waisloi* ‚den Frauen‘ (die das gemähte Getreide aufhoben) *die Arweit laeχder gemoχt* ‚erleichtert‘. – 2. ‚Stabgestell zum Tragen von Lasten auf dem Rücken‘ Rhein-Main, M-Hess., O-Hess., N-Hess. – 3. ‚Futterleiter über der Krippe im Stall‘ S-Hess., Rhein-Main, M-Hess. Jemand *das Reff frisch offschirre* ‚aufschütten‘, d. i. ‚neue Arbeit geben‘. – Lautf.: *Räff, Reff, Reaff.*

reffen sw. V. ‚die Samenkapseln des Flachses abstreifen‘ S-Hess., Rhein-Main, M-Hess., O-Hess., N-Hess. Mit der Tätigkeit ausgestorben. Im m M-Hess. wurde *de Floass* ‚Flachs‘ *mit de Henn gerobbd, en Gebenner gebonne, dann zoum Tricken* ‚Trocknen‘ *offgestellt, en zeletzt wonn* ‚wurden‘ *die Knodde* ‚Samenkapseln‘ *mir'em Reaffeise voh der Stengel obgestreift,* also *gereaffd.*

reiben ↑ riebeln.

Reihe f. 1. Wie schspr. ‚fortlaufendes, geordnetes Hinter- oder Nebeneinander‘. *E Jack mit zwuu* ‚zwei‘ *Reihe naue Knebb. En welcher Raih host de daa en de Schlang gestanne?* Noch zu Jahrhundertbeginn *ging de Hiet* ‚Hirt‘ *die R. rim* ‚wurde in der Woche reihum beköstigt‘. *Itz kemmst du oh die R.* ‚bist du dran‘. *Wos fier e R. horr er* ‚habt ihr‘ *dann gezoche?* ‚Welche Reihenfolge für das Backen im Dorfbackhaus habt ihr gelost?‘ – 2. ‚Lage aus abgemähtem, zum Trocknen auf dem Boden ausgebreitetem Getreide‘ M-Hess., O-Hess. *Mer huu die Howwer* ‚den Hafer‘ *en Raaje* oder *off Breere laje.* – 3. ‚Ordnung‘. *Däer es net ganz en de Raih* ‚gesundheitlich nicht in Ordnung.‘

Die Sach es in de R. Er hat sein Werk ‚seinen Hof' *in de R. Se hott sich en die R. gemacht* ‚sich fein angezogen'. – Lautf.: *Rai, Riije, Raaje.* ↑ *Rist.*

reinigen ↑ losen^2.

reisen st. V. 1. ‚fallen' M-Hess., O-Hess., N-Hess., N-Dtsch. *Vohm Obst eß diß Johr viel voh de Beeme geriesse* ‚gefallen'. Auch Getreidekörner, Blätter, Nebelschwaden *reisen.* – 2. ‚fein, leise regnen' m N-Hess. – Lautf.: *raise, ries* (Prät.), *geriese* (Part. Perf.); aber auch als sw. V.: *riisen, riisde, geriisd.* – Etym.: < mhd. *rîsen, reis, gerirn* (auch *gerisen*) ‚steigen', ‚fallen'.

Reißmatismus ↑ Rheumatismus.

reite 1. Adj. ‚fertig' im größten Teil von M-Hess., O-Hess., N-Hess., N-Dtsch. Syn. in s M-Hess., sw N-Hess., S-Hess., Rhein-Main und verstreut: *fertig. Saisd diou* ‚bist du' *rä?* Auch schon 1548 aus Marburg: *Es sol in den brauhusen, wo reide* ‚braufertige' *malz seint, zu brauwen angefangen werden* [Vwb. 2, 832]. – 2. Adj., Adv. ‚abgearbeitet', ‚am Ende der Kraft', ‚schwach' w Rhein-Main, w M-Hess., nw N-Dtsch. – 3. Adv. ‚schon' n und nö N-Dtsch. Schon in den 30er Jahren nur noch von der älteren Generation gebraucht, während die Jüngeren meist *schun(d)* ‚schon' verwenden. *Ik sei ree ree* ‚schon fertig'. – Lautf.: *ree, raa, rää, reere, reide.* – Etym.: zu 1. u. 2.: < mhd. *reite* ‚bereit', mnd. *rede* ‚bereit', ‚fertig'; zu 3. < mnd. *rede* ‚bereits', ‚schon'.

Reitel m. 1. ‚Holzstange zum Festspannen einer Kette, eines Strickes, v. a. um eine Wagenladung Holz oder ein Jauche- oder Wasserfaß' S-Hess., Rhein-Main, M-Hess. *Mer huu die Kirm mir'em Räi fest gebonne, des Holz kann itz niht faam Waa råbfann.* – 2. Benennung für andere Stangen mit verschiedener Länge u. Dicke, große Bedeutungsvielfalt im ges. Gebiet, z. B. ‚kurze Stange', ‚dicke Stange', ‚Stange zum Aufhängen des gewaschenen Flachses', ‚Sitzstange der Hühner', ‚Stange, die als Hebel dient' u. v. m. – 3. ‚dicker Holzstock', ‚Prügel' Rhein-Main, M-Hess., N-Hess., N-Dtsch. – 4. ‚Rundholz' w Rhein-Main, M-Hess. – 5. ‚großes Stück Brot' S-Hess., Rhein-Main, M-Hess. *De Jong hott en Raal Bruut verdrickt.* – Lautf.: *Raaidl, Raidel, Raarel, Raal, Räll, Raadel, Reirel.* – Etym.: < mhd. *reitel* ‚Drehstange', ‚Prügel', ‚Knüttel'.

reiten ↑ *schurren.*

Relbesder ↑ Rülpes.

Remise f. 1. ‚Schuppen' S-Hess., Rhein-Main, M-Hess., O-Hess. *Oise Remiis es voll mit Schiwwen* ‚ofenfertig gespaltenem Holz'. Dient(e) zum Einstellen von Wagen, zum Aufbewahren von Holz. – 2. ‚Stück Ödland, meist mit Gestrüpp bewachsen' S-Hess. – 3. ‚ein Schoppen Wein' S-Hess., w Rhein-Main. – Etym.: < frz. *remise* ‚Wagenschuppen u. a.'.

Rendezvous n., gel. m. 1. Wie schspr. ‚Stelldichein', auch ‚Zusammenkunft', jedoch nicht überall echt mdal. *Mai eschd Randewuu mit em Maadχe es schon lang her.* Auch ‚Treffpunkt der Jäger und Treiber vor der Jagd' verstreut im S. – 2. *R. halten* ‚in Ordnung bringen' S-Hess., Rhein-Main, ‚durch Aussprache mit Freunden vorhandene Mißverständnisse ausräumen'. – 3. m. ‚Lärm', ‚Geschrei', ‚Unruhe' m Rhein-Main, w M-Hess. Man hofft, *daß die Bollezei den Ranndefuh hier doch bald ores* ‚überdrüssig' *kriehe werd* [F. Wb. 13, 2490]. – Lautf.: *Ranndefuu, Raadewuu, Ranndiboo, Ranndefoi.* – Etym.: < frz. *rendezvous.* Auf Bed. 3 könnte ↑ *Rand* eingewirkt haben.

rennen ↑ schurren.

Reproche, Reprosche f., meist Pl. ‚Vorwurf', ‚Tadel' S-Hess., Rhein-Main, M-Hess.; verstreut N-Dtsch. Wird von *Vorwurf* verdrängt. *Er loßt sich kaan Reprosche machen* ‚läßt sich nichts vorwerfen'. Einem *ne Reprosche maken.* – Lautf.: *Reprosche, Reprusch(e).* – Etym.: < frz. *reproche* m. ‚Vorwurf'.

Reukauf m. ‚Entschädigungssumme für rückgängig gemachten Kauf' S-Hess., M-Hess., O-Hess. Einzelörtlich wird (wurde) beim Viehkauf schon die Summe festgesetzt, die der Verkäufer an den 1. Käufer zahlen muß, wenn er das Tier doch noch günstiger verkaufen kann. *De Nachber hott beim Ruukauf kaa Geld verluon.* – Lautf.: *Raikaaf, Raukaaf, Roikaaf, Ruukaaf.*

Reul m., f. ‚enger Raum', ‚schmales Gäßchen', aber tlw. auch ‚Durchgang zwischen zwei Häusern' u. a. S-Hess., Rhein-Main, M-Hess. *Schmeiß die Scherwen en de Rail. S spukt em Reul.* Landsch. Syn.: *Alen, Gasse, Ern, Gang, Hohl* u. v. a. – Lautf.: *Reul, Raul, Rauwel.* – Etym.: nicht völlig klar, wohl < afrz.

ruel, das zu lat. *rivulus,* dem Dimin. zu *rivus* ‚Bach', zu stellen ist.

Reuse f. 1. ‚(meist geflochtener) Rückentragkorb mit Tragbändern' Rhein-Main, ö M-Hess. Wer betrunken ist, ist *sò voll wie e R.* Wer auf den Heuwagen nur wenig geladen hat, *hott jåå bluß e R. voll.* – 2. ‚zum Fischfang verwandtes Netz- o. Drahtgeflecht' S-Hess., Rhein-Main, m M-Hess. Schon alt, so 1430 in S-Hess.: *und in demselben graben und in der bach hat myn her daz recht... daz er den ersten ruszen mag legen zu fisschen* [S. Wb. 4, 1377]. Aus Frankfurt wird gemeldet: *Reuse,* Pl. *Reusen* ‚viereckiger oder runder Fischkorb bzw. Kasten aus Maschendraht zum Fangen von Fischen' [F. Wb. 13, 2500]. – 3. ‚schlechtes Bett' m M-Hess. *En der R. honn ich Rickeschmerze kritt.* – Lautf.: *Raise, Rois(e), Riis, Ruus.* – Etym.: < mhd. *riuse, riusche* ‚Fischreuse'.

Rheumatismus m., n. Wie schspr. Volksetymologisch häufig umgebildet, wohl unter Einwirkung von „Reißen in den Gliedern", zu *Reißmatismus, Reißma(l)tüchtig* u. ä. Dazu viele Rdaa. *Off die Wearrerfresch* ‚Wetterfrösche' *verliss* ‚verlasse' *ich mich nitt, awwer off mein Reißmatismus.* Scherzhafte Wetterregel: *Ploogd dich Gichd unn Rheumatis, ennerd sich's Werrer, orres es bleibd wie's iß* [S. Wb. 4, 1385]. – Lautf.: *Raimedismus, Raimadichtis, Raimadissem.*

Ridikül m. ‚Arbeitsbeutel' (bes. der Damen), ‚Handtasche' S-Hess., Rhein-Main, O-Hess. Besonders in den Städten gebraucht, auf dem Land meist nur von den oberen Schichten. *De Ridekiel traache die Dame immer mit sich mit.* – Lautf.: *Riedekiel, Redikü̈l, Ridekiel* – Etym.: < frz. *le réticule* ‚der Strickbeutel'.

Riebel, Ribbel m., f. 1. ‚Krümel', meist ‚Brotkrümel' Rhein-Main, M-Hess., O-Hess., in S-Hess. ‚Brotkrüstchen'. Mutter zum Kind: *Mer kenn die Hihner lange* ‚holen', *diß se* ‚damit sie' *die Riweele enner deim Stuhl offresse.* – 2. ‚Kuchenstreusel' S-Hess., Rhein-Main, M-Hess., O-Hess., N-Hess. *Modder, mach viel Riwwel off de Kuche! (↑ Riebelkuchen).* Tlw. gilt im s S-Hess., im s M-Hess. und öfter statt dessen *Straasel* ‚Streusel'. – 3. ‚Suppeneinlage aus Mehl u. Ei' S-Hess. und verstreut im N.; auch ‚Mehlklößchen' N-Hess. *Heit macht die Modder Riwwele* *en die Sopp* [S. Wb. 4, 1386]. – 4. ‚Vorwurf', ‚Tadel', ‚Rüge' S-Hess und verstreut Rhein-Main, M-Hess. *Was hott der mer fiier e Ribbel gemacht.* – 5. Übertr. meist Dimin. ‚ein bißchen', ‚ein wenig' S-Hess., Rhein-Main, M-Hess., w O-Hess.: *kein Riwwel(chen)* ‚gar kein', ‚gar nichts'. *Mer win noch des Riwwelche Kånn abmache* ‚das kleine Stück Roggen abmähen'. *Un do gibt's ach e Riwwelche hausmachend Lewwerworscht* [F. Wb. 13, 2504]. *Keen Riwwelche Schmalz es doo. Där klaane Bouw* ‚Bube' *hot kao Riwwelsche Rouh, dauernd muß m'r uffbasse, daß der net aus seum Kinnerwaage felld* [S. Wb. 4, 1387]. *Dås batt keen Riwwelche* ‚nützt gar nichts'. – Lautf.: *Riwwel, Riwwele, Riiwel, Rewwel.* ↑ *riebeln.*

Riebelkuchen m. ‚Kuchen mit aufgestreuten Zucker-, Butter-, Mehlklümpchen', auch ‚Streuselkuchen' S-Hess., Rhein-Main, M-Hess., O-Hess. Landsch. Syn.: *Streuselkuchen, Krümmelkuchen, Rimmelkuchen* u. a. *De Bub ißt de wårme Riwwelkuche feer sei Leewe gern.* ↑ *Riebel,* ↑ *riebeln.*

riebeln sw. V. ‚reiben', ‚zerreiben', ‚zerkrümeln'. *Geriwwelte Kadoffenklees en Biienschnetze* (Birnenkompott) *esse mer die Woch eemol* ‚einmal'. *Brot riwwele* ‚zerkrümmeln', scherzh. auch ‚Geld zählen'. *En de Zigoanfawerick* ‚Zigarrenfabrik' *misse die Waisloi* ‚Frauen' *die Zigoan riwwele* ‚in Handarbeit durch Reiben herstellen.' *Die Fleh* ‚Flöhe' *muß mer eerschd e bißje riwwele unn dann knicke* [S. Wb. 4, 1388]. *E Waschfraa muß riwwele, bleeχe en wenne* ‚Wäsche bleichen und wenden.' Rda. *Ich hoo's em enner die Naas gerewweld* ‚deutlich zu verstehen gegeben.' – Lautf.: *riewele, riwwele.*

Riegel m. 1. Wie schspr. ‚Schieber zum Verschließen einer Tür'. In manchen Gebieten statt dessen *Schälter, Schalter,* gel. auch neben *R.;* dann kann, wie in Teilen des m M-Hess., Bedeutungsdifferenzierung eintreten: *Riijel* ‚Eisenschieber', *Schälter (Schäller)* ‚Holzschieber'. Dazu viele Rdaa., z. T. wie in der Schspr.: *Den Bosse will ich een R. fürschieben, dafürstecken, davormachen* ist gleichbedeutend mit *een Plock* ‚Pflock' *davorstecken* ‚die Sache will ich verhindern'. *Der Kerl gehört hinner Schloß enn R.* – 2. ‚kurzer Querbalken im Fachwerk' weit verbreitet. *Die Riichel hawwe die Zimmerleut aus aichen Holz gehauwe.* – 3. ‚derbe Schnitte Brot rund um den Laib' S-Hess.,

Rhein-Main, M-Hess. – Lautf.: *Rigel, Riχel, Rieχel, Reejel, Riel.*

Riemen[1] m. Wie schspr. Dazu viele Rdaa. und Sonderbed.: *Von anner Leure Lerrer* ‚Leder' *kann mer gutt Rieme schneide* ‚auf Kosten anderer etwas tun.' *Der muß aach mit am R. ziehe* ‚ist an einem bestimmten Geschehen beteiligt'. *Es gitt um sein R.* ‚es ist Gefahr für ihn da': diese auch weit über Hessen hinaus vorkommende Rda. erinnert nach Röhrich 2, 772 an den mittelalt. Rechtsbrauch, dem Verurteilten schmale Riemen ‚Streifen' aus der Haut zu schneiden. – Rätsel aus der bäuerlichen Arbeitswelt: *Kopp onne, Kopp owe, vier Rieme gezoche, e helzern Brett für'm Hinneschde:* Melker(in) auf dem Melkstuhl. *Riemen* ist auch: ‚Teil der Fuhrmannspeitsche (zwischen Peitschenriemen und Knallfaden)' Rhein-Main, M-Hess., O-Hess.; ‚Peitschenriemen' S-Hess.; ‚Verbindungsschnur zwischen Rad des Spinnrades u. Spule' S-Hess., auch Dimin. Übertr.: ‚nicht durchgebackener, schwammiger Streifen an Brot oder Kuchen' w M-Hess. *De ganze Geback* ‚alle im Dorfbackhaus gebackenen Brote' *hott Rieme gezoche.* – Lautf.: *Riime, Remme, Riimχe.*

Riemen[2] m. ‚Ruder', ‚Handruder im Nachen', an das Fahrzeug befestigt und mit einem Arm bedient im Gegensatz zum Handruder, das wie das Paddelruder mit beiden Armen bedient wird. – Lautf.: *Riime* u. ä. – Etym.: < ahd. *riemo* < lat. *remus* ‚Ruder'.

Riet, Ried n. 1. ‚Schilfrohr (Phragmites communis)' M-Hess., O-Hess., auch ‚zähes, grünes Reis' oder ‚biegsame Gerte' M-Hess. *Geast hott de Jong berwarsche* ‚barbarische (d. i. schlimme)' *Hibb* ‚Hiebe' *mirr'em Reit kritt.* Auch Flurnamen: *Eam Reit* ‚im Wiesengrund', ‚Riedwiese'. – 2. ‚schmaler, jäh ansteigender Waldpfad' [S. Wb. 4, 1403]. – 3. ‚Stäbchen im Weberkamm des Webstuhls' O-Hess. Auch urkundlich aus der Ordnung der Frankfurter Barchentweber: *Wir haben auch inn vorzijten geordent, daß die ryppechten barchen mit dritzehen rieden und nit mehere gemacht sollen werden* [F. Wb. 13, 2514]. – Lautf.: *Riit, Räit, Reit.* – Etym.: < mhd. *riet* ‚Schilfrohr', aber auch ‚von Holzwuchs und Buschwerk gereinigte Bodenfläche.'

Rimmelkuchen ↑ Riebelkuchen.

Rind n. Wie schspr. Gattungsname des Rindviehs. Außerdem ‚junge Kuh, die noch nicht gekalbt hat'. *E Rend ohleann* ‚anlernen', d.i. als Zugtier anlernen. Von Alleinstehenden: *Der hat kaa Kind und kaa Rind. Arme Leure Renner en raχe Leure Kenner komme schneall enner:* werden schnell verkauft bzw. heiraten schnell. Neujahrswunsch des Gesindes in S-Hess.: *Mer winsche dem Bauer en grouße Houf, domidd er kånn hålde veel Rinner unn Schoof* [S. Wb. 4, 1406]. *Wäi die Maad* ‚Magd', *so des Rend* ... denn sie versorgt es meist. – Lautf.: *Rend, Ränd, Rengk,* Pl. *Renner, Rinner, Renger.*

Rinde ↑ Schale[1] 1.

rinderig, rindern ↑ ochsig.

Rispe f. 1. ‚Haferähre'. Landsch. Syn.: *Fahne, Fese, Haferrispe, -schote* und bes. *Schnate* u.a. – 2. Auch n. und meist Dimin.: ‚Korb' Rhein-Main, M-Hess., O-Hess., N-Hess., N-Dtsch. Meist ein nußschalenförmiger, geflochtener Korb mit Grifflöchern, gel. auch mit Henkel. – Lautf.: *Risb, Rischbe, Räsbe, Reesp.* ↑ *Mande.*

Rist f. ‚Fußrücken' N-Hess., N-Dtsch. Landsch. Syn.: *Spanne* ö N-Hess. (Raum Sontra), *Reihe(n)* s anschließend, also s N-Hess., O-Hess., M-Hess., Rhein-Main, S-Hess. *Die Schuh dregge'n ewwer de Risde* [Vwb. 2, 875 f. u. Kte. 80]. – Lautf.: *Resd, Frist, Frest, Rist.* – Etym.: < mhd. *rist(e)* m., f., n. ‚Hand-, Fußgelenk' bzw. mnd. *wrist* ‚Hand-, Fußwurzel', dessen *wr-* in mdal. *fr-* noch fortlebt.

Röchel(n), Rüchel(n) n. Bedeutungsvielfalt im nö N-Dtsch. (Hofgeismar–Wolfhagen): ‚Weste der Männer', ‚Leibchen der Frauen', ‚Kinderjäckchen', ‚Weste', ‚Jacke'. – Lautf.: *Röchel, Rüchel(n).* – Etym.: < mnd. *rochelen* u.ä. ‚Chorhemd' usw.

Roches m. ‚Zorn' Rhein-Main, M-Hess., auch ‚Haß' ö M-Hess. u.ä. *He hott en Rouches uff'n* ‚ihn'. – Lautf.: *Rouches, Rooges, Roukes.* – Etym.: < jidd. *roiges* ‚Unwillen', ‚Zorn'.

Rock m. Wie schspr. ‚Männerjacke' u. ‚Frauenrock'. Dazu viele Rdaa., z.B. *Nur eenen R. en eenen Gott hawwe* ‚arm sein'. *Jemand barwarsch* ‚barbarisch' (d.i. gehörig) *den R. verhaache* ‚jemand verhauen'. Ein liederliches Mädchen *kennt aller*

Mannsleut ihre Hose, aber nicht dem Pfarrer sein R. [S. Wb. 4, 1432]. *Sich een rotes Reckelche verdiene wolle* ‚sich bei seinen Vorgesetzten in Gunst setzen wollen': Nach F. Wb. 13, 2524 wollte man durch Liebedienerei gegenüber den Stadtherren bald einen roten Stadtherrenrock wie diese selbst tragen und damit zur Stadtverwaltung gehören. *Wer den helzern R.* (d. i. der Sarg) *ohkräit* ‚ankräht', *stirbt bald.* Die weitverbr. Rda. *sich den Rock nicht zerreißen lassen* ‚sich nicht nötigen lassen' ist in unserer Region schon seit Grimmelshausens ‚Simplicissimus' bekannt: „Ich ließ mir nicht lange den Rock zerreißen, sondern folgte meinen Begierden" [Röhrich 2, 774].

Rocken m. ‚Spinnrocken' (d. i. der Stock mit daraufgewundenem Flachs oder Hanf am Spinnrad) S-Hess., Rhein-Main, M-Hess., O-Hess. – Landsch. Syn.: *Kunkel, Rockel, Wocken.* Jemand legt sich *mieh em de R., als wie e aafspinnen kann* ‚übernimmt sich'.

Rof m. ‚Hunger' S-Hess. *E hott en Roof wie e Drescher.* – Etym.: < jidd. *roow.*

Roggen m. ‚Roggen (Secale sereale)' nw N-Dtsch. (n Waldeck). Im übrigen Gebiet gilt ↑ *Korn.*

roh Adj. 1. ‚wund', ‚blutig' M-Hess. *Des rohe Flaasch* ‚eine klaffende, tiefe Wunde' *es ze seh.* – 2. wie schspr. ‚ungekocht', ‚nicht zubereitet'. *Ich kann kee ruhe Aajer ausdrengge. Des rohe Sauermuus* ‚Sauerkraut' *eß eχ am liebste.* – 3. ‚unbearbeitet' S-Hess. *De Acker eß em Herbst roh lieje gebliwwe.* – 4. ‚unreif (Obst)' w Rhein-Main, w M-Hess.; ‚nicht richtig verkohlt (Holz eines schlecht befeuerten Meilers)' ö M-Hess., O-Hess. – 5. übertr. wie schspr. ‚rauh', ‚grob im Benehmen'. *Däs eß vielleicht e rohe Bosch* ‚Bursche'.

Rölling, Röllung, Roling m. ‚Frosch (Rana esculenta und temporaria)' S-Hess., M-Hess., w O-Hess., dort meist schon neben dem sonst verbr. ↑ *Frosch.* Dann tritt öfter Bedeutungsdifferenzierung ein, z. B. *R.* ‚der quakende Frosch', *Frosch* ‚das Tier allg.'. Die *Rieling singen* ‚quaken' *in dem Johr froi* ‚früh'. – Lautf.: *Rüling, Reeling, Röhling.* – Etym.: wohl < mhd. *rücheln, rühelen* ‚brüllen' u. ä.

Rollholz ↑ Walgerholz.

Romme ↑ Runge.

Rosch m. ‚Kopf' S-Hess., Rhein-Main, w M-Hess. *Ebbes im R. hawwe* ‚gescheit sein'. – Etym.: < jidd. *rosch* ‚Kopf'.

Rösterbrot n. ‚das auf der heißen Herd- und Ofenplatte geröstete Brotstück' M-Hess.; verstreut O-Hess. und N-Hess. *Ich easse für mei Leewe gean Riesterbruut. Geriesdede Kadoffen* ‚Bratkartoffeln' *en ruure Woschd, donooch Riesderbruut mit Schmeerkees: dos kann mer deg* ‚oft' *en der Woch esse.* – Hierher auch *Rösterdung* f. ‚Rösterbrot' m M-Hess.

Rotbrüstchen n. ‚Rotkehlchen (Erithacus rubecula)' Rhein-Main, M-Hess., O-Hess., N-Hess. Sonst meist *Rotkehlchen,* vor dem es zurückweicht . *Du hast e R. gefange* ‚hast eine rote Nase'.

Rötel, meist Pl. ‚Masern' S-Hess., Rhein-Main, M-Hess., O-Hess., N-Hess. *Die Kleene hott die Reedel.* Verwünschung: *Wann de doch die Röidel kräiχsd* ‚bekämst'. – Lautf.: *Reedel, Räil, Rittele, Rille.*

Roter Kappes ↑ Rotkraut.

Rotkehlchen ↑ Rotbrüstchen.

Rotkraut n. Wie schspr. ‚Rotkraut (Brassica oleracca capitata rubra)'. Gilt im größten Teil des Gebietes. Syn.: in kleinen Bereichen von S-Hess. *Rotkohl* u. *Blaukraut,* in Rhein-Main und w M-Hess. (St. Goarshausen–Driedorf) *Rot(er) Kappes,* im w N-Dtsch. (westl. von Korbach) *Rotmus. Off de Hussich* ‚Hochzeit' *eß ich am läibsde Rutkraut mit Rendflaasch en Kadoffen.*

Rotlauf m., n. 1. ‚Erkältung beim Menschen' S-Hess., Rhein-Main, M-Hess., O-Hess., N-Hess. *R.* veraltet gegenüber *Erkältung,* bes. in den Städten. *Des Mensch hott de Ruulaaf kritt.* – 2. ‚Erkältung der Tiere, bes. der Kühe und Schweine' S-Hess. und verstreut n anschließend. – 3. ‚Entzündung' S-Hess., M-Hess., O-Hess. Auch ‚Nagelhautentzündung am Finger' S-Hess. und wohl öfter. *E hott de Ruudlääf ahm rechte klaane Fenger. R.* wurde früher mit Heilsegen gebannt: *Schußblooder, Rodlauf, duck dich, ein schenziger Daume duckt dich, laß das Schießen und das Fließen, das Reißen und das Stechen sein. Gott Vater, Sohn, Gott Heil'ger Geist* [S. Wb. 4, 1479]. Wer den *R.* in Frankfurt durch Sympathie, durch Besprechen heilen konnte, der konnte *de Rotlääf deete, der war e alt Rotlaafdeeter.* – Lautf.: *Roodlaaf, Ruudlaaf, Roodlööf.*

Rotmus ↑ Rotkraut.

Rübe f. ‚Futterrübe (Brassica rapa)'. Dazu viele Rdaa. Von einem beschränkten Menschen: *Däer eß noch ze domm fiier Roiwe ze robbe. Se helft die Riiwe net meh graawe* oder *råbbe* (rupfen) ‚sie stirbt bald'. *Da hawwe mer de Frost, unn die Riiwe stecke noch,* d. h. ‚der plötzlich einbrechende Frost hat die Rüben vernichtet', aber auch übertragen: ‚für ein best. Handeln ist es wegen zu langen Zögerns zu spät'. Prognose, wenn zwei Streithähne sich zu Jahresbeginn einigen: *Däi robbe die Räiwe nit meh medenanner. Do leit* ‚liegt' *alles dorchenanner wie Kraut enn Riewe* ‚dort ist eine große Unordnung' (früher wurden Rüben und Weißkohl zusammen eingemacht). In schmutzigen Ohren *kenne Riewe drin wachse* [F. Wb. 13, 2550]. *Einem e Riebche schawwe* (schaben) ‚einen verhöhnen'. Jungen verhöhnen Mädchen: *Ätsch, schaawe Riebche, best e dreckiχ Biebche* ‚Hühnchen'. – Lautf.: *Riib, Roiwe, Riiwe, Ruuwe.*

Rück(en) m. Wie schspr. Wird in mdal. Kommunikation meist nur Fremden gegenüber oder in öffentlicher Situation verwandt, mdal. echter ist *Buckel. E hat's em Rick* ‚hat Rückenschmerzen'. *Wie mer de Rick verwendt, is was bassiert* [F. Wb. 13, 2552]. Höhnische Ablehnung einer Bitte: *Du kannst mir de Rick* (oder *Buckel*) *rabritsche.* Ein Toter *kann nur off'm Rick en die Kirch gehen. De Deiwel eß luus, wann mer de R. verwenne duud* ‚wenn man sich abwendet': meist nur in Städten gebraucht.

Ruckert, Ruckeler ↑ Tauber(t).

Rülp(es), Rülbes m. 1. ‚Grobian', ‚ungeschliffener Mensch'. *Met so em Rilbes will ich naut* ‚nichts' *se du hoo. Däer Rilbs es dem Deuwel aus de Kitz gefann* ‚stammt vom Teufel ab'. *Däs macht koan gure Oidruck, wann die junge Kärl wie Rilwes un Dräckdeiwel rum-mache* [S. Wb. 4, 1520]. – Reiche Syn.: *Bulle(n)watz, Flappes, Kaffer, Lulatsch, Olwel, Schaute, Stoffel, Unflat* u. v. a. – 2. ‚unbeholfener Mensch' verstreut S-Hess.,

M-Hess. – 3. ‚dummer, einfältiger Kerl‘ S-Hess. Andernorts *Simpel.* – Lautf.· *Rilbes, Rilps, Rülps, Relbes, Relwes, Relbesder.*

Rummel f. 1. ‚Runkelrübe (Beta vulgaris var. rapa)‘ S-Hess., Rhein-Main, w M-Hess. Mehrfach am Einzelort neben (meist) vordringendem *Dickwurz.*

Runge f. ‚schräge Stützhölzer am Wagengestell, gegen die sich die Seitenbretter des Kastenwagens oder die Leitern des Erntewagens anlehnen.‘ *Mer breache* ‚brauchen‘ *en naue Kastewaache mit starke Ronge.* – Lautf.: *Rung(e), Rong(e), Rönge, Romme.*

rungmen, rumen ↑ raumen.

Runken m., **Runke** f. ‚großes Stück Brot‘ n M-Hess., O-Hess., N-Hess., N-Dtsch.; s anschließend gilt ↑ *Ranken. Du host dr awwer en schiene Runke* ‚Brot‘ *abgeschnerre* [Vwb. 2, 937]. – Lautf.: *Rungken, Runggen, Ronke, Reunge.*

rüßen, rußen sw. V. ‚wühlen‘, ‚in Unordnung bringen‘ S-Hess., M-Hess. *Die Säu roise em Dreack rimm.* – Lautf.: *roise, ruse.* – Etym.: < ahd. *ruozzen* ‚wühlen‘, *ruoz* ‚Ruß‘, ‚Schmutz‘.

Rutsche, Rütsche f. Neben zahlreichen anderen Bed. gilt ‚Rutschbahn auf dem Eis‘ S-Hess., M-Hess., w O-Hess. – Hierher auch *rutschen, rütschen,* auch *Bahn rütschen* ‚auf dem Eis gleiten (Kinderbelustigung)‘. Verbr. ↑ *schurren,* gegen das *r.* mancherorts vordringt.

S

Sabbatgoi, -goije m., f. ‚christliche(r) Bedienstete(r), der (die) im jüdischen Haushalt am Sabbat für Juden verbotene Arbeiten verrichtet‘ Frankf., S-Hess., Rhein-Main, M-Hess., O-Hess. *Die Schawwes-Goje macht den Judde die Arweit am Sonnowed.* – Lautf.: *Schawwes-, Schabbesgoi(goje).* – Etym.: < hebr., jidd. *Schabbat* + jidd. *goi* ‚Heide‘, ‚Unreiner‘.

Sabbat-Schekoz f. = ↑ *Sabbatgoi(je)*, Frankf. – Etym.: < hebr., jidd. *Schabbat + schekez* ‚Greuel'.

Sabbatschmus m. ‚leeres, müßiges, auch zudringliches oder lügenhaftes Gerede' Frankf., S-Hess., Rhein-Main, M-Hess., O-Hess., N-Dtsch. – Etym.: < hebr. *Schabbat + schmûôth* ‚Erzählungen'.

sacht(e) Adv. 1. ‚nicht heftig' M-Hess., O-Hess. *Es macht ganz sochd Schnäi* ‚es schneit ganz fein'. – 2. ‚leise' M-Hess., O-Hess., N-Hess., N-Dtsch. *He schwätzt ziemlich socht.* – 3. ‚langsam', ‚vorsichtig' Rhein Main, M-Hess., O-Hess., N-Hess., N-Dtsch. *Aud* ‚etwas' *s. aafange.*

Salband n., auch f. ‚Webkante' über das ganze Gebiet verbreitet, aber mit der Arbeitsweise des Webens aussterbend. *Ds Sealwen es deg* ‚oft' *bond.* – Etym.: < mhd. *selbende* ‚Webkante'.

Salvette f. ‚Mundtuch' S-Hess., Rhein-Main, M-Hess., N-Hess., O-Hess., n N-Dtsch. *Mer misse noch Salfette fer de Besuch kaafe.* Wurde in der Marburger Gegend beim Abendmahl zusammengefaltet auf dem Gesangbuch getragen (veraltet). – Lautf.: *Salfeet, Salfett.* – Etym.: zu ital. *salvietta* ‚Serviette'.

Salzbrühe f. ‚Pökelbrühe' M-Hess., N-Dtsch. (↑ *Solper*). *En däer S. kann des Solperfleesch* ‚Pökelfleisch' *gout ewer de Wender komme.*

Sange f. 1. ‚kleine Roggengarbe', auch ‚auf dem abgeernteten Feld nachgelesenes Ährenbündel' O-Hess. *Die Sang es noch nit trocken.* – 2. ‚Gerät zum Befeuchten des frisch gebackenen Brotes' Rhein-Main, M-Hess. Die *S.* war früher dort ein Ährenbüschel, ist heute eine Bürste. – Lautf.: *Sang, Sann.* – Etym.: < mhd. *sange* ‚Büschel von Ähren' und dgl.

Sarg ↑ Lade, ↑ Leiche 2, ↑ Totenlade.

Sau ↑ Muck(e).

Sauerkohl m. ‚Sauerkraut'. Verstreut in O-Hess. (↑ *Sauermus*).

Sauerkraut ↑ Sauermus.

Sauermilch f. ‚durch Stehen dick und sauer gewordene Milch' (Dickmilch) M-Hess., O-Hess., N-Hess., N-Dtsch.

Sauermus n. ‚Sauerkraut' w Rhein-Main, w M-Hess., O-Hess., N-Dtsch. Oft einzelörtlich neben *Sauerkraut*. Dann kann Bedeutungsdifferenzierung eintreten, z. B. *Sauerkraut* für den geschnittenen und eingemachten, *Sauermus* für den unzerteilt eingemachten Weißkohl. *Sauermus en Speck, das git e gout Geleck*. – Lautf.: *Sauermous, Suuermuus*.

säuern sw. V. ‚zum Brotbacken Mehl usw. mit Sauerteig ansetzen'. Verstreut über das Gesamtgebiet. *Host de schun gesäuert?* – Lautf.: *soiern, siiren*.

Saumilch, Säumilch f. ‚Löwenzahn (Leontodon taracacum)' M-Hess. *Die Wiss* ‚Wiese' *es ganz voll mit Saumealge*. Die Bez. verweist auf den Milchsaft der Pflanze. – Lautf.: *Saumelch, Säumilch, Saumealge, Saumelke*.

Schabbes-... ↑ Sabbat-...

Schabelle f. Meist Dimin., ‚Fußbank' Rhein-Main, M-Hess., O-Hess. Oft veraltet. *Geb mer des Schawellche iner die Fiis*. – Lautf.: *Schawell, Schawellche, Schabbel*. – Etym.: < lat. *scabellum* ‚Fußbänkchen'.

Schaf n. 1. Wie schspr. ‚Schaf (Gattungsname)'. Hierzu viele Wndgen: *Geduldiχ wie en Schaf* ‚sehr geduldig'. *Faul wie ein alt Schaf* ‚sehr faul'. *Wenn die Schof gestohle sein, wird de Pärch* ‚Pferch' *geflickt* ‚erst durch Schaden wird man klug' w M-Hess. *Der kann nun sein Schäfchen scheren* ‚seinen Vorteil wahrnehmen' O-Hess. Die in Hessen häufig vorhandene Rda. *Sein Schäfchen im Trockenen haben* oder *ins Trockene bringen* ‚wohlhabend sein (oder werden)' ist verschieden gedeutet worden. Wahrscheinlich geht sie auf den bäuerlichen Wunsch zurück, die Schafe vor Leberentzündungen zu schützen, die ihnen auf sumpfigen Wiesen durch die Leberegel (Egelseuche: Distomatosis) oft zugefügt wurden, wovon sie auf trockener Weide verschont blieben. In übertr. Bed. ist die Rda. schon 1597 in einer Beschreibung der Frankfurter Messe verwendet worden, die sich auf den Bankrott von Kaufleuten bezieht: *Kanst dann ein guter Gsell wol bleiben / Wann du schon kein Gwerb mehr thust treiben. / Wirst globt* ‚man glaubt dir', *daß du deim Handel bist / so wol vorgstanden jeder Frist / Hast dein Schaff in das trucken bracht / Keiner ist, der dich drumb veracht* [Röhrich 2, 799]. – 2. ‚weibliches Schaflamm'. Mancherorts dafür auch *Schaflamm, Mutterlamm, Fasellamm* usw. – 3. übertr. für einen dummen oder auch gerissenen Menschen: *Däer es e domm Schof. Däer es aach net des Scheefche, wie es Woll trägt* ‚gibt etwas anderes vor, als er ist'. Sprichw.: *E räudig Schåf steckt die ganze Härd ån. Der Wolf frißt aach die gezehlte Schaaf* ‚auch gezählte Gegenstände können gestohlen werden'. – Lautf.: *Schaaf, Schoof.*

Schale[1] f. 1. ‚Rinde des Nadel- und Laubbaumes' M-Hess., O-Hess., N-Hess. Landsch. Syn.: *Schrote, Schrolle* N-Dtsch.; *Schalze, Beune* im äußersten w M-Hess.; *Rinde* tlw. O-Hess., im größten Teil von Rhein-Main, in n M-Hess., S-Hess. *Die Schoan huu dorch die Fochdigkeed gelirre* ‚Feuchtigkeit gelitten'. – Lautf.: *Schaale, Schoal, Schole.* – 2. ‚Spelze des Roggens' M-Hess.

Schale[2] 1. ‚Untertasse'. Meist Dimin., im größten Teil des Gebietes. Häufig auch, selbst am Einzelort, neben *Plättchen.* Wenn der Kaffee heiß ist, *trinkt men gäen* ‚gern' *aus'm Scheelche. – Lautf.: Schaale, Schäälche.* – 2. ‚(Kaffee)tasse als Ganzes' (also Unter- u. Obertasse) S-Hess., Rhein-Main, M-Hess., N-Hess., N-Dtsch.

schälen sw. V. Neben der schspr. Bed.: 1. ‚entrinden', ‚abschälen' S-Hess., Rhein-Main, M-Hess. *Mit dem Scheeleise* ‚Schäleisen' *die Stimm scheen* ‚die Stämme entrinden' (damit sie austrocknen und nicht von Holzwürmern angebohrt werden). – 2. ‚flach pflügen'. *De Stobbeläcker wern geschääld.* – 3. ‚Gestein zerpröckeln', ‚spalten'.

Schalet m., n. ‚jüdische Sabbatspeise, die am Freitag vorbereitet und bis zum Sabbat im Ofen warmgehalten wird (wurde)'; auch ‚Auflauf', ‚Kuchen' Frankf. und einige Städte mit größerem jüdischem Bevölkerungsanteil. – Etym.: < jidd. *tscholent. Schalet* beeinflußt von afrz. *chalt,* ital. *scaldato* ‚warm'.

Schälter, Schalter ↑ Riegel.

Schalze ↑ Schale[1].

schänden sw. V. trans. und intrans. ‚schelten' S-Hess., w Rhein-Main, sw M-Hess., w N-Hess., w N-Dtsch. Landsch. Syn.: ↑ *schelten* ö Rhein-Main, M-Hess., w N-Hess., m N-Dtsch., O-

Hess., ↑ *schimpfen* neben *schänden* ö M-Hess., ö N-Hess., ö N-Dtsch. *Däer Mann kann forchtbar schenne.* – Lautf.: *schenne, schänne, schänge.*

Schandkarren m. ‚Wagen zum Transport oder Zurschaustellung eines Gesetzesbrechers'. Veraltet. Frankf. und wohl öfter.

Schandpfahl m. Nur in der Rda.: *Dee müste an dien Schantpahl* ‚der müßte gebrandmarkt werden' N-Dtsch. Diese Rda. verweist noch auf den alten Rechtsbrauch des Anprangerns.

Schappel f. ‚der mit Band, Perlen u. a. versehene Kopfputz der Braut, der Brautjungfern und der an der Hochzeitsfeier beteiligten Mädchen.' Zuletzt nur auf die Schwalm, also N-Hess., beschränkt, früher viel weiter verbr. *Mer messe die Schabbel ohduu* ‚anziehen'. – Etym.: zu mhd. *schapel* ‚Kranz von Laub, von natürlichen und künstlichen Blumen' und afrz. *chapel* ‚Hut'.

Scharteke f. 1. ‚altes Gerät' N-Hess., N-Dtsch. auch ‚altes Buch' und ‚alter, wertloser Gegenstand' Frankf. *E ahl Schartek.* – 2. ‚alte (meist lästige) Frau' S-Hess., Rhein-Main, M-Hess., O-Hess., auch ‚alte Jungfer' (die noch jung erscheinen will) w Rhein-Main, M-Hess. In Frankf. je nach der Gesprächssituation als gemütlicher Ausdruck ohne bösen oder guten Nebensinn gültig auf Frauen allg. angewandt oder für Frau, die durch Kleidung oder schlechte Eigenschaften auffällt. *Was sich die alt Schadeek nor eibilde dut.* – Lautf.: *Schadeege, Scharteeken.*

schassen sw. V. ‚scheuchen', ‚jagen', ‚fortjagen' S-Hess., Rhein-Main, M-Hess., s N-Hess. Auch ‚von der Schule verweisen' (Schülersprache) Rhein-Main, M-Hess. *Däer hot mich geschaßt* ‚aus der Stellung gejagt'. – Lautf.: *schaase, schasse.* – Etym.: < frz. *chasser* ‚fortjagen', ‚jagen'.

Schaub m., n. **Schaube** f. 1. ‚Bündel (Roggen)stroh' w Rhein-Main, M-Hess. Beiderseits beschnittene und dann in Lehm getauchte Strohbündel dienten zum Dachdecken; mit Schwund der Sache veraltet. Rda.: *Auf dem Schaab liegen* ‚auf dem Totenbett liegen', ‚gestorben sein'. Früher legte man die Toten bis zum Einsargen auf Stroh, auf ein strohbedecktes Brett o. ä. – 2. ‚Gebund (Erbsen-, Linsen-)Stroh', auch ‚(Wicken-)Stroh' m M-Hess., auch ‚Erbsenschote' N-Dtsch. – Lautf.: *Schaab,*

Schäb, Schääwe, Schauf. – Etym.: < mhd. *schoup,* ahd. *scoub* ‚Garbe', ‚Strohbund'.

schauben ↑ schurren.

Schaufel f. neben der schspr. Bed. gilt: ‚hölzerne Wurfschaufel zum Reinigen des Getreides nach dem Handdrusch'. Meist dafür jedoch *Wurfschaufel* (↑ *Fegemühle*). Dient(e) auch zum Wenden des Getreides. – Lautf.: *Schuffel, Schüffel, Schäffel, Schaffel.*

schaukeln sw. V. 1. intr. und reflex.: wie schspr. ‚(sich) schaukeln' (auf der Hängeschaukel). Landsch. Syn.: *klunkern, hutschen* ö S-Hess., *ratscheln* nö S-Hess. *reiteln* u. a. *Geasden hun mer de ganze Onnen* ‚Nachmittag' *geschaugeld.* – 2. trans. ‚(Kinder) wiegen' Rhein-Main, M-Hess., O-Hess. Landsch. Syn.: *schockeln, wiegen, holzen* u. a. In Gelnhausen und Umland *schaukelt* man auf der Schaukel, das Kind jedoch wird *geschockelt* [S. Wb. 3, Kte. 115].

Schaute, Schote m. 1. ‚einfältiger Mensch', ‚geistesschwacher Mensch' u. ä. Frankf., M-Hess., N-Dtsch. *Deß is ä Narr oder ä Schote. Zoum Schoute* oder *zoum Peff* ‚Pfiff' *hoo* ‚zum Narren halten'. – 2. ‚Witzbold' Rhein-Main, M-Hess. – 3. ‚Schurke', ‚Schuft' N-Hess., N-Dtsch. – Lautf.: *Schode, Schoude, Schaude.* – Etym.: < jidd. *Schaute* ‚Narr', hebr. *Schote.*

Schawwes ↑ Sabbat.

Scheel ↑ Maulwurf.

Scheideabend m. 1. ‚der 26. 12. als Vorabend des Tages, an dem das Gesinde den Dienst wechselt' M-Hess. *Des Gesinn wechselt am 3. Christtag den Dienst.* – 2. ‚der festlich begangene letzte Spinnstubenabend des alten Jahres' M-Hess., O-Hess., N-Hess. – Lautf.: *Schaareoowed, Scheereoowed.*

Schelle ↑ Lid.

schelten st. V. Wie schspr. ö Rhein-Main, M-Hess., O-Hess., ö N-Hess., m N-Dtsch. Syn.: ↑ *schänden,* ↑ *schimpfen. De Schullehrer hot die ganze Mojed* ‚den ganzen Morgen' *gescholle.* – Lautf.: *schelle, schealle, schean;* Prät. *schall,* Part. Perf. *gescholle.*

scherzen ↑ wandern[1].

Scheuer f. ‚Scheune', vorherrschend gegenüber *Scheune,* das nur im N-Dtsch., ö N-Hess. dominiert. *Wann mer Scheuen baut, ißt mer Speack en Kraut. Maimond kehl* ‚kühl' *on naß, fellt dem Bauern Schirn* ‚Scheunen' *on Faß.* Auch übertr.: *Wenn aale Scheuern brenne* ‚alte Menschen sich verlieben', *hilft kaa Lösche.* – Lautf.: *Schoier, Schaier, Schiire.*

schicker Adj. ‚betrunken'. Verstreut über das ganze Gebiet. *Der waaß nett, waß er redd: der iß de ganze Dag schicker.* – Etym.: < hebr. *šikkor,* jidd. *šikker* ‚betrunken'.

Schiff n. Neben der schspr. Bed. gilt: 1. in der Wndg. *S. und Geschirr* ‚Geschirrinventar' M-Hess., O-Hess., N-Hess. *E Werk* ‚Bauernhof' *mit S. en Gescherr verkaafe.* – 2. ‚ein in den Herd eingelassener Wasserkessel' S-Hess., Rhein-Main, M-Hess. *Do es e kuppern S. uffem Herd.*

schimpfen sw. V. Wie schspr.; ö M-Hess., ö N-Hess. (Schwalmstadt–Sontra–Kassel), ö N-Dtsch. *Des Kend wed geschembd.* Sonst ↑ *schelten* (dort *schimpfen* gel. daneben als gehobener Ausdruck) oder ↑ *schänden* (veraltend neben *schimpfen*). – Lautf.: *schimbbe, schemben, scheimbe.*

Schinder m. 1. ‚Abdecker'. Vom Abdecker selbst wird die Bez. *S.* oft als Beleidigung aufgefaßt und ist daher nur in seiner Abwesenheit anwendbar. *Das glänzt wie'm S. sei Hos* ‚ist schmutzig'. – 2. ‚roher Mensch', bes. ‚roher Viehhalter, der seine Tiere maßlos schlägt' M-Hess., N-Hess. – 3. verhüllender Name für den Teufel, M-Hess. *De S. soll dich lange.* – Lautf.: *Schinner, Schänger.* – Etym.: < mhd. *schindaere* m. ‚Abdecker', das zu mhd. *schinden* ‚die Haut abziehen' zu stellen ist.

Schindkaute f. ‚Grube des Abdeckers' (↑ *Schinder*) S-Hess., Rhein-Main, M-Hess. *So e schlecht Oos geheert uff dei S.* Sprichw.: *Mancher, dem daar Kaarchhof* ‚Friedhof' *zau schläχt, giht zuletzt uff dei S.:* Hochmut kommt vor dem Fall.

Schinkenklopfen n. ‚(Jungenspiel), bei dem ein Junge sich bükken muß und so lange auf das Gesäß geschlagen wird, bis er den Schlagenden errät' S-Hess., Rhein-Main, M-Hess. und wohl öfter. *Des Schengeklobbe dout deg* ‚oft' *wih.*

Schiwe f. ‚Trauer', ‚Leid', ‚Kummer' Frankf. Im jüdischen Ritus die erste Woche nach einem Trauerfall, die man auf der Erde sitzend verbrachte und während derer man Beileidsbesuche empfing. – Lautf.: *Schiwwe.* – Etym.: < hebr. *šiwah,* jidd. *šiw'e* ‚die Sieben (Trauertage)'.

Schlacht(e)mann m. 1. ‚Schlächter' N-Hess. Gel. nur in der Kindersprache, sonst ↑ *Metzger.* – 2. Dimin. ‚vermummte' (arme) Person, auch Knecht und Magd, die am Schlachtabend mit Knüppel und großem Gefäß erscheint, die Kinder zum Beten auffordert und (bes. wenn sie arm ist) Fleischbrühe und -brocken erbittet, N-Hess. Eine weitere, in der Gegenwart aussterbende Brauchform: Ein verkleideter Dorfbursche erscheint mit der Rute, läßt die Kinder beten und „heischt" dann einen Tribut, den er nachher mit den anderen Burschen gewöhnlich in der Gastwirtschaft verzehrt. Dabei üblicher Heischevers: *Ich honn gehoat* ‚gehört', *ehr höutt geschloacht, Ehr höutt so lange Woarscht gemacht, Die lange, die gabbt mer, Die kätzte* ‚kürzeste', *die behaalt ehr.*

Schlachtekohl ↑ Metzelsuppe.

Schlächter, Schlachter m. ‚Metzger'. Im NO des Gesamtgebietes, also im Osten von N-Dtsch., N-Hess., O-Hess.; hier oft neben *Metzler* oder ↑ *Metzger* (auch am Einzelort, auch verstreut in M-Hess.), dann häufig mit Bedeutungsdifferenzierung: *Schlächter* ‚Hausschlachter, der im Einzelhaus das Schwein o. Rind schlachtet u. verarbeitet', *Metzger* ‚Kaufmann mit eigenem Schlachthaus und Laden'. – Lautf.: *Schlaχder, Schlåχder.*

Schlägelstag ↑ Waldmännchenstag.

Schlagtuch n. ‚in den Erntewagen ausgebreitetes Tuch, das das Herausfallen der Körner verhindert' M-Hess., N-Dtsch.

Schlamassel, Schlimmassel m., f., n. ‚Unglück', ‚Pech'. *In Schlimmassel komme. Zwische Massel* ‚Glück' *un Schlimmassel* ‚Unglück' *awwer es der Weg net bräät.* – Etym.: Wohl aus nhd. *schlimm* und ↑ *Massel,* das auf hebr. *masol* ‚Stern', ‚Schicksal' führt.

Schlammbeißer m. 1. Süßwasserfisch. – 2. ‚fauler Mann' sö M-Hess., auch ‚unordentlicher Mensch' Frankf. – 3. Spottname für die Einwohner Gießens M-Hess. Noch im vorigen Jhd. sollen Gießens Straßen bei Regen besonders schmutzig gewesen sein.

Schlange f. Neben der schspr. Bed. gilt: 1. ‚Blindschleiche (Anguis fragilis)' M-Hess. Andernorts *Blindschleiche. Doas es e gefdiχ Schlang* meint man und verfolgt dieses nützliche Tier. – 2. ‚auf die Seidenbänder des weiblichen Beiderwandrockes aufgenähtes Seidenbändchen' (Schwälmer Tracht). Man spricht von „einfach geschlangten" Röcken, wenn nur ein Bändchen verwandt wird, von „doppelt geschlangten" bei zwei oder mehr Bändchen, s N-Hess. – Lautf.: *Schlang, Schlange.*

Schlappen m. ‚Pantoffel mit Fersenhalt' verstreut in M-Hess., ‚(alter) Pantoffel ohne Fersenhalt' S-Hess., Rhein-Main, M-Hess., O-Hess., N-Hess., N-Dtsch. Am Feierabend *dsid me die Schlabbe oh. Ich hääg dich, daß de dei Schlappe verlierst.* – Lautf.: *Schlabbe, Schlabben.*

schlauchig ↑ schnaukig.

schlaudern sw. V. ‚langsam, schleppend gehen' M-Hess. *De schlaured dohih wäi en ahle Mann.*

schle Adj. ‚stumpf von Zähnen' (nach Obstgenuß z.B.) w M-Hess., N-Dtsch. *Mai Zee sai ganz schlee.* – Lautf.: *schleh, schlai, schlieh.* – Etym.: zu mhd. *slê* ‚stumpf' usw. bzw. zu mnd. *slê* ‚stumpf, bes. von Zähnen'.

Schlegel m. 1. ‚Holzklotz mit Stiel' (dient als Schlaghammer) w Rhein-Main, M-Hess., s N-Hess. *De Holzmäχer* ‚Holzarbeiter' *hoo en dicke Schlejel.* – 2. ‚Schlagholz des Dreschflegels'. Verstreut in Rhein-Main, M-Hess., N-Hess., N-Dtsch. – Lautf.: *Schleejel, Schlejl.* – Etym.: < mhd. *slegel,* ahd. *slegil* ‚Werkzeug zum Schlagen, Keule, Flegel, Hammer'.

Schleier m. Neben der schspr. Bed. gilt: ‚Trachtenkopftuch der Frauen in der Rhön' ö O-Hess., ‚Frauenhaube in der Frankenberger Tracht' w N-Hess. und ‚bei feierlichen Anlässen getragene Frauenkappe der Marburger Tracht' m M-Hess. In Frankf. ‚durchsichtiges Kopftuch': *mit eme lange Schlajer.*

Schleife[1] f. Neben der schspr. Bed. gilt: ‚Gleitbahn auf dem Eis' S-Hess., Rhein-Main, M-Hess. *Me hoo ins e Schleife ohgeleegt.* – Lautf.: *Schlaife, Schlaf.* – Etym.: alle Formen an mhd.-î-anschließbar.

Schleife[2] f. 1. ‚zwei im spitzen Winkel aneinander befestigte

Holzstangen, die am Wagen o. Vorderpflug hängen und auf denen der Hinterpflug ins Feld oder nach Hause befördert wird'. *De Schleef däef hau* ‚heute' *nit mih genomme wean,* weil sie die Straßen zu sehr beschädigt. – 2. schlittenartiges Gerät oder die unter 1 beschriebenen Holzstangen zum Befördern der Egge.

schleifen st. V. 1. ‚auf dem Eis gleiten' (Kinderbelustigung) S-Hess., Rhein-Main, s M-Hess. *Mer schleife bis en die Dunkelhaad.* Syn.: ↑ *schurren.* – 2. *schleife gehen* ‚zugrunde gehen', ‚sterben' Rhein-Main, M-Hess. *Dem sein ganz Vermeeche is schleife gange.* – Lautf.: *schlaife,* Prät. *schläif,* Part. Perf. *geschleffe.*

Schlinke f. 1. ‚Schlinge, Aufhänger' S-Hess., Rhein-Main, M-Hess. *An dem Duch is jå die Schlingk abgerisse.* – 2. ‚Öse aus Draht (am Kleid)' Rhein-Main, m M-Hess. Landsch. Syn.: *Maille, Schlingelchen* w M-Hess., *Klammer* n M-Hess., n O-Hess., *Öse* N-Hess., N-Dtsch. – Lautf.: *Schlingge, Schlingg, Schlenke.*

Schlockerfaß n. ‚der Wetzsteinbehälter des Mähers'. Im Süden des Gesamtgebietes bis nach M-Hess. und Rhein-Main; n, also in O-Hess., N-Hess., N-Dtsch.: *Schlotterfaß.* Im Grenzbereich stehen beide Bez. nebeneinander, manchmal sogar am Einzelort (v. a. im w und m M-Hess., Taunus und Wetterau). Das Sch. ist aus Holz oder Blech oder ein Kuhhorn. Häufig ist es mit Salz- oder Essigwasser gefüllt. – Lautf.: *Schloggerfaß, Schlåggerfaß, Schluggerfaß.* ↑ *schlockern.*

schlockern sw. V. ‚sich hin und her bewegen', ‚klappern', ‚wackeln', bes. in einem Behältnis, S-Hess., Rhein-Main, M-Hess. *Die Knie schlockern mer vor Schrecke. Der Wetzstee schlockert em* ↑ *Schlockerfaß.* – Lautf.: *schloggern, schlockern.*

Schloße(n) f. 1. ‚Hagelkorn', meist Pl. ‚Hagelkörner', ‚Hagel(schauer)' sö S-Hess., M-Hess., O-Hess., N-Hess., N-Dtsch. [S. Wb. 3, Kte. 97]. Sonst *Kiesel.* Einer weinte, *daß emme de dicken Dhränen nuhrd so runner bubberden... wie Schlosen* [Vwb. 3, 248]. – 2. ‚Platzregen', ‚Regenschauer' Rhein-Main, M-Hess. – Lautf.: *Schloose, Schluuse, Schluus.* – Etym.: < mhd. *slôze,* ahd. *slôz* ‚Hagelkorn'. – Hierher auch *schloßen* sw. V. 1. ‚hageln' Verbr. etwa wie *Schloße(n) 1. Es schluust, des des*

Korn ‚Roggen‘ *am Burre leiht* ‚liegt‘. – 2. ‚heftig (und kurz) regnen‘ verstreut in Rhein-Main, M-Hess.

Schlotterfaß ↑ Schlockerfaß.

Schlüffel m. ‚Grobian‘, ‚Flegel‘, Schimpfwort für einen ungebildeten, rohen Menschen, Rhein-Main, M-Hess. *Mit dem Schliffel kann's keen Mensch aushaale. Fang mit dene Schliffel nichts an.* – Lautf.: *Schliffel, Schleffel.*

Schlump m. ‚unerwarteter Glücksfall‘ N-Hess., N-Dtsch. *Dat war so e S.* – Lautf.: *Schlump, Schlomp, Schlomm.* – Etym.: zu mnd. *slump* ‚glücklicher Zufall‘.

Schlüssel m. Neben der schspr. Bed. gilt: 1. ‚Schlüsselblume (Primula)‘ M-Hess. – 2. ‚Acker, der mit einem rechtwinkligen Vorsprung in den Nachbaracker eingreift‘ M-Hess. – Rdaa.: *Ihr hot geweß de Schlessel medgebroocht?*, fragt man spät vom Feld Heimkehrende. Antwort: *Joa, mer huu'n. Den Sch. auf's Grab legen* bedeutet im w M-Hess. ‚der Sache ein Ende machen‘, z. B. bei einem Verhältnis mit einem Mädchen. Die Rda. verweist aber auch auf einen alten Rechtsbrauch, von dem einige alte Gewährsleute aus dem w M-Hess. noch wußten: Man legte den von einem Toten geerbten Sch. auf seinen Sarg oder warf ihn ins Grab, um sein Erbe mit den hohen Schulden nicht antreten zu müssen. Der Brauch und ähnl. Rdaa. waren auch im Frz. und Ndl. bekannt: *Jeter les clés sur la fosse* und *den sleutel op de dood-kist leggen* [Röhrich 2, 861].

schmacken sw. V. 1. ‚klatschend hinfallen‘ n N-Dtsch. – 2. ‚(mit Wucht) werfen‘ n M-Hess., N-Hess., N-Dtsch. *He schmackt en off en Borre* ‚Boden‘ *awwer* ‚oder‘ *an die Wand.* Kinderspiel: *De Kenn s.* ‚die Kinder werfen Spielkugeln aus der flachgewölbten Hand in eine Vertiefung‘: Wer auf einen Wurf die meisten hineinbringt, hat gewonnen. – Lautf.: *schmagen, schmaken.* – Etym.: zu mnd. *smaken* ‚fallen‘, ‚schlagen‘, ‚werfen‘.

Schmajes m. 1. ‚langes Gerede‘ m Rhein-Main. *Mach keinen Schmajes.* – 2. Ausdruck der Verwunderung oder der Beteuerung, Rhein-Main, M-Hess. Wenn ein Kind in den Dreck fällt: *Ach, du Schmajes.* – Etym.: vielleicht zu jidd. *schema Israel* ‚höre Israel‘: das ist wohl deshalb zum Notruf geworden, weil es auch die letzten Worte sind, mit denen ein Israelit sterben soll.

Schmant m. 1. ‚Fettschicht auf der gekochten Milch'. Im S des Gebietes, d.h. bis n der Linie Caub – Usingen – Nauheim – Schotten – Lauterbach – Schlitz: ↑ *Rahm*; n davon, also im größten Teil von M-Hess., in Teilen von O-Hess., in N-Hess., N-Dtsch. gilt *Schmant*. – 2. ‚Fettschicht auf der ungekochten Milch' Verbreitung wie bei 1. Gel. stehen beide Bez. am Einzelort nebeneinander, dann kann es zu Bedeutungsdifferenzierung kommen, so gilt manchmal *Rahm* als ‚vornehmer'. *Den Sch. kriegen* ‚das Beste bekommen' w M-Hess. *Den Sch. von der Milch abschöpfen* ‚das Beste von einer Sache vorweg nehmen'. – Lautf.: *Schmand, Schmaand, Schmaad.*

Schmantkuchen m. ‚dick mit Schmant bestrichener Blechkuchen (↑ *Schmant* 2) M-Hess., O-Hess., N-Hess., N-Dtsch. *De S. wed oh der Kermes gebacke.*

Schmetterling ↑ Fledermaus 2.

Schmicke f. **Schmicken** m. ‚Hanfschnur, die als dünnes Ende zum Knallen an die Peitschenschnur geknotet wird' S-Hess., Rhein-Main, M-Hess., n O-Hess., n N-Hess. *Mach der emol e nau Schmeck oo*ⁿ *dein Gaaßel, daß es besser blatzt.* – Lautf.: *Schmicke, Schmick, Schmege.* – Etym.: zu mhd. *schmicke* ‚Peitsche'. ↑ *Schmitze.*

Schmierkäse ↑ Matte.

Schmitze f. = ↑ *Schmicke* n O-Hess., n N-Hess., N-Dtsch. – Lautf.: *Schmitze, Schmetze.* – Etym.: zu mhd. *smitze* ‚Hieb', ‚Fleck' und mhd. *smiz* ‚Streich mit der Rute, Flecken'.

Schmonzes f. ‚einfältiges oder unglaubwürdiges Gerede' Frankf. *Mach doch so kaan Sch.* Rda.: *Uff die Sch. reis ich selwer* ‚die Sache kenne ich selbst genau'. – Etym.: zu jidd. *schmonze* ‚drollige, alberne Geschichte', ‚leeres Geschwätz'.

Schmus m. ‚leeres Gerede, Geschwätz'. *Hat der Kerl en Sch. am Bauch.* Rda.: *Bi so'n Sch. griejet me* ‚man' *je stombe Zähne* ‚solches Gerede wird langweilig' ö M-Hess. – Lautf.: *Schmus, Schmous.* – Etym.: zu jidd. *šmū'es* ‚Gespräch', ‚Unterhaltung', ‚Gerede', ‚Geschwätz' von hebr. *schmûôth* ‚Erzählungen'.

Schnak m. ‚in Farnkraut gehüllter Mann, der Pfingstmontag durch das Dorf geführt wird' in Laufenselden im damaligen (1954) Untertaunuskreis; es gab in M-Hess. und wohl darüber hinaus viele solcher Brauchformen. Über dem Kopf trug der Mann einen Blumenbogen, hatte Schellen um den Hals, eine Kuhglocke auf dem Rücken. Die 14jährigen *Schnokebuben* u. *Schnokemädchen* zogen mit ihm durch den Ort, sammelten Geld und Lebensmittel, die am Abend verzehrt wurden usw. – Lautf.: *Schnååg* bei älteren, *Schnook* bei jüngeren Leuten, beides führt auf mhd. *-â-*, Etym. nicht ganz klar.

Schnallenschuh m. ‚mit einer Schnalle geschlossener Schuh' ö Rhein-Main, ö M-Hess., O-Hess., N-Hess. Wurde (wird) von Frauen u. Männern als Schuh der Schwälmer Tracht getragen; weicht bei der Männertracht vor dem Riemenschuh zurück. Heute überwiegend ausgestorben.

Schnate ↑ Rispe.

Schnatz m. 1. ‚zum Knoten, Nest o. ä. aufgesteckter Zopf (Zöpfe)' M-Hess., O-Hess., w N-Hess. Wurde (wird) zur Frauentracht v. a. im Hüttenberg (d. i. zwischen Gießen, Wetzlar und Butzbach), in der Marburger und in der Hersfelder Gegend getragen. Der Sch. wurde (wird) oft von der zur Tracht gehörigen Kopfbedeckung (meist Haube) verdeckt: d. h. von der *Bandhaube*, von dem *Stülpchen* oder von der *Betzel.*. Rda.: *Das paßt wie ein Sch.* ‚wie der Haarknoten (in das Stülpchen)', d. h. ‚das trifft sich gut' Marburger Gegend. – 2. ‚Zopf der Frauen und Mädchen' M-Hess., bes. im Gebiet der alten Hinterländer Trachten (d. i. im alten Kreis Biedenkopf) und in Teilen der Schwalm. *Die Waisloi* ‚Frauen' *wiggen de Sch. wäi e Netz im de Kobb.* – Zur Etym.: ↑ *schnatzen.*

schnatzen, schnätzen, sich sw. V. 1. ‚sich putzen', ‚sich besonders fein anziehen' M-Hess. In der Wetterau, d. h. im s M-Hess., veraltend zugunsten *sich* ↑ *putzen* (2), *sich aufkratzen.* Schon gegen 1300 im Epos von der Heiligen Elisabeth, Vers 8453.55, belegt: (Zu Elisabeth kam ein Jüngling) *In gar uppeclîcher gir Gesnatzet unde wol bereit Zur wertlîcher îdelkeit* ‚in nichtigem Verlangen, Geputzt und gut zugerüstet Für weltliche Eitelkeit' [Vwb. 3, 331]. – 2. ‚sich schön frisieren u. ä.' m M-Hess. *Du host dich jo so fei geschnatzt.* Allg. veraltend. –

Lautf.: *schnadse, schnatze, schnädse.* – Etym.: im Blick auf die Elisabeth-Dichtung u. andere mhd. Belege ist die Grundbedeutung ‚putzen', ‚schmücken' wahrscheinlich.

schnaukig, schnäukig Adj. ‚wählerisch im Essen' s und sw S-Hess., sw Rhein-Main, M-Hess. Syn.: *schlauchig, -isch* und *schn(ä)usig, -isch* um Montabaur–Hachenburg und Caub–Idstein, *schn(ä)upig, -isch* ö Rhein-Main, ö M-Hess.; *schnüppig, -isch* O-Hess.; *schn(ü)ckig, -isch* N-Hess. und N-Dtsch., aber auch im n M-Hess. [Vwb. 3, 334ff., auch zur Etymologie; u. Kte. 12; S. Wb. 3, Kte. 110]. *So schnäukig wäi däer Mann sain aχ* ‚bin ich' *net.* – Lautf.: *schnaugiχ, schnoigiχ, schnäkig, schnauksch.*

schn(ä)upig ↑ schnaukig.

schnausig ↑ schnaukig.

Schnecke ↑ Schnegel.

Schnegel m., f. ‚Schnecke (Mitglied der Familie Gastropoda)'. Tlw. gilt Sch. für alle Schneckenarten (große u. kleine; mit u. ohne Haus), tlw. nur für die Nacktschnecke, die wegen des Schneckenfraßes bes. interessiert. Einzelörtlich gel. neben schspr. gestütztem *Schnecke*, dann oft Bedeutungs- oder Gebrauchsunterschiede: z. B. *Schnegel* ‚die hauslose Schnecke', *Schnecke* ‚die mit Haus' in einigen Gemeinden von M-Hess.; oder: *Schnegel* ist in Weisel (Rheinhessen) die ältere, *Schnecke* die jüngere Bez.; oder: *Schnegel* ist die häufigere, *Schnecke* die seltenere Bez. (Gelnhausen). *Fett wi ein Schnejel. Der döt* ‚tat' *Sätz we'n Schnäkl* ‚ging übermäßig langsam'. Hohnrede auf Faule: *Der ist auch gut zum Sch.treiben.* Wenn Sch. über den Weg kriechen, gibt es Regen. – Lautf.: *Schnääjel, Schneel, Schneejel, Schnäkl.* – Etym.: zu ahd. *snegil* ‚Schnecke'.

Schneider m. 1. Wie schspr. (Handwerker). Viele Rdaa. *Dem mißd de Schneirer kaan Anzug meh aan* ‚der wird bald sterben'. *Frieren (freise) wie en Schneirer* ‚sehr frieren': diese Rda. geht auf die Vorstellung zurück, daß der Sch. wegen seines geringen Körpergewichtes und seiner sitzenden Tätigkeit nicht abgehärtet sei. Man registriert auch schlechte Eigenschaften: *Nor keen Schuster en keen Sch. als Zeuje genomme; däi huu Mäuler wäi die Deuwel.* – 2. ‚Wasserjungfer (Aeschna cyassea)' Rhein-

Main, M-Hess., O-Hess. – 3. ‚Heuschrecke (Locusta viridissima)‘ M-Hess. *De Schnairer sen des Johr e große Ploog* ‚Plage‘. – 4. ‚kleiner Weißfisch‘ u. ä. Verstreut in Rhein-Main, M-Hess. *De Schneider, auch Worschtfettgääs genannt,* weil er vielfach in Wurstfett gebacken wurde. Frankf. – Lautf.: *Schnairer* w M-Hess., *Schnieder* ö M-Hess., *Schneider* N-Dtsch. alle zu 1.); sie führen auf mhd. î.

Schneppe f. 1. ‚äußerstes Ende, Rand (von Tisch, Bank usw.)‘ Rhein-Main, M-Hess., N-Hess. *De Deller stitt* ‚steht‘ *off der Schnäpp. Des Kend setzt off dr Schnäpp* ‚der äußersten Kante des Sprungbretts z. B.‘. Auch übertr.: *Däs jonge Dengg* (d. i. junge Frau) *stitt off dr Schnäpp* ‚kommt bald nieder‘. – 2. ‚Mütze zu Trauerbekleidung‘ Frankf.: „Die *Schneppe* war eine den ganzen Oberkopf umschließende Rundmütze aus steifer Unterlage mit schwarzem Kreppüberzug. Bei abnehmender Trauer wurde die Mütze nach vornhin etwas spitzig geschnitten, so daß sie eine Schneppe formierte...“ [F. Wb. 14, 2791]. – Lautf.: *Schnäbb(e), Schnepp, Schnäpp* (alle 1.) M-Hess. ↑ *Schneppekappe.*

Schneppekappe f. ‚die Frauenhaube mit bis in die Stirn verlaufendem Vorderteil in der Tracht des ehemaligen Amtes Blankenstein im alten Kreis Biedenkopf‘. Diese Tracht ist, im Rückgang gegenüber der Marburger Tracht oder der städtischen Mode, schon seit der Jahrhundertwende geschwunden. Sie ist vielen Menschen durch den Heimatverein „Gladenbach-Weidenhausen“, dessen Mitglieder nach alten Vorbildern die Stücke neu nähen und zu besonderen Gelegenheiten tragen, wieder bekannt gemacht worden (seit 1985/1986).

schnukig, -isch, schnückig, schnüppig, -isch ↑ schnaukig.

Schnur f. Neben den verschiedenen schspr. oder ugs. Bed. (‚dünnes Seil‘, ‚Peitschenschnur‘, ‚Richtschnur der Maurer‘ u. a.) gilt: ‚Schwiegertochter‘ nö M-Hess., N-Hess., N-Dtsch. und nur vereinzelt s davon. *Inse jonge Schnuur hot sich en e Botterweck* ‚Butterwecken‘ *gesetzt,* d. h. hat gut eingeheiratet. Weicht stark vor ↑ *Schwiegertochter,* neben dem es oft einzelörtlich steht, zurück. – *Lautf.: Schnuur* M-Hess., *Schnurre* N-Dtsch. – Etym.: zu mhd. *snuor, snur* ‚Schwiegertochter‘. ↑ *Schnürche.*

Schnürche, Schnurche f., **Schnürchen, Schnürchel** n. ,Schwiegertochter' S-Hess., Rhein-Main, M-Hess., O-Hess. Weicht vor schspr. gestütztem ↑ *Schwiegertochter* zurück. Daher steht *Sch.* am Einzelort daneben als veraltende o. veraltete Bez., auch als veraltete u. unfeine, manchmal sogar als absprechende, gehässige Bez., gel. sogar als Schimpfwort oder Spitzname. Mühlbach im w M-Hess. trennt mit *Schnierch* ,die in das Haus des Mannes einheiratende Frau' von *Dem Karl* (o. ä.) *sei Fraa* für ,die Frau, in deren Haus der Mann einheiratet'. Diese Bsp. zeigen, wie es auch sonst oft nachgewiesen werden kann, daß bei Differenzierungen der Bed. der veraltende Ausdruck eine Bedeutungsabsenkung erfährt. So entstehen Aussagen wie *Meng Schnerrche baßt net genung off en arweit schleecht, saad de Bauer. Mai Schnirch es naut notz. Sain Vadder kann die Schnirsch net leire.* – Lautf.: *Schnierche, Schneerche, Schnurrche.* – Etym.: zu ahd. *snuricha* ,Schwiegertochter'. ↑ *Schnur.*

schockeln ↑ schaukeln 2.

schofel Adj., auch Adv. 1. ,schlecht', ,wertlos (Vieh, Ware usw.)', ,abgetragen (Kleider)', ,bedenklich krank', ,schlecht', ,bedenklich (in anderen Verwendungsweisen)'. *Schofle Ware. Dåt seht scheen s. aus* (Kleider). *Dåt Geschäft wår arich* ,arg' *schaufel. Die Äller* ,Großmutter' *eas hart schoufil* ,ist sehr krank'. Das schlecht gedüngte Land *seit schaufel aus.* Wenn nicht bald die Sonne scheint, *dee werds schaufel met dr Ernte.* – 2. ,gemein' (von Gesinnung, selten von Handlungen), ,geizig'. *Dat es e schofler Kärl* ,geiziger Mann', auch ,Mensch mit schlechtem Charakter'. *Des Weib es schofel* ,ist gemein, nicht freigiebig'. Auch substantiviert: *E is e Schofel* ,ein minderwertiger Mensch'. – Lautf.: *schoofel, schoufel, scheufel* („Pseudoumlaut"). – Etym.: zu hebr. *šāfal* ,lumpig', ,wertlos', ,niedrig'.

schon ↑ reite 3.

schön machen ↑ losen[2].

Schorn m. 1. ,Erdscholle' M-Hess., w O-Hess., w N-Hess., m N-Dtsch. Mancherorts nur oder meist im Pl. gebraucht. Bes. häufig *Schörner (Schorne) klopfen* ,die Erdschollen (mit der Hacke) zerschlagen'. *En trockene Sommer brengt hodde* ,harte'

Scherner. Rdaa.: *Je dicker de Schon, Je besser das Korn* und *Dicke Schärner, Dicke Kärner:* ist der Acker bei der Aussaat voller Schollen, gibt es gute Ernte. – 2. auch Dimin. ‚brotlaibförmiger (Weizen)kuchen', mit vor dem Backen eingeschnittenen Kerben, den am Neujahrsmorgen jedes Familienmitglied als Geschenk erhielt, O-Hess. – Lautf.: *Schorn, Schårn,* Pl. Schärner. – Etym.: zu ahd. *scorn* ‚kleine Scholle'.

Schornsteinfeger ↑ Maikäfer.

Schraube f. Neben der schspr. Bed. gilt: 1. ‚Drehvorrichtung an der Ackerwagenbremse (mit Handgriff daran)'. – 2. ‚die Ackerwagenbremse als Ganzes' ö Rhein-Main, M-Hess., O-Hess. und verstreut in N-Hess., N-Dtsch. Zuruf des Gespannführers bei schwerbeladenem Erntewagen an seinen Knecht: *Mer komme aa'n Stiᵉch* ‚Stich' (d.i. Abhang), *geh schnell aa die Schraub.* – Lautf.: *Schraub, Schrauwe, Schrebb.*

Schreckkerne Pl. ‚Pfingstrosen (Paeonia officinalis)'. Nur aus dem alten Dillkreis, also M-Hess., und verstreut um Alsfeld und Gelnhausen gemeldet. Im 17. Jhd. umgab man mit auf Fäden gereihten Samen der Pflanze den Hals der Kinder, um sie vor Epilepsie zu schützen. – Lautf.: *Schräckkern,* aber auch *Schreckörner* (weil die Samenbälge an Hörner erinnern). – Etym.: *Schreck* verweist auf die Anwendung gegen Epilepsie und Kinderkrämpfe, die ja *Schreck* genannt wurden.

schroh Adj., Adv. 1. ‚mager' M-Hess., N-Hess., N-Dtsch. *De Mann es schro won* ‚mager geworden'. Auch auf Lebensmittel bezogen: *Den Zigohri* ‚Zichorie' (eine Art Endivie), *den mag alleweil gar kans mehr, der iß so hart unn so schroh, daß mer sich die Zeh(n) ausbeißt drå(n)* [F. Wb. 14, 2831]. – 2. ‚rauh (anzufühlen)' S-Hess., Rhein-Main, M-Hess., O-Hess., N-Hess. – 3. ‚häßlich (von Aussehen)' w M-Hess. *E schroh Maadche.* – 4. ‚grob', ‚rauh', ‚unfreundlich', ‚gerissen', auch ‚charakterlich schlecht' (von Menschen und deren Handlungen) Rhein-Main, M-Hess., O-Hess. *Eemeds en schrohe Straχ spieln* ‚einen üblen Streich spielen'. *Des sein Aprilssträäch, rohe / Von Mensche, von ganz schrohe* [F. Wb. 14, 2831]. – 5. ‚minderwertig', ‚schlecht', ‚widrig' (von Sachen und Sachverhalten). *Kardoffen sai ganz schroh* ‚faul'. *Et es en Werrer* ‚Wetter', *so schroh wie en de Hell.* – Nicht selten gelten an einem Ort mehrere Bedeutungen. So wird *sch.* gelegentlich als „Bezeichnung alles Unangenehmen" gemeldet. – Lautf.: *schroh, schråh.* – Etym.: < mhd. *schrâch, schrôch* ‚mager', ‚dürr', ‚rauh', ‚grob' und mnd. *schrade, schra, schrage* ‚dürr', ‚mager', ‚kümmerlich'.

Schrolle, Schrote ↑ Schale[1].

Schulblume f. ‚(die Blüte der) Herbstzeitlose (Colchicum autumnale)' w M-Hess., verstreut in O-Hess. Bei ihrem Erscheinen fing die Winterschule an: bis ins 19. Jhd. hinein fand an manchen Orten im Sommer kein Unterricht statt. Einzelörtlich rupften die Kinder die ersten Schulblumen heimlich aus, um den Schulbeginn zu verzögern.

Schullehrer, Schulmeister ↑ Lehrer.

Schultheiß, Schulze m. ‚Vorstand der Dorfgemeinde', d. h. Bürgermeister, allerdings vereinzelt, veraltend in S-Hess., Rhein-Main, M-Hess. *Sch.* lebt meist nur noch als Haus- oder Familienname fort, so z. B. im w M-Hess. als *Scholdes.*

schurren sw. V. ‚auf dem Eise gleiten' (Kinderbelustigung) ö N-Hess., ö N-Dtsch. *Mäh wun* ‚wollen' *schurren.* Landsch. Syn.: ↑ *schleifen* S-Hess., Rhein-Main, s M-Hess., *glằndern* nö M-Hess., w O-Hess., w N-Hess., s N-Dtsch. (von Wolfhagen bis Grünberg); daneben kleinere Gebiete mit *Bahn schlagen* w M-Hess., *riten, glitschen* neben *rütschen, rennen* (alle im w bzw. nw M-Hess.), *gleiten, glandern, glundern* nw N-Hess., w bzw. nw N-Dtsch.; im O *glitschen* neben *rutschen* ö Rhein-Main, *schuppern, schauben, rütschen, glandern* neben *glandieren* alle O-Hess. [Vwb. 3, Kte. 18]. Eine solche Bezeichnungsfülle ist bei kinderspr. Benennungen oft vorhanden. ↑ *Rutsche.*

Schürze f. Wie schspr. Vielfach bezeichnet *Sch.* die Schürze der Frauentracht. Viele Rdaa. und Sprichw.: *Eine Fraa kann mehr mit der S. aus dem Haus trage, als der Mann mit dem (Ernte-) wagen einfahren kann* M-Hess. *Kleene Keng träre* ‚Kinder treten' *of die Schärz, große offs Häzz* ‚Herz' ö M-Hess. Eine international verbreitete Rda. gilt auch in mdal. Version: *Däer Kerl laaft jeder Schürz nach* ‚ist rasch verliebt' (vgl. frz. *aimer le cotillon*). Bekannte Wetterregel: *Wär wässert em März, Dreets* ‚trägt das' *Haj* ‚Heu' *haam en de Schärz, Wär wässert im April, Fehrt soviel haam, weje* ‚wie er' *will* w M-Hess. Aberglaube:

Um neu gekaufte Ferkel vor Hexen zu schützen, wurden sie über eine vor der Stalltür liegende *blaue Scherze* in den Stall getrieben.

Schwadem, Schwaden m. ‚Wasser(dampf)', ‚Dunst', ‚stickige Luft', ‚Lampenrauch'. *In de Kich* ‚Küche' *es auwer en Schwååre.* – Lautf.: *Schworem, Schwore, Schwaam.* – Etym.: < mhd., mnd. *swadem* ‚dicke Ausdünstung u ä.'

Schwartekohl ↑ Metzelsuppe.

Schwarz(e)beere, schwarze Beere f. ‚Heidelbeere (Vaccinium myrtillus)' ö Rhein-Main, nw M-Hess. (Marburg – Berleburg), O-Hess. Außerdem erscheinen im w M-Hess., w Rhein-Main ↑ *Waldbeere,* im w N-Dtsch. *Krähenauge* und im größten Teil des Gebietes *Heidelbeere.* – Lautf.: *Schworzbeer, Schwoadsebeere.*

schwätzen, schwatzen sw. V. ‚sprechen' (allg.). Vorherrschender Ausdruck im Gebiet. Landsch. Syn.: *sprechen* einzelörtlich oft neben *sch.*, im ö M-Hess., s N-Hess., s O-Hess. überwiegt es sogar; randhaft in Rhein-Main *plaudern,* das in S-Hess. sogar vorherrscht, dann *reden* und *babbeln*; im nw N-Dtsch. *küddern.* – *Die Fräa konnt naut schwätze* ‚war stumm'. *Där kann de Loit soiß geschwätze* ‚kann den Leuten gut schmeicheln'. *Man schwätzt von naut* ‚nichts' *es kommt von naut:* an jedem Gerücht ist ein Teil Wahrheit. – Lautf.: *schwätze* neben *schwatze; schwatsete* neben *schwast* (Prät.); *geschwätst* neben *geschwast* (Part. Perf.).

Schwelle f. Neben der schspr. Bed. gilt ‚der auf dem Steinunterbau liegende Grundbalken des mitteldeutschen Fachwerkhauses'. Wird nur im n N-Dtsch. eingeschränkt durch ↑ *Süll.*

Schwiegersohn ↑ Tochtermann, ↑ Eidam.

Schwiegertochter, Schwägertochter f. ‚Schwiegertochter'. In den Randgebieten des nw M-Hess., n N-Dtsch., O-Hess. ist *Sch.* als alter mdal. echter Ausdruck aufzufassen. In den übrigen Bereichen dringt es, gestützt durch die Schspr., gegen veraltendes ↑ *Schnur,* ↑ *Schnürche* vor.

schwind(e) Adv. ‚rasch', ‚schnell' ö Rhein-Main, M-Hess., O-Hess., N-Hess. und verstreut über das ganze Gebiet. *Däi kinn* *schwinn schwätze* ‚schnell sprechen'. *E muß etzed schwinn* ‚bald' *komme.* – Lautf.: *schwinn, schwing(e).*

Schwinge f. 1. ‚beim Schwingen des Flachses gebrauchtes schwertartiges Schlaggerät aus Holz oder aus Eisen mit Holzgriff' w Rhein-Main, M-Hess., N-Hess., O-Hess., N-Dtsch. Syn.: *Schwing(e)brett, Schwingholz, -messer, -eisen, Schwunge, Schwungbrett, Platz* [Vwb. 3, 539ff.]. – 2. ‚Querholz am Eggengerüst' verstreut in O-Hess., N-Hess.

schwingen st. V. Wie schspr., doch spärlich bezeugt. Außerdem u. a. ‚den in den ↑ *Schwing(e)stock* gehängten Flachs mit der ↑ *Schwinge* streichen, um die letzten Stengelteilchen zu entfernen'. Von M-Hess. nach dem N zu noch stark bezeugt, doch wurde Flachs schon in den 20er Jahren nur noch selten angebaut. *De Mann kann gout schwenge.* – Lautf.: *schwenge, schweange, schwinge;* Prät. *schwang,* Part. Perf. *geschwonge.*

Schwing(e)stock m. ‚hölzernes Gestell, in das der Flachs beim Schwingen gehängt wird'. Aussterbend oder ausgestorben. Verbr. wie bei ↑ *schwingen,* ↑ *Schwinge.* Syn.: *Schwingelstock, Schwingebock, Schwing(e)stuhl, Schwungstock.*

Schwippe f. ‚Peitsche' w N-Dtsch. (Arolsen–Korbach). Landsch. Syn.: ↑ *Peitsche* S-Hess., sw Rhein-Main, ö N-Hess. und nö N-Dtsch., sonst ↑ *Geißel,* z. T. neben *Peitsche. Schwippe* weicht stark vor *Peitsche* zurück; 1868 galt es noch fuldaaufwärts bis ins s N-Hess. – Lautf.: *Schwüppe, Schweppe, Schweebe.* – Etym.: < mnd. *swep(p)e, swop(p)e* bzw. mhd. *swippe, sweppe* ‚Peitsche'.

Schwunge, Schwungbrett ↑ Schwinge 1.

Sech n., vereinzelt f. ‚Pflugmesser des alten Spitzpfluges'. Mit ↑ *Sechpflug* schon in den zwanziger Jahren veraltet. – Lautf.: *Sech, Säch.* – Etym.: < mhd. *sech,* mnd. *sek(e), sik,* Pflugmesser' [Vwb. 2, Abb. 68b].

Sechpflug m. ‚der mit einer Sech versehene Pflug', also der Vorgänger des bis heute üblichen Wendepflugs. Vereinzelt in N-Hess., N-Dtsch. Wie ↑ *Sech* veraltet.

Sichel f. Wie schspr. Zum Schneiden von Gras an Wegrainen und Hecken und vor Einführung der Sense auch bei der Haferernte gebraucht. Auch beim Aufheben des abgemähten Getreides und zu seinem Zusammenlegen zu Garben benutzt. Im S und in der Mitte des Gebietes. Im größten Teil des N-Hess. und N-Dtsch. gilt dagegen *Häpe*. *Margrit* ‚die heilige Margarete' *brängt die S. mit:* am 13. 7. beginnt die Getreidernte, sö O-Hess. – Lautf.: *Sichel, Sechel, Sikele.*

Sichling, Sichlung m. ‚Garbe'. Selten Allgemeinausdruck, meist nur von Roggen u. Weizen Rhein-Main, M-Hess., O-Hess. In M-Hess. gel. *Sichelong* oder *Gebond* für ‚Roggengarbe', für das übrige *Goarwe*. – Lautf.: *Sichelong, Secheling*. – Etym.: < mhd. *sich(e)linc* ‚Garbe', ursprünglich ‚soviel wie man mit der Sichel auf einmal abschneidet'.

Siedkartoffel ↑ Quellkartoffel.

siiren ↑ säuern.

Solper m., n. 1. ‚Pökelbrühe'. *Des Fleesch in den S. läjen. Du host se noch em S. laje* ‚hast noch Schläge zu erwarten'. – 2. ‚Pökelfleisch' Frankf., M-Hess. – Lautf.: *Solber, Sulber, Solwer.* – Etym.: zu *Salpeter*, den man früher zum *Einsolpern* verwandte. – Hierher gehören noch *Solperbrühe* f. ‚Pökelbrühe', *Solperfaß* n. ‚Holzfaß zum Einlegen des zu pökelnden Fleisches', *Solperknochen* m. ‚eingepökelte Knochenteile des Schweines (und Rindes) mit anhängendem Fleisch' und *solpern* ‚(Schweine)fleisch einpökeln, einsalzen'.

Sommervogel ↑ Fledermaus 2.

Spannprügel m. = ↑ *Reitel*, also ‚Stange zum Spannen der Bindkette, die die Wagenladung umschlingt' sö S-Hess. [S. Wb. 3, Kte. 104].

Spat, Spate, Späte f. ‚krankhafte Fußsteifheit der Pferde' Rhein-Main, M-Hess., N-Hess., N-Dtsch. – Lautf.: *Schpat, Schpaat, Spate*. – Etym.: < mhd. *spat* ‚Kniesucht der Pferde'.

Speckkuchen m. ‚mit Speckstückchen o. ä. belegter Kuchen (meist aus Brotteig)' M-Hess., N-Hess., N-Dtsch. *S.* ist ein altes typ. Kasseler Gebäck, dort mit Speckstückchen und Schnittlauch belegt.

Speckmaus f. ‚Fledermaus' S-Hess., Rhein-Main, s M-Hess., w und m O-Hess. [Vwb. 3, Kte. 23]. Oft, auch einzelörtlich, neben ↑ *Fledermaus*, durch das es zurückgedrängt wird. Beim örtlichen Nebeneinander entsteht gel. Bedeutungsdifferenzierung, z. B. nach der Größe des Tieres. *Speckmaus* verweist auf einen alten Aberglauben, wonach die Tiere vom Speck im Rauchfang fressen. *Unn die Kärl sinn so scheu wie die Speckmäus* Frankf.

Speicher ↑ Laube.

spellen sw. V. *spellen gehen* ‚freundnachbarliche Besuche machen'. *Man muß auch mal spille gehn.* Tlw. mit dem Nebensinn ‚herumlungern': *Der gitt spinn* (statt zu arbeiten). – Lautf.: *schbelen, schbile, schbin.* – Etym.: tlw. gehen die Formen auf mhd. *spellen* ‚erzählen', ‚schwatzen', teils aber auf mhd. *spiln* ‚Scherz treiben' zurück. – Hierher gehören auch *Spell(e)stube* ‚Spinnstube', *Spellmägde* Pl. ‚Mädchen, die eine Spinnstubengemeinschaft bilden'.

Spennel f. Auch Dimin. ‚Stecknadel'. Weicht vor *Stecknadel* und auch *Nadel* zurück. *Mär hannen gesocht bie on Spängel* ‚haben ihn gesucht wie eine S.'. Wer eine *S.* bei sich trägt, ist vor Hexen geschützt, weil Stahl den Zauber verhindert: N-Hess. (Noch zu Beginn der Neuzeit stieß der Scharfrichter bei Hexenhinrichtungen mit einer *spännadel* in das Hexenmal hinein.) – Lauft.: *Schbennel, Schbeenole, Schbinnel.* – Etym.: < mhd. *spenel, spendel* bzw. mnd. *spenele* ‚Stecknadel'. – Hierher gehört auch *spenneln* ‚mit Stecknadeln an- oder zusammenheften'.

Sperrbatzen m. ‚Einlaßgebühren an den Stadttoren Frankfurts'; sie mußten nach dem allgemeinen abendlichen Torschluß im ersten Drittel des 19. Jhd. noch bezahlt werden.

Sperr-rute f. ‚zwei linealförmige Hölzer, die mit Stacheln an den beiden Enden des gewebten Tuchs eingespannt werden, um es beim Weben seitlich straff anzuziehen' M-Hess., O-Hess., N-Hess., N-Dtsch. – Lautf.: *Spärude, Spärroh.*

spielen sw. V. Außer der schspr. Bed. gilt ‚losen (um die Reihenfolge beim Backen im Dorfbackhaus)' M-Hess. ↑ *losen*[1].

Sprah(e), Sprahl m., f. ‚Star (Sturnus vulgaris)' nö Rhein-Main, w M-Hess. [Vwb. 3, Kte. 26]. Daneben erscheinen *Sprehe, Sprehel* nw M-Hess., *Star* S-Hess., m Rhein-Main, ö O-Hess., sö N-Hess.; sonst gilt *Spreen. Sprahe, Sprahl* weicht vor *Star* zurück. – Lautf.: Schbroh, Schbrohl. – Etym.: < ahd. *sprâ* ‚Star'.

sprechen ↑ schwätzen.

Spreen, Sprien m., f. ‚Star (Sturnus vulgaris)' (= ↑ *Sprah[e]*). Im Rückgang gegenüber *Star. Einen Sprihn haben* ‚übergeschnappt sein'. – Lautf.: *Schbrihn, Schbreene.*

Sprenkel m. 1. ‚Vogelfalle' Rhein-Main, M-Hess., N-Hess. – 2. ‚Stange zum Spannen der Bindkette, die die Wagenladung festhält' S-Hess., m M-Hess. [S. Wb. 3, Kte. 104]. ↑ *Reitel*, ↑ *Spannprügel.* Hierher auch *sprenkeln* ‚die Wagenladung mit Reitel und Kette sichern' [S. Wb. 3, Kte. 103]. – 3. ‚Bogen (und Pfeil) als Kinderspielzeug' Rhein-Main, M-Hess. Der Pfeil (meist aus Schilfrohr) ist zum Schutz vorn mit einem Pfropf aus Holunderholz versehen; der Bogen besteht aus einem jungen Weidenzweig.

Sprieße f. ‚Stützbalken', ‚Strebe' S-Hess., Rhein-Main, M-Hess., O-Hess. *Da iß awwer e geheerig Anzahl Sprieße an dem Haus.* – Lautf.: *Schbräis, Schbriis(e).* – Etym.: < mhd. *spriez* ‚das Hervorsprießende' u. ä.

spuken ↑ wandern 3.

Srore m. (Pl.) ‚feiner Herr'. *Sie komme wie die Srores unn gehn wie dei Maurer* ‚kommen unpünktlich, aber gehen pünktlich' [F. Wb. 15, 2989]. – Etym.: < jidd. *srôre* von hebr. *śrará(h)* ‚Herrschaft'.

Staat m. Außer der schspr. Bed.: ‚Aufwand', ‚Kleiderpracht'. *S. mache* ‚sich besonders fein machen'. *Mit etwas S. machen* ‚mit etwas prunken'. Verneint: ‚wenig taugen'. *Mit dem kammer kaan S. mache* ‚er ist kein anständiger Mensch' Frankf. – Hierher auch *Staatsmontur* ‚Festuniform'. – Lautf.: *Schdood, Schdååed.*

Stachel ↑ Stachel(s)beere.

Stachel(s)beere f. ‚Stachelbeere (Ribes grossularia)'. Vorherrschend im Gebiet, wird nur durch *Klosterbeere* nennenswert eingeschränkt. Landsch. Syn.: *Stachel* verstreut in w M-Hess., N-Dtsch., *Stechbeere* n M-Hess., *Krusselbeere* s S-Hess., *Drus-*

selbeere sö S-Hess., *Druschel* sw S-Hess., *Gruschel* w S-Hess. [S. Wb. 3, Kte. 113].

Staches m. ‚ungeschickter, tölpelhafter Mensch', auch ‚steifer', ‚dummer' (seltener) und ‚grober, roher Mensch' S-Hess., Rhein-Main, M-Hess., N-Hess. Oft spielen diese und noch andere, ähnliche Bed. ineinander. *Was e Schote!* (↑ *Schaute*) *Was e Staches ... Laßt en als Aff ausstoppe!* Frankf. – Lautf.: *Schdaches, Schdachaies.* – Etym.: Herleitung von *Eustachius.*

Stangenknecht m. ‚Lohnarbeiter zum Tragen von Lasten' Frankf.

stante pe(de) Adv. ‚sogleich', ‚schnell' Frankf. *Deß treechste mer standebee widder hi(n).* – Etym.: < lat. *stante pede* ‚stehenden Fußes'.

Star ↑ Sprah(e), ↑ Spreen.

Stärke(n)kalb ↑ Kühkalb.

Staubwein m. ‚Trunk, den der Bauer nach dem Dreschen seinen Leuten gibt' M-Hess., O-Hess. *Staabwei*^{n} *haale* ‚halten', d. h. ‚trinken'. – Hierher auch *Staubkräpfel (Schdaabgräbbel* u. ä.) ‚am Tag des beendeten Ausdruschs von den Dreschern gegessenes Gebäck' M-Hess., N-Hess. Mit beiden wurde nach verbreiteter Meinung der Dreschstaub heruntergeschluckt. Veraltet.

Stechbeere ↑ Stachel(s)beere.

Stecknadel ↑ Spennel.

Steifschechter m. ‚körperlich steifer, auch ungeschickter Mensch' S-Hess., Rhein-Main, M-Hess. – Etym.: 2. Teil zu mhd. *schet(t)er* ‚Steifleinwand'.

Stellmacher ↑ Wagner.

Stichbraten ↑ Metzelsuppe.

Stier ↑ Lüpper.

stierig ↑ ochsig.

Stoffel m. ‚ungeschickter', ‚unhöflicher', auch ‚dummer Mensch'. *Du best mer en scheene Stoffel.* – Kurzform von *Christoffel* zu *Christoph.*

stolz Adj., Adv. 1. Wie schspr., meist aber ‚hochmütig'. *Der is net stolz* ‚ist freundlich zu Geringeren'. – 2. ‚prächtig, stattlich'

u. ä. M-Hess., O-Hess., s N-Hess. *Die Bauern gih em Sommer nit en die stolze Stobb.* – 3. ‚reich, festlich gekleidet' Rhein-Main, M-Hess., O-Hess., N-Hess. *Die Waisloi mache sich stolz* ‚die Frauen ziehen sich fein an'.

Stopflaib m. ‚der erste Laib Brot, der in den Backofen des Dorfbackhauses kommt'. Alter Aberglaube, bes. in O-Hess.: Mit dem Finger wurde ein Loch in den Teig gedrückt, dieser Teil nach dem Backen herausgeschnitten und das Loch ganz durchstoßen. Wurde dann aus dem Euter der Kuh dreimal durch dieses Loch hindurchgemolken, so war das Vieh gegen Hexerei geschützt.

Stößer m. 1. ‚Sperber' vereinzelt in M-Hess. *Aχ huu geasden en ganze Schwårm Stisser gesih.* – 2. ‚Raubvogel' S-Hess. und vereinzelt n anschließend. ↑ *Habicht.*

Strahl m. Neben der schspr. Bed. gilt: 1. ‚Striemen' M-Hess. *Däer hot mich so gehaache* ‚geschlagen', *des es roore Strohn gåeb.* – 2. m., f., auch Dimin. ‚schmaler Streifen (Stoff)', auch ‚andersfarbiger Streifen im Haar' m M-Hess. – 3. m., f. ‚langer, schmaler Streifen Land (den man gerade in Arbeit hat)' m M-Hess. *Me hoo de Stroahl Kon* ‚Roggen' *abgemocht.* – Lautf.: *Schdrååł* (1), *Schdrool* (3). – Etym.: < mhd. *strâl, strâle* und mnd. *strâle*, Grundbedeutung ‚Pfeil'.

strählen st. oder sw. V. ‚kämmen' w Rhein-Main, w M-Hess. Häufig erscheint in diesem Gebiet daneben *kämmen*, vor dem *s.* ständig zurückweicht. Bei einzelörtlichem Nebeneinander häufig Bedeutungsdifferenzierung: *kämmen* gilt für die Menschen, *s.* für das Vieh. Oder: *kämmen* gilt für Frau/Mädchen, *s.* für Mann/Jungen usw. Im übrigen Gebiet wurde *kämmen* gemeldet. *De Bauer hot das Vieh gestruelt, sei Fraa die Ken gekemmt.* Auch bei Goethe schon : *Graf von Pappenheim ... den ... der hohe Federhut und die gestrählten fliegenden Haare sehr wohlkleideten* [Vwb. 3, 820 und Kte. 29]. – Lautf.: *schdreeln, schdrihn.*

streichen st. V. Neben anderen, bes. schspr. Bed., gilt: 1. ‚Kartoffeln häufeln' (meist mit dem Häufelpflug) Rhein-Main, M-Hess., N-Hess. *Me hoo de Kadoffen gestreche.* – 2. ‚das Brot nach dem Backen mit Wasser bestreichen' Syn.: ↑ *netzen, plät-*

ten, salben. – 3. ‚bei einer Versteigerung erstehen' M-Hess. Meist von Holzversteigerungen: *E hot en Meter Holz gestreache.* Auch schon um 1750: wer Holz kaufen will, *sollte sich ... im Wald einfinden und das Holz mit anderen s.* ‚ersteigern' [Vwb. 3, 834]. – Lautf.: *schdraiχe, schdriχe;* Prät. *schtrieχ, schdriech,* Part. Perf. *geschtrieχe, geschdrieche.*

Streusel ↑ Riebel.

Streuselkuchen ↑ Riebelkuchen.

Strohseil ↑ Lendseil.

Strotze ↑ Sutter.

Strumpf m. Wie schspr. Vorherrschender Ausdruck, wird nur noch eingeschränkt durch ↑ *Hose* im nw M-Hess. und Teilen des m M-Hess. sowie durch *Stumpf* in O-Hess. *Dicke Strimb anhaben* ‚etwas wegen Unaufmerksamkeit oder geflissentlich nicht hören'. Jem. *auf die Strümpfe helfen* ‚in bedrängter Lage beistehen'. *Der hot sei Strümb uff emm Regefaß getrockent* ‚hat krumme Beine' [F. Wb. 15, 3088].

Strümpfelfaß, Strumpfelfaß, Strümbelfaß, Strumbelfaß n. ‚Butterfaß zum Stoßen' (ein nach oben sich verengendes Faß) m M-Hess. Dieses Faß mit Stößer weicht vor ↑ *Leierfaß*, dem Faß mit der Kurbel, zurück. Wurde im und nach dem letzten Krieg wieder, meist heimlich, benutzt.

Stülpchen n. ‚Mütze der Frauen' und zwar in der sog. „Marburger Tracht" und in der Tracht des Breidenbacher Grundes, d. h. im NW des Kreises Marburg-Biedenkopf. – Hierher auch *Stülpe* ‚kegelförmige Trachtenmütze der Frauen' in N-Hess. – Lautf.: *Stilbche, Stelbche, Stilbe.* ↑ *Schnatz 1.*

Stumpf ↑ Strumpf.

Stütze(l) ↑ Leuchse.

Stutzweck, Stutzeweck m. Ein Neujahrsgebäck, Rhein-Main, M-Hess. Öfter von Paten dem Patenkind geschenkt, manchmal bis zu 50 cm lang und 30 cm breit. Auch übertr.: ‚Aneinanderstoßen' (meist mit den Köpfen): „*... wie der Gääßbock an dem ... sein Lade komme is, un hat sich in dene große Spiechelscheiwe geseh, hat er en Stutzweck gemacht un bums! kaput die Scheib.*" [F. Wb. 16, 3112].

Sudel ↑ Pfudel.

Süll m., f., n. 1. ‚die Unterlage für die beiden Ständerreihen des Niedersachsenhauses' n und nw N-Dtsch. – 2. m. ‚Schwelle der Stubentür'. Vereinzelt im n N-Dtsch. *He bruket mek* ‚braucht mir' *ne mehr över de S. to kommen* (weil er mich beleidigt hat). – 3. ‚die herausnehmbare Schwelle am Einfahrtstor des Niedersachsenhauses' N-Dtsch. – Lautf.: *Süll, Solle.* – Etym.: < mnd. *sul, sule* m. ‚Grundbalken der Mauer', ‚Türschwelle'. ↑ *Schwelle.*

Sütte f. ‚gekochtes oder gebrühtes Viehfutter (aus Häcksel, zerschnittenem Dickwurz usw.)'. *Die Fraa macht jeden Oowed die Sitt.* Auch übertr.: *Der is in der Sidd* ‚ist wohlgenährt'. – Lautf.: *Sid, Sed(e), Set, Sere.* – Hierher auch: *Sütt(e)haus* ‚Haus oder Schuppen, in dessen Innerem die Sütte gekocht wird (wurde)' M-Hess.; *Sütt(e)kessel* ‚eingemauerter Kessel, in dem die Sütte gekocht wird' M-Hess., N-Hess.

Sujet n. ‚verwahrloster Mensch', auch ‚unzuverlässige Person' Rhein-Main. *Sich iwer so en Sischet arjern* Frankf. – Lautf.: *Suschee, Siche.* – Etym.: < frz. *sujet* ‚Untertan', ‚Person'.

Sukkoth f. ‚Hütte', ‚Laubhütte', vorwiegend: ‚jüd. Erntedankfest', ‚Laubhüttenfest' Frankf. *Auf Suckes, da wird alles geschmickt mit Laub unn aufgeputzt mit Krenz* [F. Wb. 15, 3116]. Rda.: *Nach Suckes kommen die Esrogim* d.h. die Zitronen zum Laubhüttenfest, also: etwas kommt zu spät. – Etym.: jidd. *suke* ‚Hütte', ‚Laubhütte', < hebr. *sukká(h).*

Suppenkump(en) m. ‚Suppenschüssel' S-Hess., Rhein-Main, M-Hess. *Un mit feuerige Aage, so gruß wie e Suppekumpe* [F. Wb. 15, 3123]. Veraltet gegenüber *Suppenschüssel.*

Suttch ↑ Pfudel.

Sutter 1. f., n. ‚nasse Stelle im Acker oder in der Wiese' verstreut w Rhein-Main, M-Hess. – 2. m. auch *Sütter* ‚Jauche' n M-Hess., w N-Hess. (Gießen – Wildungen); Landsch. Syn.: *Pfudel (Pull)* S-Hess., Rhein-Main, M-Hess.; *Trotze* O-Hess.; *Strotze* ö M-Hess., sw N-Hess. (Raum Kirtorf); *Sutte* n O-Hess., s N-Hess.; *Adel* n N-Hess., N-Dtsch.; kleine Gebiete mit *Suttch, Sudel* und *Brühe* [Vwb. 3, Kte. 31]. *Em spääre Herbst wed* *noch mo S. gefoahn.* – 3. ‚Niederschlag aus Speichel usw. in der Tabakpfeife'. – Lautf.: *Sudder, Sutter, Sodder.*

Sympathie f. ‚geheimnisvolles Heilverfahren durch Besprechen u. ä. m.' M-Hess. *Sympathie machen, (ge)brauchen, mit Sympathie heilen* ‚dieses Heilverfahren anwenden'. „Das Volk macht einen großen Unterschied zwischen schwarzer und weißer S. Die schwarze S. steht im Bund mit dem bösen Feind und ist verwerflich, die weiße geschieht unter Aufrufung von Gottes Namen, und die ist erlaubt." [Vwb. 3, 916]. – Lautf.: *Simbadii, Simberdie.* – Hierher auch *sympathetisch* ‚geheimwirkend', ‚zauberkräftig' Frankf.

Syringe f., oft Pl. ‚Flieder (Syringa vulgaris)' n M-Hess., O-Hess., N-Hess., N-Dtsch. Landsch. Syn.: u. a. *Bäumchensblume* n M-Hess. (Biedenkopf – Grünberg), *Bäumchensrose* m M-Hess. (Raum Gießen) und im weitaus größeren Gebiet *Nägelchen, Nägelchensbäumchen, Nägel(chen)sblume* [Vwb. 3, Kte. 33]. *Wenn die Zätterine bliehn ...* – Lautf.: *Sirene, Tsereene, Zitterene.* – Etym.: von griech. ‚Hirtenflöte'.

T

Tabak m. Wie schspr. Dazu viele Rdaa., z. B. *Mach dich aus dem Duwag* ‚geh schnell fort'. *En große Tuwack mache* ‚prahlen'. – *Er hott D. kritt* ‚er wurde verprügelt'. *Das ist starker* (auch *schwerer*) *Tuwag* ‚eine große Zumutung, eine Unverschämtheit'. Diese Rda. geht nach Röhrich 2, 1054 auf die Geschichte vom geprellten Teufel zurück: ein Jäger gibt sein Gewehr als Tabaksdose aus und schießt dem Teufel, der um eine Prise bittet, eine Ladung Pulver ins Gesicht. Reaktion des Teufels: *Das ist starker T. Tuwack kann merr sich lehne* ‚leihen', *awwer kaa Peif,* d. h. ganz persönliche Dinge verleiht man nicht [F. Wb. 16, 3128].

Taburett n. ‚Hocker', ‚Stuhl ohne Lehne' S-Hess., sw und s

Rhein-Main. Schon in den 30er Jahren veraltend oder veraltet. In Frankf. ist 1938 jedoch *des Dawwereddche*, ein vierbeiniger Stuhl ohne Lehne mit strohgeflochtenem Sitz, noch gut bekannt [F. Wb. 16, 3129]. – Etym.: < frz. *tabouret* ‚Hocker'.

Tacheles m. ‚Ende', ‚Vollendung' Frankf. und andere Städte mit jüd. Kolonien. *Mer wolle von Dachles redde:* wollen von etwas anderem reden [F. Wb. 16, 3129]. *Mer wolle Dacheles reden* ‚ohne Umstände miteinander reden'. – Etym.: < jidd. *táchles, tachlis* ‚Endzweck', hebr. *taklít.*

Tag m. Wie schspr. ‚der einzelne Tag für sich', aber auch ‚der Tag in der Reihe der anderen Tage'. Dazu viele Rdaa., z. B. *Wenn arme* ‚geringe' *Leure was Gurres huu* ‚Gutes haben' *(schlachte winn* ‚schlachten wollen'), *will's net Dååg wean. Man soll den Tag nicht mit der Laterne suchen* ‚Licht nicht länger als nötig brennen lassen'. *Es wird zeirig* ‚zeitig' *Tag* ‚die Tage nehmen zu'. International verbreitet ist das auch in mdal. Verwendung gültige *zum (in den) Tag hinein leewe* ‚ohne Überlegung leben', ‚ohne jede Vorsorge leben', vgl. z. B. lat. *in diem vivere. Wann de Dåå ahfange ze lange* ‚länger zu werden (im Januar)', *kimmt de Wender gegange. Der duut dem Herrgott naut wäi de Dag abstehle* ‚tut oder arbeitet nichts'. Von einer jungen Frau, die einen reichen, älteren Mann geheiratet hat, heißt es: *Die håt jetzt gute Taach, awwer beese Nächte.* Geringschätzung eines anderen: *Wer dich bei Nacht langt* ‚holt', *bringt dich bei Daach widder.*

Taler m. Geldmünze, und zwar die früher übliche Silbermünze. Nach Einführung der Marktwährung bezeichnete *T.* das später abgeschaffte Dreimarkstück. In den 30er Jahren war auch diese Bed. nur noch den Alten bekannt, die sich z. B. noch an die preußischen T. erinnerten. In vielen Wndgen hat sich die Bez. erhalten, z. B. *En reicher Mann kann d'n Hausehrn mit Daler blasdern.* Braut und Bräutigam schenken einander beim Eheversprechen den *Ehetaler* (1 T.). In die Welt der Kinder verweist das mit Handschlagen vorgetragene Verschen: *Hast en Daler, geh auf de Markt, kauf der e Kuh, Kälbche dazu, Kälbche hot e Schwänzche, griwwel, grabbel Händche* (hierbei wird das Kind in der Handfläche gekitzelt). Hierher gehört ebenso das bekannte Liedchen *Taler, Taler du mußt wandern*... Bis in die

Gegenwart hat sich die Bez. *Taler* auch in Rdaa. und Sprichw. erhalten, z.B. *Ahle Daler en jonge Weiwer sinn die beste Zeitvertreiwer* oder *Wer de Penning nit ehrt, is de Daler net wert. Wo die meesde Daler sinn, do es gemeenerhand aach die Lieb.* Aber diese Meinung findet auch Ablehnung: *Mer soll sei Seel nit füer e paar Daler verkaafe.*

Tante f. Wie schspr. Erst in jüngerer Zeit allg. üblich. Früher galt meist *Base*, ↑ *Wase*. Zur Unterscheidung ist *T.* oft mit dem Vornamen oder dem Wohnort verbunden: die *Anna-Dande* oder die *Kassel-Dande*. Eine Eingebildete *duud grad, als ob es Kaisers Kadds ihr D. weer* [S. Wb. 4, 1355].

Tanzbär m. 1. Wie schspr. ‚zum Tanzen bzw. Umhertappen abgerichteter Braunbär (in Ketten gelegt)' S-Hess., M-Hess. Das „tanzende" Tier wurde früher von *Bäenleerer* oder *Baenfiirer* (Bährenlehrer, Bärenführer) zur Volksbelustigung vorgeführt. *Schbring dau* ‚tun' *wäi e Danzbär. Der hott e Schnut wei e D.* Auch bildl.: *den Danzbär abgäwwe* ‚als ältlicher Mann mit jungen Mädchen tanzen'. – 2. ‚Kreisel' S-Hess., w Rhein-Main, w M-Hess.

tanzen sw. V. 1. Wie schspr. (von Menschen und Tieren). Viele Rdaa. u. Sprichw., z.B. *Däer hott aach sei maasde Dänz gedanzt* ‚er wird alt'. *Wenn die Katz net doh es, danze die Mäus off'm Disch. Se muß danze, wei eahr Mann paifd. Lern* ‚lehr' *en alde Fuchs net danze* ‚gib dem Erfahrenen keine guten Ratschläge'. *Wann's em Esel ze wohl es, girr'e* ‚geht er' *off's Eis danze.* – 2. ‚tanzen (von Puppen des Puppentheaters)'. *Ets eß die Bobb am Danze* ‚jetzt gelingt die Sache', ‚jetzt klappt's'. – 3. ‚schwärmen (von Mücken)' M-Hess. Bauernregel: *Danse em Jannewoar die Mugge, Dann muß der Bauer noach Fudder gugge.* – Lautf.: *dantzen, daadse, dandse, daandse, dendse.*

Tasse f. Wie schspr. Es verdrängt als schspr. Lehnwort die alten Bez. *Köpfchen (Kopf), Kümpchen (Kumpen), Schälchen* (↑ *Schale*[2]).

taub Adj. 1. Wie schspr. ‚ohne Gehör', doch oft auch nur ‚schwerhörig'. *Die alt Fraa es stomm en daab* ‚taubstumm'. *Bei dem Geizling find alles daawe Ohn. Dumm en daab schlagen* ‚brutal schlagen'. Schimpfen bei unfolgsamen Kindern: *Reißt doch aure daawe Ohn off.* Wer nicht gut hört, *is e daab Dibbe*

(Hinkel) u. ä. – 2. ‚nicht bereit sein zu hören'. *Sich daab stelle* ‚nicht hören wollen'. *En dääwer Kerl* ‚ein Mann, der auf keinen Zuspruch hört'. – 3. ‚betäubt', ‚stumpfsinnig', ‚dumm' S-Hess., Rhein-Main, M-Hess., O-Hess. *Domm en dääb schwätze* ‚besonders viel und dumm daherreden'. *Ich schloh dich, deß de domm, dääb en dormeliχ* ‚ganz betäubt' *wescht.* – 4. ‚von Ackerland: wenig ertragreich wegen Laubdüngung'. Bauernregel: *Holz maχt de Aicker stolz* (vermodertes Holz ergibt guten Humusboden), *Stroh macht'n froh, Laab macht'n daab* (Strohmist düngt besser als Laub). – Lautf.: *daab, dääb, doof.*

Taube f. 1. ‚Haustaube'. Im allg. Bez. für die Gattung, oft aber auch nur für die weibl. T. Neben der *Haustaube* kennt man die *Lachtaube, Ruckeltaube, Ringeltaube, Turteltaube, wilde Taube* u. a. *Wu Dauwe sei, doh fläje Dauwe zou* ‚Besitz kommt zu Besitz'. *E blend Däb find aach emohl e Ärwes* ‚Erbse', d. h. auch ein Dummkopf hat manchmal einen guten Einfall. *E Atzel mächt kaa Daub:* Der Apfel fällt nicht weit vom Stamm. *Düwen on Benn* ‚Bienen', *Bu* ‚wo' *sinn se hinn?* (beide bringen nichts ein). Aber dagegen: *Tauben un Teiche machen kein'n Bauern reiche, Aber Bienen un Schafe, Die bringen's im Schlafe.* Aus Frankf. wird gemeldet: Der meint, *die gebratne Dauwe dehtnem ins Maul flieje* ‚hofft ohne Anstrengung auf ein gutes Leben'. Diese Rda., die auf die Erzählung vom Schlaraffenland verweist, ist u. a. auch bei den beiden Hessen Grimmelshausen und Goethe vorhanden: Im Simplicissimus heißt es: *Keine gebratene Taube kommet auch keinem in das Maul geflogen, er muß danach gehen und sie zuvor fangen.* Und bei Goethe: *Wer aber recht bequem ist und faul, Flög dem eine gebratne Taube ins Maul, Er würde höchlich sich's verbitten, Wär sie nicht auch geschickt zerschnitten* [beide zit. nach Röhrich 2, 1060]. – Wetterregeln: *Die Dauwe bore* ‚baden' *sich, s gitt schi* ‚schönes' *Werrer. Wann die Dauwe morjens off'm Ferschd* ‚Dachfirst' *hocke, dann gitt's Rääje.* – 2. übertr.: Kosewort für ein Mädchen, S-Hess. und vereinzelt im N. *So e fein's Däubche.* Im S-Hess. Bez. für Pflanzennamen, nämlich ‚Sturmhut (Aconitum napellus)', ‚Akelei (Aquilegia vulgaris)', ‚Rittersporn (Delphinium Ajacis)' u. a. [S. Wb. 1, 1420]. So heißt der ‚Sturmhut' *Daibche in de Schees (in der Kutsch)* u. a. – Lautf.: *Daub, Daab, Dauwe, Depp.*

Taubenhuckerer, Taubhorn ↑ Tauber(t).

Taubenkopf ↑ Taubenrock(en).

Taubenrock(en), -rockch m. ‚Ackerschachtelhalm (Equisetum arvense)'; vom n Teil M-Hess. und O-Hess. an im größten Teil des n Gebietes. Syn.: *Kannenkraut, Taubenkopf, Zinnkraut* u. a. T. ist schwer zu bekämpfen: *De Dowerock sät* ‚sagt' *zur Quäck: seng die Jätern* ‚Jäterinnen' *noch net wägg, da guckke mr schont werre* [Vwb. 4, 31]. T. hilft gegen Blasen- und Lungenleiden u. a. – Lautf.: *Dauweruck, Duwerok, Däwerock.* – Benennung hängt wohl mit dem spindelartigen Aussehen (Spinnrocken) der Sporenähre zusammen.

Taubenstößer m. 1. ‚Sperber' S-Hess., Rhein-Main, M-Hess., O-Hess., s N-Hess. – 2. ‚Hühnerhabicht' S-Hess., w Rhein-Main, w M-Hess. *De Däwestüsser kreest am Himmel, der will sich e Huinggel* ‚Hünkel (Huhn)' *lange.* – 3. andere Raubvögel (verstreut).

Tauber(t), Täuber(t) m. 1. ‚männliche Taube'. Fast im ges. Gebiet; landsch. Syn.: *Ruckert* w M-Hess., *Taubhorn* s N-Hess. (Raum Alsfeld), *Ruckeler* vereinzelt im ö M-Hess. und w O-Hess. (Raum Schotten), *Taubenhuckerer* n M-Hess. (Raum Marburg: nur vereinzelt). *De Kerl bleest sich off wei en Däuwerd.* Schon 1892 in Frankf.: *Kann girrn* ‚schmeicheln' *als wie e Dauwert* (bei Stoltze) [F. Wb. 16, 3153]. – 2. Übertr. ‚ungeschickter Mensch' nw M-Hess., auch ‚schielender Mensch' Kass., Schimpfwort für einen Einäugigen in N-Hess. und m N-Dtsch. (vereinzelt). – 3. (scherzh.) ‚Bräutigam' S-Hess.: *Gäll, mei gurer Dauberd* [S. Wb. 1, 1423]. – Lautf.: *Dauwer, Daiwerd, Dubbert, Dibberd, Döckbert.*

taufen sw. V. 1. Wie schspr. *Wenn's Kind getauft ist, will jeder* ↑ *Pate (oder* ↑ *Pfetter) sein* ‚wenn Hilfe nicht mehr nötig ist, wird jeder hilfsbereit'. *Se wern beim D. schun verheierd* ‚Bauernkinder werden (wurden) von den Eltern schon früh zur Ehe versprochen' [S. Wb. 1, 1428]. *De soll sich nit so abstenn* ‚anstellen', *der is each nur mit Wasser gedeeft:* Er ist nicht so klug, wie er selbst meint. Ein dummer Mensch *ist mit Bachwasser gedaaft* M-Hess. *Zwä Känge* ‚Kinder' *derfe net äus im* ‚einem' *Wasser* (aus dem gleichen Taufbecken) *gedooft wehrn* (weil sonst eins sterben kann). Ein echter Frankfurter *is mit Maa(n)wasser gedaaft* [F. Wb. 16, 3154]. – 2. ‚Milch oder Wein mit Wasser verdünnen'. *Die Milch horr'e gedaafd. De Woi daafe. Der Ebbelwein is gedaaft* [F. Wb. 17, 3154]. – 3. ‚durchnässen' (von Niederschlägen) S-Hess. und verstreut im ges. Gebiet. *Getauft* ‚vom Gewitterregen durchnäßt' *werden.* Auch: *aan daafe* ‚beim Baden unter Wasser tauchen'. – 4. ‚einem gründlich die Meinung sagen' w Rhein-Main, M-Hess. *Ich hab en gedaaft.* – Lautf.: *daafe, dääfe, dööfen, daipen, doufen.*

Taufbatzen m. Früher ‚die Extragebühr von 4 rheinischen Kreuzern, die die Taufpaten dem Pfarrer oder Küster entrichteten' m M-Hess. Heute nur noch in den Rdaa. *Der eas de Daafbatze neat wert* ‚der taugt nichts' m und sö M-Hess., auch S-Hess. *Der daagd kaan D.* ‚der taugt nichts' S-Hess.

täumen sw. V. ‚rußen' (bei zu hoch geschraubter Öllampe, veraltet) O-Hess., N-Hess. *De Lambe deemt.* – Lautf.: *deeme, dieme.* – Etym.: < mhd. *töumen* ‚dunsten' usw.

Teggen m. *Einen Teggen haben* ‚geistesgestört, etwas anormal sein' N-Dtsch. – Etym.: wohl nd. Form von hd. *Zacken.*

teigig ↑ morsch.

Teufel m. Äußeres, Eigenschaften, Zustände usw. des T.: *Der guckt wei der glienixe Deuwel.* Wer einen stechenden Blick hat, der *hot Aache wäi de leibhaftixe Daiwel. Da werd kaan D. gescheit draus* ‚das ist unerklärlich'. *Mirr'm D. em die Wett fahrn* ‚schnell fahren' oder *dem D. de Schwanz abfahren* ‚tollkühn fahren'. *In de Nuut frißt de D. Flieje* oder *Micke. Me meent, de D. hätt sei Kiez* ‚Rückentragekorb' *ausgeleert,* d. h. Unangenehmes geschieht, z. B. Kinder lärmen laut, Unkraut wächst zu schnell usw. – Die Hölle, die Verwandtschaft des T.: *In Deiwels Kexe gerohden* ‚in eine Gefahr, eine unangenehme Lage geraten'. Nach mittelalterl. Volksglauben hatte der Teufel eine Küche, in der die Hexen (daher Hexenküche; vgl. Faust I) und Zauberer am Werke waren [Röhrich 2, 1068]. *Ich wünscht, du wärscht beim Deuwel seier Großmutter. Den Deiwel bei seiner Großmutter verklaa,* d. h. den Bösen bei seinesgleichen verklagen, daher erfolglos. – Der T. als Widersacher Gottes, d. h. der Satan: *Der paßt wie de Deiwel für'n Apostel* ‚der eignet sich nicht als Pfarrer', ‚das paßt nicht'. *Der Meckes gitt bei'n Deuwel zer Baχt* ‚zur Beichte', d. h. er ist ein hartherziger Bösewicht. Ähnliches aus dem Rheinhessischen in Zuckmayers „Schinderhannes": *Das wird e schö Kloster sei, wo der Teufel die Beicht hört* [Röhrich 2, 1070]. – Der T. und die Menschen: *Der ist dem D. aus dem Sack gesprungen, dem Ranzen gehüppet, der Köze gehüpft* ‚ist zu allem Schlechten fähig', ‚ist gerissen', gelegentlich auch ‚ist unehelich geboren'. *Er hott's mit dem D. zu tun* ‚neigt zu bösen Taten und Streichen'. *Man soll den D. nit ah die Wand male* (sonst kommt er). Aber der Mensch kann den T. auch angreifen, braucht ihn nicht zu fürchten: *Eich gihn bein D. en die Hell* ‚fürchte nichts und niemanden'. *Der ferχt sich fiir'm glieniχe D. net. Dää laaft net fort un wenn de Deibel aus de Hell kimmt;* u. v. m. – Lautf.: *Daiwel, Doifel, Däibel.*

Teufelskopf m. 1. ‚Kinderlaterne', d. i. ein ausgehöhltes Dickwurz (Runkelrübe), in das Mund, Nase und Augen eingeschnitten sind und in dem ein brennendes Licht befestigt wird, S-Hess., M-Hess. Kinder erschrecken damit bei einbrechender Dunkelheit andere Kinder und Erwachsene (um den Martinstag: 11. November). *Fiier dem seim Deuwelskopp hun ich richdiχ Angst kritt.* Landsch. Syn.: *Dickwurzteufel, -(el)kopf, Teufelsfratze, -gesicht, -hund* u. a. – 2. ‚Frucht der Herbstzeitlosen (Colchicum autumnale)' ö N-Hess., N-Dtsch.

Teufelskraut n. 1. ‚Farnkraut (Aspidium filix mas)' vereinzelt im w M-Hess. Meist in M-Hess. dafür *Teufelsleiter.* – 2. ‚Schöllkraut (Chelidonium maius)' S-Hess., sö M-Hess. – 3. ‚Nachtschatten (Solanum nigrum)' vereinzelt S-Hess., Rhein-Main.

Teufelsleiter ↑ Teufelskraut.

Tinte f., gel. m. Wie schspr. Dazu viele Wndgen und Rdaa., z. B. *T. gesoffen* (selten *getrunken) haben* ‚verrückt sein'. Starke Ablehnung: *Du hast wohl T. gesoffen?* Kass. und ähnl. m M-Hess. *In der T. sitzen* oder *stecken* ‚in übler Lage sein' ist schon 1520 belegt: *Du bist voller Sünd ... du steckst mitten in der tincten* [Röhrich 2, 1076]. In S-Hess. heißt es: *Nä, nä, der Mensch bringt mich am End noch ganz kriminalsch in die D.*

enein; außerdem *in die D. reire* ‚reiten': in arge Verlegenheiten bringen [S. Wb. 1, 1532]. *Des is klor wie dicke Dinte* ‚leuchtet ein'. Sprichw.: *Wer en de D. sitzt* ‚in übler Lage ist', *bleibt nit räi* ‚rein' oder *wead schwåz.*

Tochter ↑ Mamsell.

Tochterkalb ↑ Kühkalb.

Tochtermann m. ‚Schwiegersohn' S-Hess., Rhein-Main, M-Hess. In den 30er Jahren schon oft neben hd. *Schwiegersohn*, dem Wort der Jugend, oder neben veraltendem ↑ *Eidam*; in den 50er Jahren meist nur noch von den Alten gebraucht.

Töte, Tote m., f. 1. m. ‚Pate', auch ‚männliches Patenkind' O-Hess. *Schenken muß der Döte* ‚Pate' *seinem Döten* ‚Patenkind' *nicht nur bei der Taufe.* – 2. f. ‚Patin' O-Hess., auch (meist Dimin.) ‚weibl. Patenkind' O-Hess. – Lautf.: *Dood, Döte, Deed, Dote.* – Etym.: Die m. Form ist auf ahd. *toto* ‚Pate', die f. Form auf ahd. *tota* ‚Patin' zurückzuführen.

töten sw. V. 1. Wie schspr. *Diere soll mer keen Mensch.* – 2. ‚Krankheiten, Geschwüre u. a. durch Besprechen, durch Segenssprüche heilen' S-Hess., Rhein-Main, M-Hess. Schon in den 20er Jahren veraltend. *Eiχ loß mer de* (vom Umlauf befallenen, vereiterten) *Fenger vom ahle Scheefer diere.* – Lautf.: *deere, diere.*

Totengräber m. 1. Wie schspr. War kein Totengräber in der Gemeinde angestellt, so gruben die Nachbarn das Grab. *De Duuregrääwer harr'n off de Schibb* oder *jem. ist dem D. noch emool von der Schippe gehüppt* ‚er wäre beinahe gestorben'. – 2. ‚Mistkäfer (Geotrupes stercorarius)' S-Hess., Rhein-Main, M-Hess., ö N-Hess. Auch für ähnlichen Käfer mit größeren Zangen, der kleinere tote Insekten verscharrt.

Totenhof m. ‚Friedhof' m und ö N-Hess., ö N-Dtsch. Landsch. Syn.: ↑ *Kirchhof* S-Hess., Rhein-Main, w und s M-Hess.; *Kirchowed* (↑ *Kirchhofreite*) m und ö M-Hess. (Wetzlar – Ziegenhain), ↑ *Kirfet* O-Hess. Teilweise stehen *T.* und *Kirchhof* im Einzelort nebeneinander, dann öfter Bedeutungsdifferenzierung: so *Kirchhof* in einigen Dörfern in O-Hess. für den einstigen Begräbnisplatz um die Kirche, *T.* für den neuangelegten Friedhof am Rande des Ortes.

Totenkrone f. Krone aus Blumen, auch aus Buntpapier, Glasperlen o. ä., die als Totengabe den unverheiratet gestorbenen Mädchen (v. a. Trachtenträgerinnen) oder auch Burschen von Alterskameraden oder Paten ins Grab mitgegeben oder in der Kirche aufbewahrt wurde u. ä. Formen des Brauchtums. S-Hess., M-Hess., N-Dtsch.

Totenlade f. 1. ‚Sarg' S-Hess. (hier neben häufigerem ↑ *Leichkar*); tlw. in Rhein-Main, M-Hess., O-Hess., N-Hess. (hier allerdings neben ↑ *Lade*). *Sarg* bedeutet in S-Hess. ‚Steintrog'. In der Mitte und im Norden steht *T.* als Bez. der Alten öfter neben vordringendem *Sarg*, der Bez. der Jungen. *Du bisch e Naal* ‚Nagel' *an meiner Doolaad,* sagt man zu einem „ungeratenen" Kind [S. Wb. 1, 1604]. – 2. Bez. der Rhönkuppe Milseburg wegen ihres sargähnlichen Aussehens, O-Hess. – Lautf.: *Doodelaad, Doorelaad, Doorenlååre.*

Totenlicht n. 1. Auch Dimin. ‚ein (nachts) neben dem aufgebahrten Toten brennendes kleines Licht' S-Hess., Rhein-Main, M-Hess., O-Hess. In den 20er Jahren schon oft veraltet, heute ausgestorben. Wurde meist sofort gelöscht, wenn der Sarg aus dem Haus getragen war. Eine Flamme brennt *wei e Doorelicht* ‚brennt schwach'. *Deam* (Spielzeug, Werkzeug z. B.) *broit* ‚brennt' *aach des Durelicht* ‚es hält nicht mehr lange'. – 2. ‚schlecht brennende(s) Lampe (Licht)' S-Hess., M-Hess., N-Hess.

Totenvogel m. 1. ‚Käuzchen (Athene noctua)'. Sein Ruf kündet nach weitverbreiteter Meinung den Tod eines Menschen (Kranken) an. *Wann de D. kiewit ruft, stirbt eens.*

töwen sw. V. ‚gespannt auf etwas warten' (↑ *lauern*).

traschaken, trischaken sw. V. ‚verprügeln', ‚peinigen', ‚quälen'. *Wei deg* ‚oft' *hott se den årme ahle Mann drischaagd* ‚gequält'. *Bläib jo von den Äbbeln, sesd werschde (ge)dreschaakd* [Vw. 4, 106]. – Lautf.: *draschaaken, drischoage, drischååge.* – Etym.: nicht klar [Vwb. 4, 106].

tratschen, trätschen sw. V. 1. ‚klatschend, prasselnd niederfallen (Wasser, bes. Regen)'. *Es trätscht, wie wann de Himmel enstirze wollt. Es rahnt, däß's trätscht. Fu Deiwel, was e Wetter draus. / Es ist ja kaum ze sage / Wie's blitzt unn stermt unn* *dratscht / Mer meecht en Hund enaus net jage* [F. Wb. 16, 3223]. – 2. ‚(laut und viel) schwatzen', ‚klatschen', ‚üble Nachrede verbreiten'. *Der muß gleich alles dratsche* ‚weitererzählen'. Auch schon bei Goethe im Werther: *und nun fügte sie noch dazu, was weiter würde geträtscht werden* [Vwb. 4, 108]. Aber auch *Trätschen gehen* ‚freundnachbarliche Besuche zum Schwätzen machen'. – Lautf.: *trätsche, dråtschen, dratschen, draatsche, dretsche.* – Zum Nebeneinander von *a, aa, e, ä* vgl. Vwb 4, 108 mit Weiterverweisen.

tratteln sw. V. ‚prasselnd niederfallen (Obst, Nüsse usw.)', auch ‚ausfallen (von Getreidekörnern)' M-Hess., n O-Hess., w N-Hess. *Mer brach nur de Baam ze zissen* ‚schütteln', *dann tradden die Äppel nur so. Die Friχt* ‚das Getreide' *es duudreif* ‚totreif', *des draddelt schuu.*

Trauer f. 1. Wie schspr. ‚Trauer als Sitte', ‚das Traurigsein', ‚die Trauerzeit', ‚Trauerkleidung'. *Em den ahle kraanke Mann hott's kee gruuse Drauer gewwe. Ich hoo aach Drauer em auen Duure* ‚ich trauere auch um euren Toten'. *Se huu Drauer. De Drure åbläājen* ‚Trauerkleidung ablegen'. *Die harte T.* von 2 o. 3 Jahren (landsch. untersch.) ist veraltet. *Wås batt die grißt T.* ‚was nützt das tiefe Traurigsein', *wann mer de Ahgeheeriχe ze Leebzeire nit ästimiert hott. Es läut Trauer* ‚läutet zum Zeichen, daß jemand gestorben ist' (s. auch unter 2.). – 2. ‚Begräbnis', ‚Beerdigung' S-Hess., M-Hess., w O-Hess. (↑ *Leiche*). *Hau Onnen* ‚heute nachmittag' *muß ich off die T.* ‚zur Beerdigung'. *Gihste aach mit en die T.? En* oder *feer die T. bestenn* ‚bestellen', d. h. zu Begräbnis und Leichenschmaus einladen. Besonders vor Augen steht dem Volk der Trauerzug. Daher *e gruß T.* ‚ein großer Trauerzug'. Dieser Zug und bekannte teilnehmende Persönlichkeiten sind eine nachträgliche Ehre für den Toten: *e es ästimiert wonn. Es laid T.* ‚läutet zum Begräbnis'. – 3. ‚Trauerzug' ö O-Hess. Für ‚Begräbnis' gilt hier *Leiche*: Verwandte und Bekannte werden zur Beerdigung *(zur Lich)* geladen und gehen *mit in der Trür,* d. h. mit den Familienangehörigen des Verstorbenen dicht hinter dem Sarge [Vwb. 4, 112]. – Lautf.: *Drauer, Trouere, Druure, Drüüre.*

Trauermantel m. 1. ‚Trachtenstück'. a) Auch Dimin. ‚von den Frauen beim Begräbnis getragenes schwarzes Mäntelchen, meist Kopf und Schultern bedeckend' m und ö M-Hess. Schon in den 20er Jahren meist veraltet o. ausgestorben. – b) ‚schwarzer Umhang, von Männern beim Begräbnis getragen' M-Hess. Früher als der *T.* der Frauen geschwunden. – 2. ‚der Schmetterling Vanessa antiopa' S-Hess., ö Rhein-Main, w M-Hess. Veraltet.

Trendel, Trindel m. 1. ‚Wasserstrudel, -wirbel' w M-Hess., sw N-Hess. *So e Drennel es em Froijohr arχ gefährliχ.* – 2. m., f. ‚Wirbelwind' w M-Hess. *So en schreckliche Drinnel hott ins des Dach halb weggeresse.* – 3. ‚Haarwirbel' m M-Hess., auch ‚einzelne Flechte oder Strähne im Haarzopf' S-Hess. – 4. ‚Spielkreisel der Kinder' S-Hess., w M-Hess., auch ‚eine Art Knopf, durch dessen Mitte ein Stift geht und den man durch Drehen des Stiftes zwischen Daumen und Mittelfinger wie einen Kreisel in Bewegung setzt' w M-Hess. – 5. ‚Verwirrung' m Rhein-Main. *Mach su kaa T.* ‚störe unser gutes Verhältnis nicht'. – 6. ‚langsamer, träger Mensch' S-Hess. – Hierher auch *trendeln* sw. V. ‚bummeln', ‚zögern', ‚trödeln' m Rhein-Main. – Lautf.: *Drendel, Drändel, Drennel, Trinnel.* – Etym.: < mhd. *trendel, trindel* ‚Kugel', ‚Kreisel'.

Treppe, Trapp f. 1. Wie schspr. *En de ahle Lehmehäuser muß mer leuchde, sonst fällt mer em Donken* ‚Dunkeln' *die Träppe nåb.* Viele Rdaa., z. B. *die T. miteinander heruntergefallen sein* ‚sehr vertraut miteinander sein'. *Ma sein noch näit zesamme die Trepp enabgefalle:* Abwehr gegen plumpe Vertraulichkeit. *Die T. noffgefann* ‚hinaufgefallen' *sein:* beruflich befördert worden sein. – 2. ‚die einzelne Treppenstufe' S-Hess., m Rhein-Main. – 3. ‚Abstufungen eines schlechten, d. h. ungleichmäßigen Haarschnitts' S-Hess., Rhein-Main, M-Hess. *Dää Rasierer* ‚Friseur' *håt dö* ‚dir' *jåå louda Träppe geschnidde.* – Lautf.: *Trepp, Dräpp, Trapp.*

Trepp(e)ling, -lung m. ‚einzelne Treppenstufe' M-Hess. *Ich sei off'm eweschde* ‚obersten' *Drebbelong geschdolbed.* – Lautf.: *Drebbeleng, Dräbelong, Treppling.*

Treugeld n. 1. ‚das frühere übliche Geldgeschenk des Bräutigams an die Braut als Zeichen der Verlobung' M-Hess. Schon in den 20er Jahren veraltet o. ausgestorben. *Wås horr'e des*

Treugeald so gern gewwe fiier sei jonge, hibsche Braut. – 2. ‚Trinkgeld' S-Hess.

Treuring, Trauring m. ‚Verlobungsring', ‚Trauring'. Wurde einst (nur) vom Bräutigam der Braut nach dem Trausegen an den rechten Ringfinger gesteckt. Ursprünglich überhaupt nicht bekannt, dann zuerst bei Frauen, schließlich auch bei Männern üblich. Als Verlobungszeichen wurden Ringe in weiten Gebieten erst seit etwa 1900 bekannt, vorher war das ↑ *Treugeld* üblich. Landsch. Syn.: *Ehe-, Hochzeits-, Verlobungsring;* scherzh. auch *Fangeisen, Ehejoch.* – Lautf.: *Trau-, Drai-, Treuring.*

trischaken ↑ traschaken.

tröckeln, trockeln sw. V. trans. und intrans. ‚trocknen'. *Mer huu die Håwwer* ‚den Hafer' *off Bräære gelegt* (d. h. nach dem Mähen in Streifen auf dem Boden ausgebreitet), *se soll schneall drigen. Mer wenn die Wäsch bleeχe* ‚bleichen' *en drecke(l)n. Flåås* ‚Flachs' *muß mer gout dreckele. Die Sonn drickelt schnell. Des Haa* ‚Heu' *werd deg gewaand* ‚gewendet', *des es hodiχ* ‚hurtig' *dregelt.* – *Trocknen* kommt im Gebiet nicht häufig vor. – Lautf.: *dregele, dregen, drigen.* – Etym.: Das *l* in *tröckeln, trockeln* ist als Dissimilation von *trocknen* aufzufassen [DWB 11, 1, 2, Sp. 763].

trocken Adj. 1. Wie schspr. *De Burre es droggen, mer kenn gutt off'm Feld arweide. Die Håwwer es drüge, itz kenn mer se offheewe* (d. h. er lag zum Trocknen ausgebreitet auf dem Boden und wird nun zu Garben gebündelt und aufgestellt). *E hott sein Wees* ‚Weizen' *im Drockenen* ‚in Sicherheit'. Von Speisen und Getränken: *Du kimmst noch ens Stockhaus* ‚ins Gefängnis' *bei Wasser en t. Bruut. T. sitzen* ‚nichts zu trinken haben'. *T. Brut meχt die Bäckelcher* ‚Wangen' *rut.* – Übertr.: *Werim is dear daa ens Trockne* ‚ins Gefängnis' *komme? Sei Scheefche ens Trockne brenge* oder *em T. haben* ‚wohlhabend sein' (↑ *Schaf* 1). *Der sitzt schun lang off'm Trockene* ‚ist in finanzieller Not' (Herkunft: wie ein Frosch, der außerhalb des Wassers ersticken muß). *Me muß sei Bolwer* ‚Pulver' *t. haale* ‚muß auf plötzliche (meist unangenehme) Vorfälle vorbereitet sein.' *Mer mache t. iwwer die Brick* ‚essen Brot ohne Aufstrich'. – Viele Bauern- und Wetterregeln: *Me krije e dråcken Johr, de Kåerfreidaag hots geraant. T. Mai, armes Johr. Off en drocken-*

kahle Janewoar gitt's viel Schnei em Feberwoar. E naß Johr es schlemmer wei e t. Johr. Wann der Frosch huug ‚hoch' *off'm Stengelche dout hocke, werd's noch schie* ‚schön' *en bleibt noch trocke* u. v. m. – 2. *trocken steh'n* ‚keine Milch geben' (Kuh vor dem Kalben). *Drai Koih stih ois* ‚uns' *t., mer kräje e poar Kälwer off eemool.* – 3. ‚abgezehrt', ‚arm', ‚mager' (von Mensch und Tier) S-Hess., w Rhein-Main. *Dååѕ is so e dråcke Baierche* ‚Bäuerchen'. – Lautf.: Im linksrhein. S-Hess. war *trucke* ursprl. gegenüber *trocke* die vornehmere Form, dann setzte sich schspr. gestütztes *trocke* im ges. S-Hess. durch. Nach dem DSA gilt *trock(en)* n des Mains im größten Gebiet, *drüg(e)* kommt nur vor im nw M-Hess. (Nassau – Laasphe) und im n N-Dtsch., *drög(e)* im N-Hess. [Vwb. 4, Kte. 6].

Trockenmus m. ‚Mensch, der ohne Gemütsbewegung Witze erzählt' Rhein-Main, M-Hess.

Trockenung, -ning f. ‚Trockenheit' S-Hess., Rhein-Main, M-Hess. *Ba dere D. sai äwer die Wasserlecher nieriχ* ‚nötig', d. h. die Wasserstellen werden vorteilhaft genützt [S. Wb. 1, 1746].

Trogkratze f., **-kratzer** m. ‚Gerät zum Auskratzen des Backtrogs' S-Hess., Rhein-Main, M-Hess., N-Hess. Vor dem 25. 7., dem *Jakobstag*, geht man mit *där Drokkratze ins Feld en langd Kadoffen*, d. h. unauffällig, um nicht zu verraten, daß der Jahresvorrat schon verbraucht ist. – Andernorts dafür *Backkratze, Muldenscharre* u. a.

tröpfeln sw. V. 1. intr. a) Wie schspr. ‚tropfen', doch nur verstreut bezeugt. *Es drebbeld vom Dach.* – b) ‚fein, leise regnen', ‚mit den ersten Tropfen regnen'. *Es dribbeld schun, gleich wird's riχdiχ raan* ‚regnen'. *Wann's treppelt, eares* ‚ist es' *nit mih weit vom Raa*^{n}*n.* – c) Übertr.: von Einkünften u. a. *Raant's net, so dribbelt's doch* ‚auch geringer Nutzen, auch geringes Einkommen sind etwas wert'. *Wann's uff mich reend, kann's uff e annere d.* ‚erziele ich großen Gewinn, mag auch ein anderer daran verdienen' [S. Wb. 1, 1756]. – 2. trans. *Lauge t.* ‚Lauge herstellen' sö M-Hess. So wurde in Altenstadt über einen großen Zuber ein Tuch gespannt, das man mit einer dicken Lage Holzasche bestreute; dieser Filter wurde mit heißem Wasser begossen und die dann entstehende und in den

Zuber abtropfende Lauge zum Reinigen von Wäsche benutzt. Heute wird natürlich Seifenpulver verwendet. – Lautf.: *drebeln, dribele, dreben.* – Etym.: Die meisten Formen sind an mhd. *ö* anzuschließen, doch ist die Deutung einiger Formen unklar [Vwb. 4, 1461].

Trottoir n. ‚Bürgersteig (der Stadt)' S-Hess., n anschließend vereinzelt, v. a. in den Städten. Wird schon in den 20er und 30er Jahren tlw. durch *Bürgersteig* und *Randstein* u. a. verdrängt, doch ist es, auch bei den Jungen, in echter Mda. vereinzelt heute noch gebräuchlich. *Die Stadt hott des Dreddewahr mit Blasderstee aus Grauwacke neu mache lasse.* 1925 aus Frankf.: *Du könntest heute unser Trottoir gießen und kehren* [F. Wb. 16, 3253]. – Landsch. Syn.: *Bankett, Bürgersteig, Fußpfad, Gehweg, Pfad* u. a. – Lautf.: *Droddewaa, Drodwaa, Dreddewahr.* – Etym.: < frz. *trottoir*, das zu *trotter* ‚trippeln' zu stellen ist, eine Form, die auf ahd. *trotton* ‚treten' beruht.

Trotze f. ‚Jauche' ö O-Hess. *Foahr die T. endlich naus off's Feld.* ↑ *Pfudel.*

Trumm m., f., n. 1. ‚ein Stück'. – a) ‚rundes Stück eines zersägten Baumstammes' S-Hess., w Rhein-Main, M-Hess. *Mer hoo en laange Baamstamm en eenzelne Drombs* ‚Teile' *verschnirre. Wieder saß der ... auf dem Holztrumm und erwartete die Annemarie* [S. Wb. 1, 1782f.]. – b) ‚Endstück der Leinwand auf dem Webstuhl mit noch unverwebten Fäden (die zum Andrehen und Durchziehen der neuen Fäden dienen)' w und m M-Hess. – c) auch Dimin. ‚Stück eines in der Quere geteilten Ackers' S-Hess., w M-Hess. – 2. ‚große Säge mit zwei Handgriffen, mit der zwei Leute einen Baumstamm durchsägen' S-Hess. Dafür auch *Trummsäge* in der Südhälfte des Gebietes. – 3. meist Dimin. ‚dicke (tlw. auch kleine) Person' S-Hess., m M-Hess. *Aus dem Kend voh domols es e riχtiχ Drimbχe won.* – Lautf.: *Drum, Drom, Dromb, Dreem.* – Etym.: < mhd. *drum, trum* ‚Endstück', ‚Splitter'.

Tüfteler m. ‚geschickter, geduldiger Bastler' S-Hess., Rhein-Main, M-Hess., N-Hess. *So een Difteler, der mer die kabutte Sache werrer gahnz macht, härr ich aach gean en de Freund-*

schaft. Auch ‚jem., der genau über seine Arbeiten nachdenkt' verstreut in M-Hess., N-Hess. – Lautf.: *Difteler, Defdeler.*

tüfteln sw. V. 1. ‚Kleinarbeiten geduldig und geschickt erledigen'. Allg. verbr., doch im w Rhein-Main und w M-Hess. oft (auch) *bosseln. De ganze Dååg es däär am difden.* – 2. ‚bis ins einzelne genau seine Arbeit durchdenken', ‚etwas probieren' S-Hess., Rhein-Main, M-Hess. – Lautf.: *tiftele, difden, defdeln, difdele.* – Etym.: unsichere Herkunft [Kluge/Mitzka, 795].

Tür f. 1. Wie schspr. Dazu viele Rdaa. u. ä. *Jeder moag kiien* ‚kehren' *fiier de eeje Diier, do horr'e Dreack genung dofiier:* jeder soll sich um die eigenen Angelegenheiten kümmern. *Horr'er* ‚habt ihr' *dehaam en Sack fiier de Diier?*, sagt man zu einem, der die Tür nicht schließt. *Sich e Diier(che) off lasse* ‚sich einen Ausweg sichern', z. B. Mahnung der Mutter an den Sohn, nicht das erste Mädchen zu heiraten. *Den Leffel hinner die D. werfe* ‚sterben'. *Eemeds die D. weise* ‚fortgehen heißen', ‚wegjagen' ist seit dem 16. Jhd. auch in der Hochsprache bekannt. Einer soll *de Dähre von außen zumachen* ‚man will mit ihm nichts zu tun haben'. *Mit der D. ins Haus fann* ‚fallen': etwas unvorbereitet, plump vorbringen. – 2. ‚Klappe an der Jungenhose' (scherzh.) S-Hess., M-Hess. – Lautf.: *Diir, Diier, Düüre, Dääre, Deer.*

Türken ↑ Maikäfer.

Tute f. 1. Wie schspr. ‚trichterförmig geklebte Papiertüte (für trockene Waren)'. *E Dott voll Zockerstäi* ‚Bonbons'. Übertr.: *En de letzte Dott find sich alles* ‚am Schluß zeigt sich die Wahrheit', aber auch ‚alles kommt einmal an den Tag'. *E Dott mache* ‚etwas aushecken' oder auch ‚eine Bier- oder Weinreise durch mehrere Lokale machen'. – 2. von Pflanzenteilen: a) ‚Samenhülse beim Klee' – b) ‚grüne Hülle der Haselnuß' – c) ‚Samenkapsel des Flachses'. – 3. scherzh. oder verächtl. für ‚Kopf' M-Hess., für ‚große Nase', für ‚Mund' O-Hess. *Ich hach* ‚haue' *der uff die Dutt* ‚den Kopf'. *Er verschütt sich die T.* ‚trinkt einen über den Durst'. – Lautf.: *Dutt, Dott, Toute.*

U

üben, sich sw. V., refl. ‚sich bemerkbar machen', ‚sich melden' S-Hess., Rhein-Main, M-Hess. *De Guckuck* ‚Kuckuck' *hot sech zem eschde Mool* (im Jahr) *geoibd.* Kinder, die Versteck spielen, *oiwe sech net.* – Lautf.: *ihwe, oiwe.*

überecks Adj., Adv. 1. ‚schief', ‚quer', ‚überzwerch' S-Hess., Rhein-Main, M-Hess., O-Hess., N-Hess. *E hot en so iwerecks ohgeguckt.* Jemand *guckt iwerecks* ‚schielt'. *E bissi iwwereckse Ansprich.* – 2. ‚eigensinnig', ‚querköpfig' u. ä. Rhein-Main, M-Hess. *Ein iwwereckser Mensch.* Auch *Ställ dich dach nit so iwwerecks* ‚ungeschickt' *oon.* – Lautf.: *iwerägs, iweregs.*

überenzig Adj., Adv. ‚übermäßig', ‚mehr als genug' M-Hess. *De Bauer hot de Aiger* ‚Acker' *iwwerenzig bezahlt. Eawerensich Brut hoo* (so daß noch ein Rest übrig bleibt). – Lautf.: *iwwerrenzig, iwwernendsich.* – Etym.: wohl zu mhd. *uberênzec, -zic* ‚übrig', ‚übrig genug'.

Überhaube f. ‚die Frauenhaube der Hüttenberger (d. i. Gebiet zwischen Gießen, Wetzlar, Weilburg) Tracht'. Sie wird (wurde) bei Trauer und zum Abendmahl über der *Stirnhaube* getragen.

überhüpfeln sw. V. ‚überspringen', ‚übergehen' Rhein-Main, M-Hess. *Des Kend hott e Raij* ‚eine Zeile beim Lesen' *ewwerhebbeld. Un wer des iwwerhippelt, des is e ääbsch, dumm Oos.* – Lautf.: *iwwerhibeln, iwahebele.*

übersein st. V. ‚zuwider sein' Rhein-Main, M-Hess., O-Hess. *Alleweil sein aichs* ‚bin ich es' *ewwer.*

Ulrich m. ‚der heilige Ulrich'. Nur in der Rda. *den (heiligen) Ulrich (an)rufen* ‚sich erbrechen'. Nach Röhrich 2, 1100 seit dem 16. Jhd. auch literarisch bezeugt. Der Wortwitz geht wohl nicht auf den 993 heiliggesprochenen Bischof Ulrich von Augsburg zurück, sondern darauf, daß *Ulr* lautmalerisch für den Würgelaut beim Erbrechen aufgefaßt wird.

Ufer ↑ Rain 1.

Umkahre, Umkurve f. ‚Wegbiegung, -krümmung' M-Hess., N-Hess. *De Mann kemmd en de Donggelheed voo de Emkuur ab.* – Lautf.: *Emmekohre, Emkuur.* – Etym.: wohl zur *Kahre* gehörig, das gelegentlich volksetym. zu *-kurve* umgebildet wurde.

umstülpen sw. V. Außer der schspr. Bed.: refl. ‚die Frauentracht zugunsten der städtischen Mode aufgeben' m M-Hess. *Die jonge Meerercher* ‚Mädchen' *huu sech imgestilbd.*

Unbaten m., n. 1. ‚Unglück', ‚Unheil', ‚Pech' O-Hess., N-Hess. *Von em Ungbare fezeen* ‚erzählen'. Auch ‚Verbrechen': *Hoste dann faa dem Unbare gehord?* ‚vom Mord gehört?' – 2. ‚Ungezogenheit' u. ä. verstreut im ö Rhein-Main, M-Hess., O-Hess., N-Hess., N-Dtsch. *Me kann die Uboare näid med ooseh* ‚ansehen'. – 3. ‚unnötiger Aufwand', auch ‚prahlerisches Verhalten' u. ä. M-Hess., N-Hess., auch ‚Umstände' O-Hess. *Die mache mer ewwer den Omboare* ‚Aufwand' *ze groß.* – 4. ‚Unwahrscheinliches', ‚Merkwürdiges' m und ö M-Hess. *So was Uhboares* ‚Seltsames' *huu aχ lang net gesee.* – Lautf.: *Umbaaden, Unbaren, Uuboare.* 1.–3. meist m., 4. überwiegend n. – Etym.: zu mhd. *unbate* ‚Ungewinn', ‚Hilflosigkeit', ‚Schaden' bzw. zu mnd. *unbate* ‚Nachteil', ‚Schaden'.

Under(n) 1. m. ‚Nachmittag' M-Hess. *Geasden Onnen huu mer Haa* ‚Heu' *gemoechd. Kimmst de hau Onnen* ‚heute nachmittag' *bei mich?* Andernorts erscheint *Mittag* neben *Nachmittag* w Rhein-Main, sw M-Hess. (Usingen-Idstein), sonst *Nachmittag* S-Hess., s M-Hess. (Gießen-Nidda), O-Hess., N-Hess., N-Dtsch. [Vwb. 4, Kte. 9]. – 2. ‚Ruheplatz des Schäfers mit seiner Herde' m M-Hess. – Lautf.: *Unnern, Onnern, Onnen.* – Etym.: zu ahd. *untarn* ‚Mittag', mhd. *undern, untern* ‚Mittag'. – Hierher auch *undern* sw. V. ‚zur Mittagszeit auf dem Feld ruhen' (Hirt und Herde) w Rhein-Main, M-Hess., s N-Hess., verstreut N-Dtsch. *Die Schafe unnern.*

Unflat m. Große Bedeutungsvielfalt: ‚großer, langer, unbeholfener', auch ‚wohlbeleibter Mensch' (vereinzelt), ‚Grobian', ‚rücksichtsloser Mensch' (oft), ‚schmutziger', auch ‚zu Zoten geneigter Mensch', ‚widerwärtiger Mensch' (oft), ‚starker Esser' (oft). Öfter stehen am Einzelort mehrere Bed. nebeneinander: ‚widerwärtiger Mensch' neben ‚starker Esser' u. ä. –

Lautf.: *Unflaad, Uuflaad, Oangfload, Ufload.* – Etym.: < mhd. *unvlât* ‚Schmutz' u. ä., auch bildl.; aber auch ‚persönl. unsauberes Wesen'.

Ungel m., n. ‚(Rinder)talg' N-Hess., N-Dtsch. – Lautf.: *Unggel, Onggel.* – Etym.: Herkunft wohl von lat. *unguentum* ‚Salbe'. ↑ *Unschlitt.*

Unschlitt n., seltener m. ‚Rinder-, auch Hammelfett' S-Hess., Rhein-Main, M-Hess., O-Hess.; n davon (N-Hess. und N-Dtsch.) gilt meist ↑ *Ungel.* Früher oft zur Kerzenherstellung u. zum Einreiben erfrorener Füße verwandt. – Lautf.: *Un-/Ünschlicht, I(n)schlitt, Inschel(t).* – Etym.: tlw. wohl auf ahd. *ungislahti* ‚nicht eßbares Schlachtwerk', tlw. auf ahd. *ingislahti* ‚inneres Schlachtwerk' zurückzuführen. Beide Bed. wurden zu ‚Eingeweidefett' eingeengt. – Hierher auch *Unschlittkerze, -licht* ‚Kerze aus U.' Frankf. und wohl öfter. In Frankf. wurden v. a. in Metzgerhäusern U.kerzen in 24 mit Metallformen versehene Löcher einer Tischplatte gesteckt: man zog einen Baumwollfaden als Docht durch die Formen, füllte das noch flüssige Unschlitt hinein und schnitt den Docht passend zurecht. Die *Unschlittkerze* wurde von der Öllampe abgelöst.

Unterband n. ‚(Leder)band' u. ä., das beim Dreschflegel Handhabe und Flegel verbindet, w Rhein-Main, M-Hess. Auch als *Unterbändel* m. verstreut im w M-Hess.

Unter(n) ↑ Under(n).

unterstzuoberst Adv. ‚verkehrt herum' Frankf. *Da nemm ich Ihne unnerschtderöwerscht unn worfe Ihne der Dhier enaus.* Auch bei Goethe. *Unterst zu oberst wenden* [F. Wb. 17, 3323].

unverkoren Adj. ‚beleidigend', ‚böse'. Meist in der Verbindung *kein unverkorenes Wort* verstreut in M-Hess., N-Hess., N-Dtsch. *E hott saier Frau noch kaa uhverkohre Wort gewwe.* – Lautf.: *unferkooren, angverkorn.* – Etym.: wohl an mhd. *verkiesen* ‚verschmähen', ‚verachten' u. a. anzuschließen.

uräß Adv. ‚überdrüssig' S-Hess., Rhein-Main, M-Hess., O-Hess. Gilt besonders für Speise und Trank. *Sich ures essen* ‚sich etwas leid essen'. *Aχ huu miχ aa den viele Aijer ures geasse.* Auch *Iχ sei*ⁿ *däi Lauferei* ‚das dauernde Laufen' *ores. Eiχ sein deiχ* ‚dich' *ures,* sagt das Mädchen zu seinem Verehrer. –

Lautf.: *uures, oores, oares.* – Hierher auch *Uräße* Pl., *Uräße* f., *Uräß* m. ‚Speiseüberreste' S-Hess., Rhein-Main, M-Hess., O-Hess., N-Hess. *Mach kee Ures* ‚laß keine Speisereste übrig'. – Etym.: wohl von dem aus den modernen Dialekten zu erschließenden ahd. **ur-âz(i)* ‚das Ausessen, das Aufhören des Essens' abzuleiten.

Ütsche, Utsche, Ü(t)ze f. 1. ‚Kröte (Bufo vulgaris)' n O-Hess., N-Hess., m und ö N-Dtsch. Landsch. Syn.: *Kröte* S-Hess., w Rhein-Main, M-Hess., s und m O-Hess., *Krott(e)* S-Hess., Rhein-Main, M-Hess. (Weilburg-Wetzlar); *Pädde* w N-Dtsch.; in kleineren Gebieten des W: *Hütsche* (Westerwald), *Auke, Äuke, Aukel, Autsche(l), Huckel* und *Icke* (Schwalm). *Än insem Gaorde seng zwä ale dicke Itsche.* – 2. ‚Frosch (rana)' (↑ *Frosch*). – Lautf.: *Ütsche, Idsche, Uttsche, Ütze.*

uzen sw. V. ‚foppen', ‚necken' wie ugs. *He leßt sech net uze.* Auch übertr.: *den Magen uzen* ‚ganz wenig essen oder trinken'. Refl.: *Sich uzen* ‚sich täuschen'. *Was werschd de dich uzen* ‚dich täuschen'. *De uzt de Werm noch em Grab, so derr es se,* sagt man von einem magersüchtigen Mädchen. – Lautf.: *utze, ütze.* – Etym.: wohl aus poln. *uciecha* f. ‚Belustigung' ins Jidd. und von dort in dt. Mdaa. übernommen.

V

Vater m. 1. Wie schspr. ‚leiblicher Vater'. Doch in der Kinderspr. oder regional daneben oder statt dessen *Atte, Ätte,* ↑ *Da(ä)tte, Tate, Deite, Heite, Pape* u. ä.., die selbst wieder tlw. von *Papa* verdrängt worden sind. Wie in der Schspr. viele Wndgen. für ‚dem V. nachschlagen, ähnlich sein', z. B.: *ausseh wäi sein V.; noch'm V. oarte; dem V. wäi aus'm Gesicht geschnirre sai; e Naduur wäi de V. huu; e es de V., wäi e laibt en leabt; de V. sai mit Libb en Labbe. – Der hat aach Glück gehabt, daß sein V. vor ihm gelebt hat* ‚ist reich' [F. Wb. 17, 3333]. *Eher ernährt ein Vater 10 Kinder als 10 Kinder einen*

Vater. Du bist net dorchsichtiχ, dei Vater war kaa Glaser ‚stehst mir im Licht'. Die Rda. *Er es bei sein Vadden vesammelt* ‚ist gestorben' (verstreut in Rhein-Main und M-Hess.) ist schon im alten Testament und im Ndl. *(tot zijn vaderen gaan)* bekannt [Röhrich 2, 1106]. – 2. ‚Großvater' S-Hess., Rhein-Main, M-Hess.: vereinzelt und meist nur dort, wo *Pappe* u. ä. für ‚Vater' gilt. – 3. ‚würdiger, alter Mann' m Rhein-Main. *Soll ich Ihne iwwer die Straß helfe, Vadder* [F. Wb. 17, 3333]. – Lautf.: *Fader, Farer, Foadder, Foarrer, Faar.*

Veit m. 1. ‚der 15. 6. als Tag des Heiligen Veit (Vitus)'. *V.* kommt in vielen Bauernregeln vor, v. a. in Wndgen. aus dem Bereich Säen und Pflanzen. So gilt im N-Dtsch.: *V. es der bäste Moosplantetied* ‚Gemüsepflanzzeit'. *Viet is Flaßsäjjens Tied* ‚Zeit zum Flachssäen'. Aus O-Hess.: *V. eß Kruitsetzezeit. Of Vekd muß mr de Flåß on dn Sommersaome sehn* ‚säen'. *Johanni* ‚25. 6.' *und Vitt brengt de Fliegen mit.* – 2. ‚männlicher Vorname' verstreut in S-Hess.

Veloziped n. ‚Fahrrad' (Anfangszeit). Verstreut über das ganze Gebiet. Heute statt dessen *Rad, Fahrrad.* – Lautf.: *Felezibeed, Filedsebeed, Filsebeed, Flitzebeed* (an *flitzen* angelehnt).

verblitzen sw. V. 1. ‚durch Blitze vernichten' S-Hess., m Rhein-Main. *Das muß Gott v.* – 2. ‚Geld, Vermögen durchbringen, verprassen' S-Hess., Rhein-Main, M-Hess. *Was horr'e e Masse Geld verblitzt.* – 3. ‚verprügeln' Frankf.: *do werd se dich verblitze* [F. Wb. 17, 3340].

verbrechen st. V. 1. ‚zerbrechen' S-Hess., Rhein-Main, M-Hess. *Däer hot des Dibbe verbroche. Es es verbroche won* ‚zerbrochen worden'. Auch übertr.: *Was hon iχ mer de Kopp ewwer dei Uglick verbroche* ‚zerbrochen', d. h. ‚über dein Unglück nachgegrübelt'. – 2. *Es mit einem v.* ‚es mit einem verderben' w M-Hess. – 3. ‚sich etwas zuschulden kommen lassen'. *Was hott se dann verbroche?* – Lautf.: *ferbreache, ferbreχe;* Prät. *ferbrach,* Part. Perf. *ferbroche.*

verhutzeln sw. V. ‚zusammenschrumpfen' (wie eine Hutzel, d. i. eine gedörrte Birne), ‚vertrocknen', ‚runzlig werden'. *Es raand* ‚regnet' *schun lang nit mih, die Äbbel verhudsen off de Beeme. Dat Brot es verhotzelt* ‚an der Schnittseite ausgetrocknet'. *Wås hot däer e aald, verhotzelt Gesicht.* Seine Tochter war ebenso *klein wie er und verhutzelt wie eine gedörrte Zwetsche* [F. Wb. 17, 3362].

verjucke(l)n sw. V. ‚verjubeln', ‚verprassen', v. a. ‚Geld vergeuden' S-Hess., Rhein-Main, M-Hess., O-Hess., N-Hess., vereinzelt auch in N-Dtsch. Jemand *verjuckt das ganze Gerschtχe* ‚Hof, Anwesen'. Ein Bursche hat auf der Kirmes *sei halwe Luh* ‚Lohn' *verjuckelt.* S. Wb. 4, 517 und F. Wb. 17, 3363 führen an: *Der Graf von Luxemburg hat all sein Geld verjuckt.*

verkehrt Part. Prät. von *verkehren,* Adj., Adv. – 1. wie schspr. ‚falsch'. *Einen verkehrte Schritt tun. De Muffel es em en die verkehrte Gorjel* ‚Luftröhre' *komme. Aaner hat verkehrt gesunge in der Kerch* [F. Wb. 17, 3365]. *Hau es werre e riχdiχ verkehrter Daag.* Rda.: *En verkehrte Gaul reire* ‚reiten', d. h. ‚sich irren'. *Die Gäul verkehrt en de Chees* ‚Wagen' *spann* ‚das Falsche tun'. – 2. ‚verkehrt', ‚linksseitig' (Gewebe). *Die Mudder hot dem Kend die Strombkapp verkehrt offgesetzt.* – 3. ‚streitsüchtig', ‚mürrisch' verstreut im Gesamtgebiet. *Du saist* ‚bist' *haure awwer v., dai Fraa hot naut ze lache.*

verknusen sw. V. 1. ‚(Speisen) vertragen' m M-Hess., N-Hess. *He kann de Buhne gut v.* – 2. verneint: ‚nicht leiden können' S-Hess., Rhein-Main, M-Hess., O-Hess., N-Hess. *Se kann den ahle Bosch net v. Ich kann das net v. Ich kann … so Sißholzraschpelerei gegen aam sein Wille net vergnuhße* [F. Wb. 17, 3369]. – Lautf.: *fergnuuse, fergnuuedse.* – Etym.: urspr. Bed. nach Kluge/Mitzka, 814 f. ‚quetschen', ‚zermalmen', ‚kauen'.

verkoppeln sw. V. 1. refl.: ‚sich in das Geschirr usw. verwickeln (Zugvieh)' N-Hess. – 2. ‚eine Ehe (Verlobung) stiften' w M-Hess., ‚kirchlich trauen' S-Hess., N-Hess., N-Dtsch. Nicht wie schspr. ‚verkuppeln'! *De Bosch es noch net verkobbeld* ‚nicht verlobt', ‚ist noch frei'. *Ein Paar wed hinner de Deer verkoppelt* ‚im Stillen getraut'. – Bekannt in S-Hess. und in Einzelbelegen n anschließend sind *Verkoppeler* m. ‚Brautwerber' und *Verkoppelung, -ling* f. ‚Vermittlung einer Heirat'. – 3. ‚die Flurbereinigung durchführen'. *En de Derfer, wu verkoppelt wed, gidd's viel Streit: jeder will die beste Äcker en Wisse huu.*

verkrumpeln sw. V. 1. ‚zerknittern' *Däer hot sein Ahzug ganz vekrombeld. Verkrumbel mer des schiene naue Klaad net.* – 2.

refl.: ‚sich anstrengen', z. B. *He verkrumbelt sich net väil.* – 3. ‚beleidigen', ‚sich verfeinden', ‚verstimmt sein' S-Hess., Rhein-Main, M-Hess., Kass. *So e jong Maadche es gleich verkrimbeld. Orrer moant oaner, die aanern* (die Großmächte) *deen sich wäje uns minanner vergrumbeln* [S. Wb. 2, 544]. *Naut* ‚nichts' *väagrimpeln wonn* ‚nichts verderben, sondern einig bleiben wollen'. *Gleich bist de verkrumbelt, wann mer derr segt, daß die Blus verkrumbelt is* [F. Wb. 17, 3371]. – Lautf.: *ferkrumpelen, fergrombeln, fergrembele, fergrimbeln.* – Etym.: gehört mit *Krumpel* ‚zerknitterte Stelle' zum gleichen Stamm wie *Krampf, Krampe, krumm.* Vgl. engl. *to crumple, to crimp.*

verlehnen sw. V. 1. ‚verleihen' S-Hess., Rhein-Main, M-Hess., N-Dtsch. *Däer hott sei ganz Geald velihnd. Sei Gaul en sei Fraa velehnd me net.* – 2. ‚verpachten', ‚vermieten' S-Hess., ö M-Hess. *Sei Feld v.* ↑ *lehnen.*

verlieren st. V. 1. trans. ‚einen, etwas verlieren'. *E hot all sei Geld veloon.* Der Verliebte *hott sei Herz verloon.* Viele Rdaa., z. B. *Den hot de Deuwel aus de Kiez veloon* ‚der ist unehelich geboren', *der hot e Schräubche verluuen* ‚der ist nicht recht bei Verstand', *der hot des Maul verlorn* ‚schweigt aus Schüchternheit'. *Der es en de Hitz* ‚in Eile' *wie en Kihbauer, der sei Kommet* ‚Joch des Zugtieres' *veloon hott* ‚muß viel Arbeit allein tun'. *E hott die Wegsteuer verloon* ‚schwankt hin und her'. *Der lääft, daß err die Baa verliert* ‚läuft sehr schnell' [F. Wb. 17, 3376]. *Frih uff unn speed nirrer bringt veloore Guud wirrer* ‚ein Verlust wird durch eisernen Fleiß ausgeglichen' im S [S. Wb. 2, 555] und ähnlich n anschließend. – 2. refl.: ‚verschwinden', ‚abhanden kommen', ‚sich fortmachen' (veraltet oder veraltend). *Mer misse offbasse, deß mer sich* ‚wir uns' *net verlien. Macht zou en veliert ach* ‚euch', d. h. ‚geht schnell weg'. – Lautf.: *feliian, ferliirn, ferleeren, feliire;* Prät. *ferloor,* Part. Perf. *ferloon.* Häufig noch alte *-s*-Formen (mhd. *verliesen!*), z. B. *ferläise, ferleise,* z. T. am gleichen Ort neben jüngeren *-r*-Formen, z. B. *ferlaise* neben *ferliern.*

vermachen sw. V. Große Bedeutungsvielfalt, z. B. 1. wie schspr. ‚testamentarisch vererben'. *De Grußbauer hott seim Jong des Werk* ‚den Hof' *nit vermacht, weil e e geringes Meedche* ‚ein Mädchen ohne Vermögen' *geheirat hott.* – 2. ‚zuerkennen',

‚zudenken' sö N-Hess. *Die Schlääje hat eχ äm* ‚hatte ich ihm' *schon lange vermacht.* – 3. ‚verleumden' w Rhein-Main, w M-Hess. *Mänst dou, ich les minge Mann* ‚ich ließe meinen Mann' *mer v.?* – 4. refl.: *sich v.* a) ‚seinen Wohnsitz verlegen, wegziehen' S-Hess. *Deedsde dich doch v.* b) ‚sich entstellen' Frankf.: *Der Rat verbot ..., daß man sich ..., virmache,* d. h. durch Bemalen entstelle [F. Wb. 17, 3377], veraltet. – Lautf.: *femache, fermache(n), fermaaken.*

vermantenieren sw. V. ‚bewältigen', ‚packen', auch ‚verarbeiten', ‚eine schwere Last tragen' M-Hess. *Miier hott de Hergott each e Päckche* (d. h. viele Sorgen) *ze v.* ‚zum Bewältigen' *gewwe.* Auch in der Mda.-Dichtung aus m M-Hess. *Die Keenigin dobt und drampelt vor Wut un konnt's net vermandenieren* ‚nicht fassen', *daß es Schneewittche ohne Herz in de Welt erum laufe sollt!* [Vwb. 4, 342].

vermasseln sw. V. 1. ‚etwas verderben', ‚verpfuschen', ‚zunichte machen', ‚ein Geschäft zerstören'. *Däer hott mer durch sei domm Geschwätz de Viehkaaf vermasselt. Sie hawwem die Tour vermasselt* ‚sind ihm in die Quere gekommen' [F. Wb. 17, 3379]. – 2. *einen v.* ‚einen verprügeln' S-Hess. – Etym.: < jidd. *masel* ‚Gestirn', ‚Glück'. ↑ *Massel.*

vermöbeln sw. V. 1. ‚verprügeln'. *Dem hoo mer de Buckel vermeewelt.* Auch refl.: *Die jonge Bosch huu sech of de Kerb* ‚Kirmes' *geheeriχ vermeewelt.* – 2. ‚vergeuden' S-Hess., Rhein-Main. *He hot schund sein ganz Gäaschtsche* ‚Besitz' *veamewelt.*

vernäffen, verneffen sw. V. 1. ‚Kleider, Hosen usw. zu klein (auch falsch) zuschneiden' S-Hess., Rhein-Main, M-Hess. Meist als Part. Prät. gebraucht. *Däi kenne naut, däi vernäffe deg* ‚oft' *die naue Hose. Vernäfft* sind z. B. ein neuer Rock, neue Schuhe. *Der Rock is ganz vernefft* [F. Wb. 17, 3380]. – 2. ‚geschmacklos', ‚überspannt' S-Hess., m M-Hess., auch ‚albern', ‚zimperlich', ‚eingebildet' m M-Hess. *E vernäfftes Ding* ‚albernes Mädchen', *en vernäffter Kerl* ‚ein eingebildeter Kerl'. – 3. Part. ‚versessen (auf etwas)' m M-Hess. (verstreut). *Däer es v. off des Werk* ‚den Besitz'. – Lautf.: *ferneffe(n), ferneafd, fenefd, fenääefd.* – Etym.: s. dazu S. Wb. 2, 570.

verschamerieren sw. V. 1. ‚beschädigen', ‚verderben', ‚verunstalten', ‚verletzen' u. ä., auch refl. S-Hess., Rhein-Main, M-Hess., N-Hess. *Nau håsde däi Box* ‚Hose' *unnerüm schun ganz verschammeriert. Des Gesicht v.* ‚durch Narben u. a. verunstalten'. *V.* kann man Möbel, Kleider, Bücher, Häuser usw., auch *ein Wort v.* ‚verdrehen'. – 2. ‚(unter der Hand) verkaufen', ‚verschleudern' M-Hess., O-Hess. – Etym.: Wohl zu frz. *chamarrer* ‚verbrämen' usw., das sich über die Vorstellung des Geschmacklosen leicht zu ‚verderben' u. ä. entwickeln konnte.

verscharmerieren, verscharmieren, sich sw. V. ‚sich verlieben' S-Hess., Rhein-Main, M-Hess., N-Hess. *Däer eß noch immer en sei Maadche ganz verschammerert. E Mädche ... in des er doch so ferchderlich verschammeriert war* [F. Wb. 17, 3391]. – Lautf.: *feschameräära, ferschameriere.* – Etym.: wohl zu frz. *charme* ‚Zauber', ‚Reiz'.

verschimpfieren sw. V. 1. ‚verächtlich machen', ‚verunglimpfen', ‚in Verruf bringen' S-Hess., m M-Hess. *Verschimpier doch die ahle Baas ne so.* – 2. ‚verunstalten' S-Hess., Rhein-Main, M-Hess. *Durch de Uhfall hot e sich die ganze Gestaalt verschimbiied.* Sprichw.: *Wer sich die Nas abschneid, verschimbierd* (auch *verschimbd) sich's Angesichd:* d. h. Wer Schlechtes über Angehörige spricht, beschimpft die ganze Familie [S. Wb. 2, 606 und öfter]. *De Hoorschneirer* ‚Friseur' *hot* (durch einen schlechten Schnitt) *de ganze Kopp verschempeert.* – Etym.: < mhd. *(en)schumphieren* ‚besiegen', volksetym. unter Anlehnung an ‚Schimpf' umgestaltet [Paul/Betz, 544].

Versicherungsnadel f. ‚Sicherheitsnadel' m M-Hess., w O-Hess., vereinzelt in N-Hess. Wie ↑ *Spennel* als alter mdal. Ausdruck von *Sicherheitsnadel* verdrängt und heute wohl ganz ausgestorben. Mischformen aus *V.* und *Sicherheitsnadel* sind *Versicherheitsnadel* im Marburger Umland und *Versicherungsspennel* im Frankenberger Umland.

versolderieren sw. V. 1. ‚besolden', ‚versorgen', ‚unterhalten' S-Hess., Rhein-Main, M-Hess., N-Hess. Wer in einen großen Hof einheiratet, der (die) *eß gut versolerierd.* Ein untüchtiger Mensch und ein Kind können *sich net versollereern.* – 2. ‚verprügeln' S-Hess., w M-Hess. – Lautf.: *fesoleriirn, fersolderieren, fersallerieren.* – Etym.: Grundwort gehört wohl zu mhd.

soldenieren ‚lohnen', ‚bezahlen'. Das *d* ist meist assimiliert wie in *gedillich* ‚geduldig', *Holler* ‚Holunder', usw.

versteckeln sw. V. ‚etwas verstecken'. *Osden wean die Ajer em Goade vesteckelt.* – Auch refl.: *De Jonge vesticken sich vier'm Schitz* ‚vor dem Flurschütz', d. i. ein Gemeindeaufseher. Besonders: Kinder *v.* sich beim Versteckspiel, dem *Versteckelches-spiel.*

vertuckeln, verduckeln sw. V. ‚beschönigen', ‚(listig) verheimlichen', ‚totschweigen' S-Hess., Rhein-Main, M-Hess., O-Hess., N-Hess. *Das Älterwerden läßt sich nit verduckele. Bei dene werd alles verduckeld.*

verzählen sw. V. 1. refl., wie schspr. ‚sich beim Zählen irren'. *Däer hot sich in sein Sack v.* ‚sich zu seinen Gunsten verzählt'. – 2. ‚erzählen'. *Dem wean ich mohl ebbes v.* ‚ihm gründlich die Meinung sagen'. *We det läste* ‚wer es zuletzt' *vertallt hädd, dem es dat Mul noch warm:* ausweichende Antwort auf die Frage nach der Herkunft. Fingervers: *Deß is de Dame, der zisselt die Prame, der liest se off, der treet se haam, un de kleene Spitzbub verzehlt alles dehaam.* – Lautf.: *fedsääle, fedseen, fedsiien, fertellen.*

vigilieren sw. V. 1. ‚nachspüren', ‚achtgeben', ‚zu erforschen suchen'. *Was horr'e vigeliert* ‚achtgegeben', *deß de Plärr* ‚die böse Nachrede' *nit of saier Familie sitze bleib. He vegeleerd* ‚suchte zu erforschen', *ob's Maadche elee off die Kerb komme woar.* – 2. ‚herumfuchteln', ‚im Dunkeln tasten' S-Hess., m Rhein-Main. – Lautf.: *figeleiern, figeliere, ficheläære.* – Etym.: < lat. *vigilare* ‚wachen'.

visitieren sw. V. ‚untersuchen'; bes. ‚Kleider, Taschen usw. betasten'. *Die Häsesäck* ‚Hosentaschen' *visedien. Der Schandarm* ‚Gendarm' *vissediete das Wängche* ‚den kleinen Wagen' *eklig genau* [Vwb. 4, 418]. *Du kannst doch net alle Schränk visitieren* [F. Wb. 17, 3429]. – Lautf.: *fisediien, fesediian.* – Etym.: < frz. *visiter* ‚besuchen', ‚besichtigen'.

Vogel m. 1. Wie schspr. Dazu viele Wndgen und Rdaa. *Däer hiert* ‚hört' *die Vögel nit meh peife* ‚stirbt bald'. *Leben wie der V. im Hanfsamen* ‚ohne Sorgen, im Überfluß leben'. *Die Vöjel sein ausgefloh* ‚die Gelegenheit ist verpaßt'. *Des Vejelche, wu so* *frih peifd, dos langt (frißt) die Katz, dos stißt* ‚stößt' *de Hubbch* ‚Habicht': d. h. Lustigkeit am Morgen endet oft in Trauer. *E hot e Vejelche mit'm ze robbe* ‚rupfen', d. h. er muß sich mit ihm noch auseinandersetzen. *Bei der (dem) fliegt kai Väelche lang, et kriete* ‚kriegt ein' *Fäderche ausgerobbt:* er (sie) sagt jedem etwas Schlechtes nach. *Vochel, friß awwer* ‚oder' *stirb* ‚entscheide dich' ist schon im ‚Simplicissimus' vorhanden: *Ich dachte, jetzt heißt's: friß Vogel oder sterb* [Röhrich 2, 1114]. Wer *wie en bleiern Veel hippt,* stellt sich bes. schwerfällig an. Weit verbreitet ist die Rda. *einen Vogel haben* ‚übergeschnappt sein'. Sie geht auf den alten Volksglauben zurück, nach dem Geistesgestörtheit durch Nisten der Vögel im Kopf verursacht wird. *Ich hoo en Vuuel davoh senge (peife) hern* ‚hören', d. h. ‚ich habe etwas auf merkwürdige Art erfahren': die Vögel gelten seit alters als Übermittler von Warnungen, Nachrichten [Röhrich 2, 1114]. – 2. übertr.: von Tieren und Menschen. a) *Buntes Vögelchen* O-Hess., *Vögelchen* S-Hess. ‚Schmetterling'. – b) ‚Maikäfer (Melontha vulgaris)' s N-Hess. – c) von Menschen. Allg. verbr. *Was es der en scheene (komische, leichte) V.* ‚ein seltsamer, auch leichtfertiger Mensch'. Diese Bez. ist alt, schon bei Juvenal gilt *rara avis* ‚seltener Vogel', und Luther hat *seltzam vogel* [Röhrich 2, 1114]. *Kommt ein Vogel geflogen* = Gerichtsvollzieher (w M-Hess.) – Lautf.: *Foochel, Fooel, Fuchel, Fuul, Fuuchel, Foul.*

Vogel(s)heu, Vögel(s)heu n. ‚Vogelwicke (Vicia cracca)' M-Hess. *Mer huu dis Johr so viel Fujelhaa wei long nit mih.* Häufig gilt auch *V(ö)gel(s)wicke* f., verstreut im Gesamtbereich.

vornehm, führnehm Adj., Adv. 1. Wie schspr. *Daes sei fiirnehme Leu.* Aber auch ‚fein wie Städter', ‚städtisch'. – 2. *vornehme Kleerer* ‚moderne Kleidung' im Gegensatz zur bäuerlichen Tracht. *Des Meedche hot sich imgekleed* ‚umgekleidet': *Se hot itz käi Trocht mih, se hot fiiernehme Kleerer.* – 3. *v. schwätze* ‚hochdeutsch sprechen'. *Die meesde Leu kinn hau* ‚heute' *nit nur Platt* ‚Mundart', *se kinn aach v. schwätze.*

Vorspann, Fürspann m., f. ‚die vor einen bespannten Wagen zur Unterstützung vorgespannten Zugtiere'. *Die Last waer so schwer, deß der Knaaχt ahm Stieχ* ‚Stich' (am steilen Fahrweg) *noch zwie Gäul als Fiierspann lange mußt.*

Vorteil m. 1. Wie schspr. ‚Vorteil', ‚Nutzen'. Jemand *ärwed* ‚arbeitet' *of sein V.* ‚ist auf seinen Vorteil bedacht'. – 2. ‚Vorrat' w und m M-Hess. – 3. ‚Geschick zu etwas' S-Hess., Rhein-Main, M-Hess., s N-Hess. *Vordel uf'n Aorwet håån* ‚Geschick für eine Arbeit haben'. *Da muß mer Vordeil drin hawe* (die richtigen Handgriffe... kennen) [F. Wb. 17, 3455]. *Mit em Vordeel* ‚einem Kunstgriff' *hebt man eine Geiß hinten herum. Bei dem geht's von de Schibb* ‚geht's voran', *der hott e riχdiχe Vordeel zum Schaffe.* – 4. *V. gewwe* ‚die Zugwaage eines schwächeren Zugtieres mit einer Kette hemmen, damit das Stärkere mehr ziehen muß' S-Hess.; in Rhein-Main und M-Hess. nur selten. – Lautf.: *Foedel, Fooedel, Fortel, Fååedaal, Firdel.*

Vorwitz m. 1. Wie schspr. ‚Vorwitz'. *Du best mit daim V. merschdedeels schneall bei der Haand.* – 2. Meist Dimin., n. als Bez. frühblühender Pflanzen (veraltend): a) ‚Schneeglöckchen (Galanthus nivalis)' verstreut in Rhein-Main, M-Hess., O-Hess., N-Hess., N-Dtsch. *Des Froijohr es do, iχ huu die easchde Vorwitzχen geseeh.* – b) ‚Maßliebchen (Bellis perennis)', also ‚Gänseblümchen' w M-Hess. – c) ‚Schlüsselblume (Primula veris)' S-Hess., w M-Hess. – d) ‚Buschwindröschen (Anemone nemorosa)' m M-Hess., N-Dtsch. – Lautf.: *Vää-wetz, Vierwitzchen, Feerwidsje, Vorwitzchen.* – Hierher auch *vorwitzig (fürwitzig)* Adj. ‚neugierig' S-Hess.; ‚übermütig', ‚vorlaut', ‚schnippisch' S-Hess., M-Hess. u. verstreut im übrigen Gebiet. *Der Kerl hot vellaχt e fierwitzig Maul. Seck* ‚sei' *nur net so värwitzig.*

W

Waage f. 1. wie schspr. ‚Gerät zum Wiegen'. *Däer hott aach off die Woo gedrickt* ‚hat zu seinen Gunsten (also ungerecht) gewogen', aber auch ‚hat ein gutes Gewicht'. – 2. Teil des

Ackerwagens: ‚das 1,5 m lange, an dem Vorderwagen angebrachte Holzstück, an dem die *Sielscheite*, die Zugvorrichtungen der Zugtiere, hängen' M-Hess.

Wach(h)ecke f., m. ‚Wacholder (Juniperus communis)' nw S-Hess., w Rhein-Main, w M-Hess. Im übrigen Gebiet gilt meist ↑ *Wachholder* (1). Im m M-Hess. wird (wurde) Wachholderbeerensaft als Heilmittel gegen unreines Blut verwandt; der Strauch wurde Mitte des 19. Jhd. statt des Weihnachtsbaumes gebraucht [R. Wb. 9, 161].

Wacholder m. 1. Wie schspr. ‚Wacholder (Juniperus communis)', vorherrschender Ausdruck im Gesamtgebiet; nur in nw S-Hess., w Rhein-Main und w M-Hess. gilt ↑ *Wachhecke*, im nö M-Hess. *Holler* (auch sonst vereinzelt). Der *W.* spielt eine Rolle in der Volksmedizin, so wird er, mit Tannen- und Fichtennadeln vermischt, zu Rheumabädern verwandt, seine Beeren zum Würzen des Weißkrautes, seine Zweige wurden früher ins Brautbett gelegt, wohl um Fruchtbarkeit zu erzeugen u. v. m. – *Geeselstiien* ‚Peitschenstiele' *mäχt mer gern aus W.* – 2. ‚Wacholderschnaps' verstreut im ges. Gebiet. – 3. ‚Holunder (Sambucus nigra)' M-Hess., O-Hess., s N-Hess. – Lautf.: *Wacholler, Wakholler, Weacholler.* – Etym.: < ahd. *wechalter* [Kluge/Mitzka, 828].

Wacht f. Wie schspr. ‚Wache' – 1. ‚Wachdienst, Tätigkeit des Wachens'. – *De Noachtwaiχder hott Wåchd vah ooweds zeh bis mojeds sechs. Eemeds die W. ohsaa* ‚ansagen' bedeutet ‚jm. ermahnen', ‚warnen'. *Dem honn ich die W. obgekündigt* ‚scharfe Bestimmungen gestellt'. – 2. ‚Wachende(r)', ‚Wachmannschaft'. *E waar em Kriech bei de W.* ‚hat Gefangene bewacht'. – 3. ‚Gefängnis', ‚Arrestlokal'. *Worde, eds kimsde ie de W.* droht man ungezogenen Kindern. *Se hoo'n en die W. gestobbd* ‚ins Gefängnis gesteckt'. – Lautf.: *Wåchd, Wacht, Woacht.*

wacker Adj. 1. ‚wach' n S-Hess.; N und O von Rhein-Main und M-Hess. Im w Rhein-Main und im w M-Hess. gilt ↑ *wackerig*, in der verbleibenden N-Hälfte schspr. *wach. Die ahle Leu wäen meest mit de Huinger* ‚Hühner' *wacker*, d. h. sehr früh. – 2. Wie schspr. ‚munter', ‚aufgeweckt', ‚lebhaft', auch ‚tapfer', ‚unbekümmert' u. ä. M-Hess. *E hält sich wacker* ‚tapfer'. – 3. ‚schön' (von Pflanzen, Geräten, aber auch von Menschen) N-Dtsch. (Korbach-Arolsen). *En wacker Mähken* ‚ein schönes Mädchen'. *Sik wacker machen* ‚sich besonders fein machen'.

wackerig Adj. 1. ‚wach' w Rhein-Main, w M-Hess. Öfter ist *w.* das alte, *wach* das neue Wort. *Wackeriχ mache* ‚wecken'. – 2. ‚munter', ‚schnell' w Rhein-Main, w M-Hess.

Wagen m. 1. Wie schspr.; bes. vom kleineren Acker- und dem größeren Erntewagen. Einem Betrunkenen *fährt man mit dem W. voll Heu (voll Friχt) aus'm Weg.* Einer *ist für den W. zu kurz und für den Karren zu lang* ‚einer taugt nicht viel', ‚paßt nicht in die vorliegenden Verhältnisse'. *Mer winn åbwådde* ‚wollen abwarten', *wäi de Waa leefd* ‚wie sich die Sache entwickelt'. *Die Gäul hinner'n Wa^{a}che spanne* ‚eine Sache verkehrt anfangen'. – 2. ‚kleiner Handwagen' O-Hess., N-Hess. und wohl öfter. – 3. ‚Zigeunerwagen' m M-Hess. *Däer es aus'm Waa gefann* ‚stammt aus ärmlichen Verhältnissen'. *Mer sih aus, als wäen* ‚wären' *mer aus'm Waa,* sagen Leute, die verschwitzt aus dem Felde kommen. – Lautf.: *Woche, Wohn, Wåå, Waa.*

Wagenbinder, Wagenspanner m. ‚autorisierte Person zum Be- und Entladen von Frachtwagen zwischen den Messen' nur in Frankf. [F. Wb. 17, 3465 f.].

Wagenbrummer ↑ Pagenfist.

Wagner m. ‚Handwerker, der Wagen usw. baut'. Vorherrschend im Gebiet; landsch. Syn.: *Stellmacher* n N-Hess., N-Dtsch.; *Rad(e)macher* im äußersten NO [Vwb. 4, 463 f.]. *Die Wänger hon die schlääχtste Wäng* ‚Wagen'.

wahre Adv. ‚nicht wahr' nw M-Hess. (Limburg-Biedenkopf). *Mer won* ‚waren' *ḍoch Parreschkameroade* ‚gleichaltrige Konfirmanden beim gleichen Pfarrer', *wårre? Worre, du gehst mit?* – Lautf.: *warre, wärre, wårre, worre.* – Etym.: vgl. Vwb.4, 466. ↑ *nicht.*

Walbern, Walpern ↑ Walpurgis.

Wald m. 1. wie schspr. Gilt im größten Teil des Gebiets; landsch. Syn.: *Hecke* nw M-Hess., ö N-Hess. (Sontra-Kassel); *Berg* w N-Dtsch. (Waldeck-Arolsen); *Holz* nö N-Dtsch. (Wolfhagen-Hofgeismar) [Vwb. 4, 469 und Kte. 20]. *Der Wald raucht* oder *kocht* ‚abends steigen aus ihm Nebelwolken auf'.

Em ääje W. jaache ‚jagen', d. h. ‚sich selbst Schaden zufügen'. – 2. Eigenname für den Westerwald. *Em Wald es es dreiviedel Johr Wender.* – 3. Dimin. ‚kleiner Wald'.

Waldbeere f. ‚Heidelbeere' w Rhein-Main, w M-Hess. *Wenn et kähn Wolbiern gett, dah(n) gerret* ‚gibt es' *aach käh(n) Douffeln* ‚Kartoffeln'. Andernorts *Heidelbeere,* ↑ *Schwarzebeere* u. a. – Lautf.: *Walber, Walbiir, -beer.*

Wäldchenstag m. 1. ‚das am Pfingstdienstag im Frankfurter Stadtwald gefeierte Volksfest' s Rhein-Main. *Es is doch alle Johr nur anmol Wällchestag* [F. Wb. 17, 3471]. Führt bis ins 18. Jhd. zurück. – 2. ‚alljährlich gefeiertes dörfliches Fest' m M-Hess. In Ossenheim wohl 250 Jahre alt, galt früher als Heiratsmarkt. – Lautf.: *Wäldchesdaag, Wällchestaach.*

Wälder m. 1. ‚Bewohner des Westerwalds' w M-Hess. Bekannter Wandergruß: *Hui Wäller* und seine Antwort: *Allemol!* – 2. ‚aus dem Westerwald stammend', ‚seine Eigenart zeigend'. *Wäller Rasse* oder *Vieh* ist eine Rinderrasse. *Das Wäller Haus* ist bekannt durch den Niederlaß, d. h. die Verlängerung des Hausdaches auf der Wetterseite [Vwb. 2, 464 und Abb. 52]. ↑ *Wald* 2.

Waldgras n., auch **Waldfutter** n. ‚im Wald meist mit der Sichel geschnittenes und in Säcken nach Hause gebrachtes Gras' w und m M-Hess. Dient(e) in Notzeiten – bes. den armen Leuten, den *Gaastebauen* ‚Ziegenbauern' – als Viehfutter: *Däi sai so orm, däi kinn ähre Gaasde nur mit Waaldgroas fouren.*

Waldmännchenstag m., **Waldmannstag** m., **Waldmännchen** n. ‚der Unheilstag 2. Januar' ö N-Hess. *Schlägelstag* u. ä. gilt im nö O-Hess. [Vwb. 4, 475 f. und Kte. 21]. Geht zurück auf den Volksglauben, der Tag gehöre dem Waldgespenst *Waldmännchen,* das jedem schade, der an diesem Tag in den Wald gehe. Vieles ist (war) an diesem Tag verboten: Die Bergleute fahren nicht ein, Kinder dürfen nicht rodeln, man darf keine Reise antreten u. v. m.

Walgerholz, Wälgerholz n. 1. ‚Rundholz zum Auswalzen von Teig' S-Hess., Rhein-Main, M-Hess., w O-Hess. Landsch. Syn.: *Mang(el)holz, Rollholz, Walger* u. a. *E Weljerholz ist eine Walze, um Nudeln auszurollen* [F. Wb. 17, 3472]. *Fiier* ‚vor' *Christdååg håt des Wäljerholz viel ze dou.* – 2. ‚breites, flaches

Holz zum Schlagen der Wäsche und des Flachses' O-Hess. – 3. übertr.: ‚dicke, schwerfällige Frau', auch ‚kurzer, dicker Mensch' M-Hess., in Frankf. ‚dicke, wulstige Finger': *Un Finger wie die Weljerhölzer* [F. Wb. 17, 3472]. – Lautf.: *Waljer-, Wäljer-, Weljer-, Welger-, Wälcher-*. ↑ *walgern.*

walgern, wälgern sw. V. 1. trans. a) ‚rollen', ‚wälzen', ‚etwas rollend vorwärtsbewegen' S-Hess., Rhein-Main, M-Hess. *Mer huu de dicke Stee weit gewäljet.* – b) ‚platt machen', ‚walzen' Rhein-Main, M-Hess., O-Hess., auch ‚Teig auswalzen' S-Hess., Rhein-Main, M-Hess., O-Hess., s N-Hess. *Am Sonnowed wed Kuche gebacke, do hott mai Modder viel zu wäljen* ‚Teig auszuwalzen' (↑ *Walgerholz*). – 2. refl. *sich w.* ‚sich drehend im Liegen bewegen', ‚sich auf dem Boden wälzen' Rhein-Main, M-Hess. *Mer maad* ‚meint', *däi häd sich gewäljet* ‚sie hätte sich im Dreck gewälzt'. *Wann sich der Raach of de Dächr wälχert, gitt's Regen.* – 3. intrans. ‚mit zahnlosem Mund kauen' M-Hess. – Lautf.: *wällgern, wäljen, waljern, wilχern.* – Etym.: < mhd. *walgen* ‚sich wälzen, rollen' u. ä. [Paul/Betz, 776].

walpurgern, walbern sw. V. ‚in der ↑ *Walpurgisnacht* (vom 30. 4. auf den 1. 5.) als Hexe mit anderen Hexen tanzen' M-Hess. *Se gitt walbern.*

Walpurgis ‚der 1. Mai' M-Hess. und wohl öfter, aber auch ‚der 30. April' m M-Hess. Noch weitverbr. Aberglaube, z. B.: *auf Walbern* treffen sich die Hexen zum Hexentanz. Von einer Frau aus dem sö M-Hess. wird berichtet, daß sie *of Walbern drei Kräize aon de Stalldähr macht on bei sech bespelt* ‚flüstert': *Alle bese Geister näus on alle gurre nenn.* Im ö M-Hess. arbeitet(e) man aus Angst vor Hexen vor dem *Tagläuten* nicht draußen u. v. m. – Bauernregeln: *Wann sich uff Walbern de Rawe* ‚Krähe' *noch nitt im Korn* ‚Roggen' *kann versticken, wird's nit laangg. Ärres* ‚ist es' *of Walbern kaalt on naß, de fellds* ‚füllt's' *dem Bur Schiere ön Faß* u. v. m. – Lautf.: *Walpern, Walbern, Walbere.* – Etym.: Der Name W. geht auf die Hl. Walpurga, die Base des Bonifatius, zurück. ↑ *Walpurgistag.*

Walpurgisnacht f. ‚die Nacht vom 30. April zum 1. Mai' Rhein-Main, M-Hess., O-Hess., N-Hess., N-Dtsch. *Än dr Wäberschnaocht danze d Hexe of Bese, on deh muß mr 3 Kräizer* ‚3 Kreuze' *on de Stalldährn mache.* Verbreitet gilt die W. als

Hexennacht, daher zahlreiche Brauchformen und Abwehrzauber, z. B.: man segnet seinen Besitz mit Weihwasser, man stellt Besen vor die Tür. Im ö O-Hess. steckt die Bäuerin oder eine ihrer erwachsenen Töchter zur Abwehr ↑ *Palmen* an die vier Ekken der Kornäcker. Wer sich im nö N-Dtsch. mit einem Kreuz, einer Egge oder einer Pflugschleife an einen Kreuzweg stellt, auf dem die Hexen zur W. tanzen, kann sie leicht identifizieren. Zu weiteren Formen des Aberglaubens vgl. Vwb. 4, 487 f. – Lautf.: *Walbernoocht, Walbersnacht, Walbeschnacht, Wolburgsnocht* [DWB 13, 1323 f.]. – Hierher auch *Walpurgistanz* ‚Tanz der Hexen in der W.' M-Hess. und wohl öfter. Schon im 16. Jhd. im s M-Hess. erwähnt.

Walpurgistag m. ‚der 1. Mai' S-Hess., Rhein-Main, M-Hess., O-Hess. Von Mitte April bis zum *Walberschdoag* dürfen (durften) in der Hohen Rhön die Schafe zur Weide auf die spät grünenden Wiesen der bergigen Abhänge getrieben werden. Viele Bauernregeln, z. B.: *En riche Walbeschdoag git'n arme Gehannsdoag* ‚Johannistag', d. h. frühes, reiches Wachstum wird durch Fröste wieder vernichtet. *Wan's of W. rahnd* ‚regnet', *dah weesds* ‚wächst es' *of em Schdaa* ‚Stein', d. h. dann wächst es sogar auf steinigen Böden, dann ist das Jahr fruchtbar.

wamschen sw. V. 1. ‚gierig', ‚hastig', ‚tüchtig essen', ‚unmäßig essen'. *He wamscht, als ob e åcht Dåå naut kritt hätt.* – 2. ‚prügeln', ‚verhauen'. *Sie hawwe sich schwer gewamscht* ‚verprügelt'. – 3. ‚etwas schnell und heftig an sich nehmen' ö Rhein-Main, O-Hess. Im größten Teil des Gebietes dafür ↑ *rappschen. Däer muß alles wamsche.* – Lautf.: *wamsken, wamsche(n), wampschen.* – Etym.: vgl. DWB 13, 1467 und Paul/ Betz, 777.

Wand[1] f. Wie schspr. Dazu viele Wndgen und Rdaa. *Hä guckt dorχ vier Wänge on durχ e decke Scherewand* ‚Scheide-, Trennwand': er sieht alles, auch: ist überklug. *Dås bleibt ean de fäer Wenn* ‚bleibt verschwiegen', ‚bleibt unter uns'. *Wenn mer den wirer* ‚gegen' *en Wand schmeißt, bläibte dron hänge* ‚der ist sehr schmutzig'. Warnung vor neugierigen Kindern und Erwachsenen: *De Wänge hon ö Ohrn:* Diese Wendung stammt nach Röhrich 2, 1122 aus der Zeit der Bartholomäusnacht;

Kath. v. Medici ließ Horchkanäle in die Wände des Louvre bauen, um Pläne ihrer Gegner abhorchen zu können. *De schwätzt mit der Wänn* ‚führt Selbstgespräche'.

Wand[2] m. ‚Tuch' nö N-Dtsch. (Hofgeismar). Feines Wollgewebe, das zur Herstellung des Fracks benutzt wurde.

wandern sw. V. Neben der schspr. Bed. gilt: 1. ‚den Dienst verlassen (von Dienstboten)' Rhein-Main, w und m M-Hess.; im O von Rhein-Main, N-Hess. u. N-Dtsch. und O-Hess. *scherzen. De Knaacht waanet; e gitt foh saier ahle Herrschaft fot.* –2. ‚nachtwandeln' ö M-Hess.; kleiner Teil des w O-Hess. und des s N-Hess. (Lauterbach-Gemünden) [Vwb. 2, 425 und Kte. 49). ↑ *nacht(s)wandeln. Heint hun ich die ganze Nacht gewahnert.* – 3. ‚spuken', auch substantiviert. Im größten Teil des Gebiets vorhanden. *Am Kreuzweg beim Wegweiser, da wannert's. Ich krieh so schon beinah des Nervezucke, von wege dem Wannern im Haus* [F. Wb. 17, 3477]. Einzelörtlich unterscheidet man zwischen *w.* und *spuken*: es *wandert* draußen, aber es *spukt* im Haus: *Beim ale Beerböhm* ‚Birnbaum' *wangert's, do gett zwesche ellwe on zwellwe e Jongfer remm, aber enn Scholz Häus salls gewäss de Naocht spucke* [Vwb. 4, 501]. Im nö N-Hess. wird das Steingut oder Tongefäß, aus dem der Tote zuletzt getrunken hat, zerschmettert, nachdem der Sarg aus dem Haus getragen ist: sonst *wandert* der Tote u. v. m. – Auch viele Belege in der Heimat- u. Mundartdichtung: z. B.: *Der Hannbast wanert, das ist ausgemacht, Sollt er dir wieder emal begegnen, tust du einfach den Arm in die Höh und sprichst: gelobt sei Jesus Christus in Ewigkeit, Amen! Darauf kann he net vom Fleck ...* [Vwb. 4, 502]. *Wann's dahmrig wärt, wann's dahmrig wärt, do schwätze se vo Wahnern* [Vwb. 4, 502]. – Lautf.: *wanern, wanen, wannere, wangern.*

Wälcher-, Weljerholz ↑ Walgerholz.

wann 1. Wie schspr., Adv.; selten statt *wann* auch *wenn.* a) zeitlich: fragend und als Einleitung eines Relativsatzes. *Wann willst de da komme?* und *Du kannst komme, wann de willst.* – b) bedingend ‚unter welchen Bedingungen': *E saar em* ‚sagt ihm' *wäi en wann.* – 2. Konjunktion ‚wenn': vorherrschend im Gebiet, nur nw Rhein-Main und w M-Hess. dafür *wenn.* Bedingend ‚unter der Voraussetzung, daß' u. ä., aber auch zeitlich ‚sooft', ‚sobald' u. a. *Bann (wann) dir's recht es, geww iχ's em.* Von einem, der das Gesicht verzieht: *Wann er iän e Debbe voll Melχ gugd, do werd se sauer. Wann där satt said* ‚Wenn ihr satt seid' u. v. m. [Vwb. 4, 505 f.].

Wase f. 1. ‚Tante'. Allg. verbr., doch veraltet; meist dafür ↑ *Tante. Ech hong vo meng Waos e paor Quetsche krächt.* – 2. ‚verheiratete ältere Frau (nicht verwandt)'. Verstreut über das Gebiet; vereinzelt auch ‚jede ältere Frau' (verheiratet und unverheiratet). Ebenfalls veraltet, heute weitgehend ausgestorben. *Die anner Woch kemmt die Nochbeschwoas werre zu öns stricke.* In M-Hess. und wohl darüber hinaus redet das Gesinde die Bäuerin mit *Wase,* den Bauern mit *Vetter* an. – Lautf.: *Waas, Woas, Wåås, Wäs.* – Etym.: md., nd. Nebenform zu *Base.* < mnd. *wase,* ahd. *wasa* ‚Vaterschwester' [Kluge/Mitzka, 841].

Wasem, Wasen, Wase m. 1. ‚Stück Rasen mit Erdschicht', meist rechteckig ausgestochen, z. T. auch ausgerissen. *En Wossem off die Ääje dou* ‚Stück Rasen zum Beschweren auf die Egge legen'. *Mer huu die Bach veleegt: viele Waosemsticker mußte mer dozou neme* (um die Böschung zu befestigen). – 2. ‚Grasfläche', ‚Rasenplatz'. Verstreut im Gebiet. *Däi huu mit naut ohgefange en hodiχ* ‚hurtig (bald)' *off'm groine Woassem e schienes Haus gebaut.* – Lautf.: *Wassem, Woasse, Wååsem, Wasen, Wääsem.* – Etym.: < mhd., mnd. *wase,* ahd. *waso* ‚Rasen'. Luther hat es nicht verwandt, es ist deshalb in der Hochsprache durch gleichbedeutendes ‚Rasen' verdrängt worden.

Watz m. 1. ‚unverschnittenes männliches Schwein'. Verbr. ↑ *Eber. Die Muck* ‚Mutterschwein' *es beim Watz gewest* ‚ist gedeckt worden'. Ironisch: *Der schleefd de Morje, bes der Watz kräht* ‚sehr lange'. Oder: *Wer Glick hott, dem ferkelt sealbst de Watz. Mer maaⁿd, daa woier* ‚würde' *en Wads geschnirre* ‚beschnitten': ärgerlicher Ausruf, wenn Menschen sich neugierig herzudrängen. *Däer es gefoired* ‚gefüttert' *wäi en W.* ‚ist sehr fett'. *Ich glaab, du bist vom W.* (noch stärker: *wilde W.) gebisse* ‚du bist nicht recht gescheit'. Drohung gegen Kinder: *De Watz langt* ‚holt' *dich.* Derb vom Beischlaf: *So deg* ‚oft' *wäi en Spatz en so lang wäi en Watz. Der wille* ‚wilde' *Watz es em Korn* sagen die Alten, wenn das Korn wogt. Bekannter Glokkenspruch aus Berfa im ehemaligen Kreis Ziegenhain (ö M-

Hess.): *Hätt mich net der Watz gefonge* ‚gefunden', *wer ich net nach Berf gekumme.* Die Erklärung gab der bekannte Schulrat Schwalm: In einem Krieg wurde die große Glocke von Berfa vergraben, um sie zu retten, und geriet in Vergessenheit, bis Schweine die Glocke an der Grenze zwischen Berfa und Elbenrode freibuddelten. Um die Besitzverhältnisse zu klären, spannte man einen blinden Schimmel vor einen Wagen mit der Glocke: das Pferd lief nach Berfa. – 2. ‚dicker Mann' verstreut im Gebiet, in dem *Watz* 1 gilt. Aber auch ‚große, starke Frau' verstreut in M-Hess. *En weller Watz* kann im m M-Hess. auch ein gut entwickeltes, ausgelassenes Mädchen sein, ohne üblen Nebensinn, ja geradezu zärtlich gemeint. Jedoch heute ausgestorben. – Etym.: Vom Verb *wetzen*, das häufig vom Eber gebraucht wird: **wetze* also ‚der die Zähne wetzt' [DWB 13, 2606].

Weck m. ‚Brötchen', früher meist nur das auf beiden Seiten keilförmige Weizenbrötchen, heute auch das runde Brötchen. *Brötchen* dringt gegen *W.* vor, nach WSAH Kte. 13 dominiert es heute n des Mains, im S-Hess. nicht. *Waig mit viel Bodder droff en e Stick Woschd eaß ich fiier mai Leewe gern. Dem raχe Mann geh die Ken weg wäi warme Weck* ‚sie heiraten schnell'. Begegnet man sich in kurzer Frist dreimal, so verspricht einer dem andern *e Weck* m M-Hess. *Hä eßt Weck mit de arme Leit, bann* ‚wann' *se kee Brot honn* (meist scherzh.: der ist genügsam). *Der bäckt Weck off d'(em) Lore* ‚Laden' (wo sie doch nur verkauft werden sollen; also: tut alles, um bewundert zu werden). *Däer muß aach de Weck immer zeescht* ‚zuerst' *esse* ‚das Angenehme zuerst tun'. *Däi kann aach kee W. meh esse* ‚stirbt bald'. In Frankf. ist *W.* ein länglich geformtes, brotartiges Gebäck aus Weizenmehl, größer als ein Brötchen. – Vereinzelt ist *W.* auch ‚Kuchen' O-Hess. Im w M-Hess. sind *Weckelχe* für Kinder bestimmte kleine Kuchen ohne Zucker und Aufstrich, und unter *dicke Wecke* versteht man hier ‚Kuchen in Langbrotform'. – Lautf.: *Weck, Waig, Weg, Wääck.* – Etym.: < mhd. *wecke* ‚Gebäck', mnd., mnl. *wegge* ‚Keil', ‚Weizenbrötchen'.

Wehmutter ↑ Amme.

Weih ↑ Habicht 1.

Weinkauf ↑ Miet(e)pfennig.

weise Frau ↑ Amme.

wenn ↑ wann 2.

Wiede ↑ Lendseil.

wiederkäuen, wiederrücken ↑ niederrucken.

Wiesbaum m. = ↑ *Heubaum. E hodd de W. nit fest gebonne, des Haa es vohm Waa geritschd.* – Etym.: unklar. Man hat volksetym. Zusammenhang mit *Wiese* erwogen. Jedoch ist wohl zu Recht Herkunft aus dem Slawischen vermutet worden.

Wimmel ↑ Fledermaus 2.

Windseil ↑ Lendseil.

Wocken ↑ Rocken.

Wurfschaufel ↑ Feg(e)mühle, ↑ Schaufel.

Wurst(e)suppe ↑ Metzelsuppe.

Z

Zahn m. Wie schspr. Dazu viele Wndgen., Rdaa. u. ä. *Die Zänn iwer't Brestche krieen* ‚über das Brüstchen kriegen', d. h. zahnende Kinder husten. *Schdombe Zieh kräje* ‚üble Erfahrungen machen', ‚enttäuscht werden'. Um kleine Kinder vom offenen Dorfbrunnen fernzuhalten, sagt man ihnen: *Ihr Kirn, git nit so noh bein Born, do sitzt en Mann drien, der hot en lange Zoh en wann er ach* ‚euch' *erwischt, doh zickt* ‚zieht' *er ach noch nean.* – *Wann dem Hond de Zee ausgefann sei, schennt er uf die Knoche:* schimpft er über Unerreichbares. *Wann ich dem sei Ohschläg* ‚Pläne' (oder *Gebabbel) hien* ‚höre', *krie ich lange Zih* ‚werde ich wütend'. *Eemets dorch die Zenn reißen (zihe):* über jemand reden. *Eχ läß mer owwer net aon de Zaohn fiehln:* ich kann mich wehren. Ähnlich: *jm. of de Zah foin* ‚fühlen': jem. auf seine Kenntnisse, Fähigkeiten prüfen. Seit etwa 1700 auch in der Hochsprache bekannt. Wohl nach dem

Zahnarzt, der durch Beklopfen der Zähne die kranke Stelle sucht [Vgl. Röhrich 2, 1169 f.]. *Von der Haand en de Zant läwe* ‚von der Hand in den Mund leben'. Aberglaube: *E Kend, was die Zeh oowe zeescht kritt, leebt nit lang. Die Zeh komme laχder* ‚leichter' *en wean nit faul,* wenn die ↑ *Gote* dem Kind beim Ostereierholen mit der Eispitze über das Kinn streicht. – *Ball Zeh, ball meh:* zahnt ein Kind frühzeitig, so gibt es bald ein weiteres Kind. – Lautf.: *Zah,* Pl. *Zih; Zoh,* Pl. *Zähne; Taan,* Pl. *Tääne; Zuh,* Pl. *Zih.*

Zahnschmerzen Pl. Wie schspr., Verbr. ↑ *Zahnweh. Zihschmeaze sai so schlemm wäi die Schwernut* ‚schwere Not'.

Zahnweh n. ‚Zahnschmerzen' Urspr. weit verbr.: S-Hess., Rhein-Main, w M-Hess., N-Hess., N-Dtsch., auch Teile von O-Hess. Sonst meist ↑ *Zahnschmerzen,* im s N-Hess. neben Z. [DWA 3]. Nach WSAH Kte. 119 ist Z. im N uns in der Mitte Hessens von *Zahnschmerzen* bis heute weiter zurückgedrängt worden, aber nicht ganz verschwunden. *Zahnweh, kaa Weh, aber Schatzel Abschied, daß dudt weh. Dau hoos kaa Zihweh meh* ‚bist längst tot', *wenn et* (das Haus) *isterzt.* Lokalspott: *Zahnweh un e Fraa vun Hallgarte* (ehem. Ort im Rheingau), *das sinn zwaa beese Iwwel.* – Lautf.: *Zihweh, Zehwih, Tahnweih.*

Zieche f. ‚Kissenbezug', auch ‚Bettüberzug', gel. auch Kissenbezug alleine, ohne daß klare landsch. Zuordnungen möglich sind. Gel. Unterscheidung in *Kissenzieche* und *Bettzieche,* Z. kann hin und wieder die ges. ‚Bettdecke' bezeichnen. Heute ist Z. nach WSAH Kte. 53 nicht mehr vorhanden: es gelten *(Bett)-Bezug* oder *Kissenbezug* (im ges. Gebiet) und *Überzug* (v. a. im S und in der M). *Aχ huu noch em Schdruhbett geschloofe, doo mußt die Zich deg gewäsche wean.* Tellerinschrift: *Meine Frau und ich schlafen unter einer Zich.* Aus der Heimatdichtung: „... Seine großen, abgezehrten Hände ... fuhren über die schwere, bauschig gestopfte Bettdecke, die in einer blaugewürfelten Ziche steckte, und gruben in quälender Langeweile Furchen und Dellen hinein." [H. Ruppel, Mannsvolk und Weibsleut, Melsungen 1922, S. 159 f.]. – 2. ‚Karierter Reisesack', auch ‚weiter Tragsack'. Um ihn von der *Kissenzieche* zu unterscheiden, heißt er öfter auch *Marktziech* o. ä. – Lautf.: *Zieche, Zich(e), Zig, Zeeche, Zieje.* – Etym.: < mlat. *theca* ‚Hülle,

Decke'; als Lehnwort aus dem Romanischen schon ahd. als *ziahha,* mhd. *zieche* vorhanden. Kein Zusammenhang mit *ziehen.*

Ziege f. Wie schspr. Die Trennungslinie zwischen Z. im N und ↑ *Geiß* im S an der n Grenze von M-Hess. und O-Hess. hat sich nach WSAH Kte. 77 bis heute nach dem S verlagert; schspr. gestütztes *Ziege* gilt neben überwiegendem *Geiß* auch schon in O-Hess. und in S-Hess. [DWA 5]. – *Zeje hot de Großbüre* ‚Großbauer' *mästens net.* Veralterter Kindervers, der beim Läuten der Glocken gesungen wurde: *Neun Zejen, ein Bock, gett* ‚gibt' *en ahlen Manns Rock. Gelüstern* oder *schnückisch* ‚wählerisch im Essen' *wie ne Zigge. Dat ös oon Zisch an ön Hond gehetst:* etwas Unausführbares beginnen. Derb: *De ahle Zäge lecke ö noch gerne Salz:* alte Frauen haben auch noch sexuelle Wünsche oder Heiratsabsichten. *He hett et innerlik wi'n Zegge* ‚ist heimtückisch', aber auch ‚hat ungeahnte Fähigkeiten'. *Hä stellt sik ahn wie ne nijefängesche Zieje* ‚ist sehr neugierig'. *Das es off deiner Zieje gererre* ‚geritten': da wird auf dich angespielt. *En ahle Z. freßt ok noch gern en grienes Blättje:* ein alter Mann verliebt sich auch noch gerne in ein junges Mädchen. *Die gescheitst Zieje machd als emool en Bock* ‚Fehler'. – Lautf.: *Zege, Zigge, Ziege, Zeje.* – Hierher ist wohl auch *Zicken* Pl. ‚unberechenbare Streiche, Albernheiten' zu stellen; bezieht sich wahrscheinlich auf die unberechenbaren Sprünge der Ziegen.

Zinnkraut ↑ Taubenrock(en).

Zissel m. Großes, drei Tage dauerndes sommerliches Volksfest in Kassel. Die ‚Neue Zeitung' berichtet am 5. 8. 49: „Früher war es das ‚Lichtfest' der Hunderttausend. In ... magischer Beleuchtung brannte die Fulda, als abends die lampiongeschmückten Boote ... in langer Kette den Fluß hinabglitten, Böllerschüsse krachten ... und eine undurchdringliche Menschenmasse die beiden Ufer der geliebten Fulle umsäumten ... ‚Zisseln' heißt ‚ausbreiten', ‚ausstreuen'. Auf den großen Bleichen an der Fulda ‚zisselten' seit altersher die Hausfrauen ihre Wäsche aus, und das sommerliche Fest, das Wäscherinnen, Schiffer und Angler unterhalb der Fuldabrücke begingen, entwickelte sich nach und nach zu dem berühmten ‚Kasseler Zissel', der dann von allen Sport-, Schwimm- und Rudervereisnen zum ersten Mal 1925 gefeiert wurde und an dem ganz Kassel teilnahm." – Auch heute noch ist der *Zissel* ein alle Kreise vereinigendes Volksfest. – Er wird am *Zisselbrunnen* eröffnet, man wählt eine *Zisselkönigin*, eine *Zisselprinzessin* und eine *Fullenixe* (Fuldanixe). Eine Rolle spielen auch die *Zisselgarde* und der *Zisselhäring*, den man als eine Art Maskottchen am Samstag am Rondell aufhängt und am Dienstag abhängt. Die in Kass. heute vorhandene *Zisselgilde* kümmert sich im einzelnen um Vorbereitung und Durchführung des Festes. ↑ *zisseln.*

zisseln sw. V. 1. ‚auseinanderstreuen', ‚ausschütteln', ‚schütteln'. Gras wird nach dem Mähen *gedsisseld*, damit es zu Heu trocknen kann. Das mit dem Dreschflegel ausgedroschene Getreide wird *gedsisselt*, damit verbliebene Körner auf die Tenne fallen. Aber auch: *Em Härbsd zissen mer die Äbbel (Quetsche u. a. Obst) voh de Beeme* ‚schütteln wir die nicht gepflückten Äpfel ... von den Bäumen'. Aufforderung an ungeschicktes Kind beim Heumachen: *zissel dot Gros not dorem! Em Wender werd des Haa* ‚Heu' *zoum Fouren* ‚Füttern' *vohm Haaburre gelangt en gedsesselt* ‚durch Schütteln von Staub gereinigt und gelockert'. Aber auch: *Oise Modder zisselt Zucker uff die Pannkuche.* Frau Holle *zisselt die Better.* Auch bildl. *Ich kann kaan Gäeld aus'm Irmel dsissin* ‚schütteln'. *En Glick, daß Ihr's net aus'm Ärmel zisselt* bed. auch ‚daß ihr nicht nur Glück habt'. *Wann mer de reife Halm zisselt, fann die Keaner raus:* eine langerwartete Situation ist da. – 2. ‚strafen', ‚tadeln' M-Hess. (veraltet). *Gott wed de Spötter noch zissen* ‚strafen'. – Etym.: *z.* ist zur germ. Wurzel **tis* ‚schütteln' zu stellen [vgl. DWB 15, 1650].

Zores m. 1. ‚Gesindel', ‚Pack', ‚gewöhnliches Volk' S-Hess., Rhein-Main, M-Hess. *En dem Neast (↑ Nest 4), do wohnt so Tsoores* ‚Lumpengesindel'. 1914 aus Frankf.: *Die Hauptwach werd reformiert un von allem Zores befreit, was druff un drum erum lääft* [F. Wb. 18, 3647]. – 2. ‚Last', ‚Mühe', ‚Umstände'. *Mach* oder *Hahl doch net so en Zoores* ‚mach doch nicht solche Umstände'. *Ich hawe miin Zores mit diin twain* ‚meine Last mit den zweien'. – 3. ‚Lärm', ‚Durcheinander', ‚Aufruhr', ‚Streit'. *Wås macht er dann für en Zores* ‚für einen Lärm'. – Hierher auch *zoresen* sw. V. ‚lärmen', ‚tollen', ‚zanken'. – Etym.: Bed. 1. wohl zu jidd. *zvir* ‚Geringer', ‚Niedriger', ‚Kleiner'; Bed. 2. u. 3. wohl zu jidd. *zaar* ‚Angst', ‚Not', ‚Bedrängnis' [Kluge/Mitzka, 891].

Zuber m. ‚hölzernes Waschgefäß', meist mit zwei Handgriffen zum Tragen. *Lang maol de Zaowwer rab, eχ well wäsche.* – Lautf.: *Zuuwer, Zowwer, Towwer.* – Etym.: zu ‚zwei' und ahd. *beran* ‚tragen', also ‚(ein Gefäß) zum Tragen für zwei Personen'. Gegensatz ist *Eimer*, das volksetym. an *ein* und *beran* angelehnt wurde (‚etwas zum Tragen für eine Person'), ursprünglich aber von lat. *amphora* ‚Gefäß mit Henkeln auf zwei Seiten' stammt.

Zunge f. 1. Wie schspr. bei Mensch und Tier. Dazu viel Rdaa. und Wndgen. *Ewwer de Zunge speie* ‚sich erbrechen'. *Däi am wingsde* ‚wenigsten' *em Kobb hoo, däi hoo am meesde off de Zong* ‚sind am geschwätzigsten'. *Eenem die Z. schååwe* ‚schaben' sagt man von jem., der am Essen kritisiert. *Das schmeckt, wäi wann mer die Z. zoum Fenster raus streckt:* schmeckt fade. *Des kannste bed der Dsunge dserdroige* ‚das braucht nicht gekaut zu werden'. *Jem. hår a fai Dsuingelχe* ‚ist ein Feinschmecker'. *Des laid mer of der Zung* ‚ich erinnere mich gleich daran'. *E spitze Z. håå* ‚verletzende Reden führen'. *Die Z. net erimbrånge* ‚herumbringen' *kunne* ‚schwerfällig reden'. *Uff de Z. brenne* ‚ein Geheimnis gern los sein mögen'. *Jem. die Z. ziehen* ‚jem. ein Geheimnis entlocken'. *Se es e bies Zong* ‚eine böse Frau'. *E biese Zong es schlemmer wäi e schårb Measser.* – 2. ‚Lederlasche am Schuh' verstreut. – Die vorherrschende Form (75 % der Belege) ist *Lasche* bzw. *Latsche*. Heute dominiert *Zunge* in S-Hess. [WSAH, Kte. 101] und wird auch im übrigen Gebiet häufiger gemeldet.

zweite Mahd, zweite Schur ↑ Grummet.

zwerch ↑ quer.

Mundartproben

In Hessen gab und gibt es nicht nur eine umfangreiche Dialektdichtung mit den verschiedensten Themenkreisen, sondern auch eine reichhaltige Gebrauchsprosa. Im folgenden legen wir Mundartproben unterschiedlicher textlicher Herkunft vor, die die einzelnen Sprachräume repräsentieren.

I.

Niederdeutsch

„De Wulf un de Baare" aus: Charlotte Oberfeld, Märchen des Waldecker Landes, Marburg 1970, S. 12ff.

Et woor emmool en wulf un en baare. De baare sägde fürr den wulf, off hei wüsste, buu stark dat menschkendeer wöör. De wulf gaaf en taur antwoord: ick weidet nitt; du kannstet öwwer emmool versäuken, ick weit, boo'er vill heerkummen. Joo, dat will ick dach emmool versäuken, ümm te sehn, buu stark de menschkendeere sinn. De wulf un de baare gengen erren gang vürrwerts, bitt tau den bestimmeden platz. Osse sei eewen wooren annekummen, sau kaam en kleine iunge dooheer. De baare frogde den wulf, off dat en menschkendeer vöör. Joo, gudder frünnd, datt is enner, öwwer dee is nach te kleine; looten gohn, un dau en nikks. Indess kaam en aller griiser mann dünn selftigen weeg gegohn. Doo frogde de baare den wulf widder, off dann datt en menschkendeer wöör. De wulf sägde, joo datt is enner gewest; dau em öwwer nikks. Sei gengen widder wieder; uppemmool kaam doo en jäger heer, dee hadde enne duwwelde flinte an den halse un en hirsfänger an siiner siide hangen. De baare froggde den wulf, off dann dat en menschkendeer wöör. Joo, datt is enner, sägde de wulf. Sau wie hei datt öwwer gesäggd hadde, sau ging miin leewe wulf wechen hinger eenen buschk; de baare ging öwwer upp den jäger laus, un osse hei ungefair noch verrtich schridde van en woor, sau schaut de jäger mit emm laupe laus, un drippet en grade in den balg; de baare stopped sick äwwer dat loch mit muss tau, un geit frischk upp den jäger widder laus. Doo schaut hei den tweiden laup laus, un droop en widder düchteg; öwwer de baare stoppede sick dat loch widder mit muss tau, un geng mit desto grötterer wuth upp'en laus. De jäger kriggde siinen hirsfänger herruut, un schlaug en tweimool doomidde uppen kopp, dat de baare geeren wiider leep. Osse hei nuu noh siinen frünnge kümmet, doo säged hei, dat de menschkendeere ganz wööste stark wöören; denn dee hadde doo en rohr, un dürr dat rohr blaus hei mii dikke errweten in den balg, dadd'et mii düchtig weih dött; und doo nauhm hei sick enne riwwe uuter siide, un schlaug mick düchtig doomidde upp den kopp, dadd' et blotte.

II.

Niederhessisch (Kassel)

„Hessijes iwwer de Hessen" von Axel Herwig. Aus: Rosemarie Schanze (Hg.), Kleine Bettlektüre für Leut, die e Hessisch Herz uff de Zung habbe, Bern/München/Wien o. J., S. 15 ff. – Dieses Gedicht des Kasseläner Lehrers betont die Eigenständigkeit Kassels und Niederhessens gegenüber dem Süden.

Minne Frau hodd mäh neilich 'en Buoch geschengged,
weil daß se alzemoh dohdrahne dengged,
daß ich mich for'n Schdigge Babbier henneseddse
um' minne Schnudde uff Kasselänisch weddse.

„Ganz Deutschland lacht", so heißt d'r Diddel,
doch hodd jeder Volksschdamm sinn eich'nes Gabiddel.
Von d'n Friesen im Nochden bis zu'n Bayern im Süden
hossd se alle minnanger uff 500 Sieden.

Ich war naddierlich vor allen versessen
uff das Gabiddel „Der Witz der Hessen".
20 Sieden lang wird doch alszus gebabbeld
um' von Franggfurd am Maa' ge-uzd ung geschrabbeld.

Doch honn ich gegaaged: Sinn die dam' mahulle?
Vong Kassel kim Wochd un' au' kinns von d'r Fulle?
Vom Suffreeschen nix um' vom Effesuß
um' von d'r Kubille midd Feez un Schduß?

Verfasser: Heinz Schenk. Doch mechd ich moh wissen,
honn se däme 'en Bladd ussem Addlas gerissen?
Hodd hä in d'r Schule dann nie nidd geläsen,
daß d'r Chattengau 's Schdammland von Hessen äß gewäsen?

Schdehd d'r Zwährener Durm ferleichde am Main?
Hodd Franggfurd gebaud 's erschde Dheader uß Schdein?
Hodd Papin sinn Schiffchen bie dänen konschdruierd
un d'r Heinrich Schütz uff d'r Zeil musezierd?

Joh, greizgemigge, was sall dann där Zerch?
Gigged d'r Herrgules uff dänen ähren Römerberch?
Gewäß, de Brieder Grimm sinn in Hanau geboren;
um' vom wäme honn se ähre Märchen bezohren?

Zu dänen ährer Sammlunge läächde d'n Keim
nidd irjend so 'm Wäschwibb uß Boggenheim;
diß weeren die richdijen Nassauer Bossen,
awer de Märchenfrau von Zwähren, die murren se uns lossen!

Weil daß me grade von Nassauern schwäddsen,
die kunn sich je gar nidd als Hessen inschäddsen,
weil daß ähre Härkunfd, die duhn se verdanggen
den Mischehen zwijjen Alemannen um' Franggen.

Mäh Nordhessen sinn for die so widd weggen
wie uff d'r Landkachde irjend so'm wisser Fleggen,
wo's dreivierdel Johr frierd un' en Vierdeljohr schnijjed
um' wo me kinnen Bembel voll Äbbelwoi grijjed.

Awer dohdervonne ab, ähre greeßde Blamaasche,
um' was de mich bringed am meisden in Raasche,
äß 'en Buoch, zu däme se sich homm vermessen,
midd dem Diddel „Deutschland, Deine Hessen!"

Diß sogenannde oberhessije Gebabbel
fiehrd sich uff, als weer d'r Griwwes d'r ganze Abbel.
Minnen Säjen honn se samd Abbel un Ei
midd ähren „Wie kann nur e Mensch net von Frankfurt sei'!"

Eins äß je moh glar: An dem ganzen Schlamassel
sim' mäh selwerd schuld, weil daß mäh hie vong Kassel
um' von däme, was mäh alle honn hie zu bieden,
vähle ze weenich erzählen den Lieden.

's werd Zidd, daß mäh ins Geschirre uns schmissen
un' d'n Grauschleier vom Schemmeseddchen wegrissen,
um' widd iwwer'n Herrgules nuß demmenschdrieren,
daß mäh uns for nix un' niemand scheenieren.

Zu lange hom' mäh uns bescheiden vergrorren,
midden Gnibbärschchen alszus bloß Hohrdeudsch geschbrorren.
For mich äß um' bliewed diß einzig Wohre
unse waschechde Kasseler Fullebriggenschbrohre!

Iwwerijjens hodd 'er Machdin Ludder geschrewwen,
wann nix anneres weer emme iwwrig geblewwen,
als uff Hessi'ch ze weddsen sinne Feder,
„dam' vor allen in d'r Mundard zwijjen Fulda un' Eder".

Ob Franggfurd un' Darmschdadd oder Kassel un' Zwähren,
diß mußde je nu au' moh geschbrorren wären.

III.

Osthessisch

„Der Döppegucker"von Berta Schütz. Zitiert nach: Buchenblätter, Unterhaltungsbeilage der Fuldaer Zeitung vom 5.8. 1928. – Eine Anekdote aus dem östlichen Osthessen, in der Hünfelder Mundart.

Nüscht stett em Mann schlömmer on, els immer so neuschierig zö senn, immer oll de Heimlichkeite der Frau uiszöschnüffle. Doß hat de Martha schu honnert moa für ihrn Mann gösaat. Der Lätzt doß war änner, där immer nät zöfriede war mit däm, boas der Düsch bracht.

Kom är Mittas ols schu om älf Uhr vom Acker, doa wars des äscht eh är de Güll uisschert, desse rin in de Kech ronn, der Däckel vom Soppedöpp lüft, öm joa zö sänn, boas de Martha kocht. Roch ämoa ö Sopp nät groad nooch Fleischbröh, doa verzoge schu des Gösecht on hat kei groß Iil (Eile) Mittas bein Düsch zö genn. Villmoa hat ihn de Martha schu beim Döckelslüfte erwoscht. Der Rührläffel war ihm au schu meh bee fönf moa om Bockel röm spaziert, on mit Räächt. Au hütt wier eß der Schosch in de Köch komme on hott des Soppedöpp öngersöcht. De Martha äwer hott ihn erwöscht. „Du Döppegucker, schämst Du dich nätt, doß dott joa kei Weib, göschwieg so enn göbilde Mann bee Du." Glöck hat der Schosch hütt, sonst wär ihm der Rührläffel om Bockel röm stolziert. Aer macht desse nuis kömmt. Bei sich däänkt är, doa moß ich hütt ömoa im Schaank de Döppe öngersöch, dänn es rücht nät nooch Fleisch.

Der Nochmittoag bee är vom Acker kömmt, hotte enn riesige Doascht. Ich moß wier moa üwern söße Raum (Rahm) geh, där dreink ich so himmelgänn. Bann mich doa äwer moa de Martha erwöscht, doa brücht ich hütt on monn nüscht meh zö schaffe. Beß jetzt hat's joa immer nooch sinne Uissag de Katz gödon. Im äscht bäste Döpp war auch gleich söße Raum drenn. Noach äm Schluck dappt's schu drusse. De Martha kom schu, är läßt des Döpp offe steh, wöscht sinn Boat ob on gett flüchtig. Sei hotts noch nät bömärkt. Bees nu düster wed, verspürt är noch ömoa Doscht on will des Raumdöpp nooch ö moa öngersöch. Jetzt eß enn günstige Moment, de Martha eß bei de Nochbersche. Aer hängt wier des Raumdöpp on Hals on nimmt enn düchtige Schluck.

„Noo, boos leid dänn in dem Raumdöpp?" Aer bißt off äbbes Hartes, dobei stricht ihm ols ä Seil öm der Boat röm. Des Lecht knipste on, öm de Sach äscht ömoa zö öngersöche. „Pfui Deufel, daß eß 'joa ö Muisluider!" In dee Dunkelheit hat ärse nät gösään. De Vertelstonn lang hotte ols göbroche, so hot är sich göekelt.

Vom Raumdöpp eß är in Zukunft ö wäck bleicht. Doß war ä göhörig Stroff göwäßt.

IV.

Mittelhessisch (um Marburg)

„Erinnerung" von Elfriede Staubitz-Hagemann. Aus: Dies., Mundart aus'm Grund, Marburg 1985, S. 36 ff.

Wann eich deinke
manchmol droh,

wäjs so wor dehem,
's wor doch mett
die schienste Zeit,
wäj merr wonn so klee.

Die Modder kocht do Klisercherssop
de Läffin stann dräen steif,
merr woste naud vo Pommes Fritt,
äen Sahne merrem Eis.

Äem Keller woar enn Stall gebaut,
der woar gestopt voll Vieh,
met Gääste, Schoof, met Sau
äen Genz, äen Heujer inner de Bieh.

Merr heulde Ächin ausem Waald,
dos gabb de schinsde Schrod,
die Modder feured Sau defoh,
merr harre woss beis Brud.

De Sonndogsermoid,
de Vodder däet die Pann
met Woscht äen Späck offen Härd.
Merr netzte aus de letzte Rest,
's wor alles gegässe,
's wor jedesmohl eh Fest.

Bei der Dande Lisbeth, woß woasch do soo schieh,
merr däre alle Doog zouwer gieh.
Enn Schubkänn hat'se, der woar schu aald,
vonne mußt eich mich droffsätze,
wanns ging äen de' Waald.

Offem Holzkästche sasse merr
se zwäd beim Härd,
doh lousse aus de Biwinn
deß Owedgebäd, eh Krestche Brud,
geschmurd met Fädd,
kaud eich debei, dann ging's
äens Bädd.
Innem Geubche owe,
doh stann deß Bädd,

doß woar schieh mell äen bräd,
die Dande loog dräenn
äen eich debei,
woß konnt off de Wäld
noch schiener seij?
Säij bäed enn Väescht, goor fromm
äen laag, hinnem Bädd do hing der Waadbehag.

Väjer Lenne feem Häusche stanne,
däj wonn so hug baal wäj die Tanne,
die Äst, däj guckte zum Fensterche näenn,
die Spatze, die Amseln, däj konnt merr doh häenn.

Äem Ehrn de Emer
met Wasser soo kaald,
merr hu drauß getronke, woß hu merr sich gelabt.
Se' äes eh Steck Keändhäd geblewe
vo mir, denn äen mein Gedanke
sei ich oftmols bei ihr.
die Keändhäd vergange, die Leu sei all fott,
die Lenne, die Amseln, ich hu naud mie gehott.

Nur die Erinnerung, däj bleibt merr bestieh,
wäj woar doch deheem
die Keändhäd soo schieh.

V.

Rhein-Main (Frankfurt)

„Der alte Bürgercapitain oder Die Entführung", 1. Auftritt, von Carl Malß. Aus: Rosemarie Schanze (Hg.), Kleine Bettlektüre für Leut, die e Hessisch Herz uff de Zung habbe, Bern/München/Wien o. J., S. 108 ff. – Ein Klassiker der Frankfurter Mundartdichtung aus dem vorigen Jahrhundert.

MILLER *(allein; er sitzt an einem Tisch und frühstückt; sein Gesicht ist von dem Brand her noch mit etwas Kohle beschmutzt).*

Des war emol widder e Brändche heint Nacht! Hots net gedauert bis drei Uhr de Morjend, so soll mich der lewendig Deiwel hole! – Es is awer kaan Spaß, wann mer so die ganz Nacht in de Klaader stickt, un sein geherig Nachtruh net hot. Ich hab grad de Katzejammer, als wann ich gestern noch so viel Stoffche gesoffe hätt, un is mer doch kaa Troppe Bier, geschweije Stoffche iwer die Zung komme. Wann ich gestern Owend des Restche Wein net mit perschwadiert hätt, so hätt mersch gar net aushalte kenne. Die Uffsicht ze hawe iwer so e Feuerschbrunst, des soll me seim Feind net winsche! – Awer do *(auf die Schnapsflasche deutend)* do steht wos – do kann sich der Mann dran erhole, wann er erschöpft is! Kognac, der is Herr! vorablich des Morjends. – Prost! *(trinkt)*. Was aam net so e Werfche den Mage fegt. – No noch aans; – *(trinkt)*. Awer Schwerhacke, er war kaa Klaanigkeit! Dem Schweinsberger sein Haus is rump und stump abgebrennt un e Stall. Wann sich awer die Berjerschaft net eso angelosse hätt, Gott solls wisse! so wär die halb Zeil abgebrennt. Alles hot seine Schuldigkeit getan *(er schlägt sich auf die Brust)*, sogar die Judde! Des dank en awer der Deiwel, des Osezeug is jo jetzt aach Borjer. Mer hot awer gesehn, wos e Spritz is, wann se uff dem rechte Fleck angebracht is. Vier Nachbarschhäuser sin dorchgebroche worn um Luft ze mache un de Schläuch die Passage zu öffne. Es is aach erschrecklich gerett worn. Ganze Kommoder un Spiegel sein dem Fenster enaus geworfe worn, un die Schiwerstaa sein in der Luft erum gefloge wie e Kett Hihner. Na! – wos awer der Musjé Weigenand getan hot, des geht iwer alle Mensche Meglichkeit. In die Flamme is er enein wie Worscht! Er hot sich awer aach bees bezahlt; wann mersch recht is, so hawe se'n gar haam getrage. – Do derfor hot er awer aach der Fra geheime Rätin Hinkelbach, dem reiche Herr geheime Rat Hinkelbach sei Fra, die Ehr gehatt des Lewe ze rette. – Do werd's aach e schee Douceur setze! Awer der Musjé Weigenand nemmts gewiß net, do getrau ich mich ze pariere, dann in dene Sticke is er e bissi e Schaude.

VI.

Südhessisch

„Iwwer hunnert schäine Sprichwärter". Aus: H. Müller, Alleweil rappelt's am Scheierdoor, Darmstadt 1980, S. 42f.

Gut gfriehstickt gedenkt aam de ganze Dag: gut geschlacht 's ganze Joahr: gut gheiert s' ganz Läwe.
E Fraa kann im Scherz mäihner vum Houf trage als de Bauer mit'm Heiwage roifahrn kann.
Glaab net alles, was de heerscht; sag net alles, was de denkscht; dou net alles, was de moogscht.
Der Hausfriede bleibt immer erhalte, wann der Mann dutt, was die Fraa will.
Im Woiglas ertrinke mäih Leit als im Meer.
Erzwungeni Lieb un oogemolte Backe sin net vun Dauer.
Wer owwe sitzt un läßt sich grieße, tritt oft die Unnerschte mit Fieße.
Unner Runzel find mer oft mäih Weisheit als unner glatte Backe.
Hoscht de ebbs, kriggscht de ebbs; hoscht de nix, kriggscht de nix.
Eme geschenkte Gaul guckt mer net ins Maul.
Es letschte Hemd hott kao Dasche.
E groußi Mischte ziert de Bauernhouf.
Wer net houch nuffkrawwelt, fällt net houch runner.
Die dummschte Bauern hawwe die dickschte Kadoffel.
Wo gehowwelt werd, falle Späi.
Wann e aldi Scheiern brennt, hilf kao Lösches.
Wann die Mais satt sin, schmeckt es Mehl bitter.
Klao un wacker baut aa en Acker.
Klaane Kinner, klaane Lascht; grouße Kinner, grouße Lascht.
Batt's nix, sou schad's nix.
En alde Baam kann mer net verplanze.
Wo Dauwe sin, fliege Dauwe hin.
Wann die Katz net dehaam is, danze die Mais uff em Disch rum.

En Vogel, der am Morje singt, frißt am Owend die Katz.
Gäih net zu doim Ferscht, wann de net geruffe werscht.
Dem aone soin Doud is dem annern soi Brout.
Zwaa kenne zur gleiche Zeit singe, awer net redde.
Wer Glick hott, dem kalbt sougar de Ochs.
Uff de annern ehr Kerwe kann mer gut Gäscht oilade.
Mer jagt die Katz zu speet vum Speck, wann er gfresse is.
Advokate un Wageräder soll mer gut schmeern.
Die klaone Diebe mer henke dutt, vor de grouße ziegt mer ab de Hut.
En junger Engel werd oft en alder Deiwel.
Wer noch owwe werft, dem falle die Scherwe uff de Kopp.
Die Fehler soiner Freunde soll mer kenne, awwer net nenne.
Falle is kao Schand – awwer lang liegebleiwe.
Klader mache Leit – Lumpe mache Lais.

Verzeichnis der Karten

Literaturangaben

Dingeldein, Heinrich J.: Hessische sprachliche Landesforschung. Geschichte und Ergebnisse. In: Sprache in Hessen. Hrsg. von Rosemarie Schanze. Gießen 1981 (Hessische Blätter für Volks- und Kulturforschung 11/12), S. 56–108.

Duden. Das große Wörterbuch der deutschen Sprache in sechs Bänden. Hrsg. und bearbeitet vom wissenschaftlichen Rat und den Mitarbeitern der Dudenredaktion unter Leitung von Günther Drosdowski. Mannheim, Wien, Zürich o. J. (1976–1981).

Frankfurter Wörterbuch. Aufgrund des von Joh. Joseph Oppen (1815–1894) und Hans Ludwig Rauh (1892–1945) gesammelten Materials herausgegeben [...] von Wolfgang Brückner. Bearbeitet von Rainer Alsheimer, Rosemarie Schanze, Hans-Otto Schembs. Frankfurt 1971 ff.

Friebertshäuser, Hans (Hrsg.): Dialektlexikographie. Berichte über Stand und Methoden deutscher Dialektwörterbücher. Festgabe für Luise Berthold zum 85. Geburtstag am 27. 1. 1976. Wiesbaden 1976 (Zeitschrift für Dialektologie und Linguistik. Beiheft N. F. 17).

Friebertshäuser, Hans: Die großlandschaftlichen Wörterbücher der deutschen Dialekte. Areale und lexikologische Beschreibung. In: Dialektologie. Ein Handbuch zur deutschen und allgemeinen Dialektforschung. Hrsg. von W. Besch, U. Knoop, W. Putschke, H. E. Wiegand. 2. Halbband. Berlin, New York 1983 (Handbücher zur Sprach- und Kommunikationswissenschaft. Band 1.2), S. 1283–1295.

Friebertshäuser, Hans: Das hessische Dialektbuch. Verlag C. H. Beck. München 1987.

Friebertshäuser, Hans (Hrsg.) unter Mitarbeit von Heinrich J. Dingeldein: Lexikographie der Dialekte. Beiträge zu Geschichte, Theorie und Praxis. Tübingen 1986 (Reihe Germanistische Linguistik 59).

Friebertshäuser, Hans und Dingeldein, Heinrich J.: Wortgeographie der städtischen Alltagssprache in Hessen. Graphisch-computative Bearbeitung: Harald Händler und Wolfgang Putschke. Tübingen 1988 (Hessische Sprachatlanten, Kleine Reihe. Band 1).

Friebertshäuser, Hans und Dingeldein, Heinrich J.: Hessischer Dialektzensus. Statistischer Atlas zum Sprachgebrauch. Hergestellt mit Softwaresystemen von Harald Händler und Wolfgang Putschke. Tübingen 1989. (Hessische Sprachatlanten, Kleine Reihe. Band 3).

Grimm, Jacob und Wilhelm: Deutsches Wörterbuch. Leipzig 1854–1960.

Handwörterbuch des deutschen Aberglaubens. Herausgegeben [...] von E. Hoffmann-Krayer unter Mitarbeit [...] von Hanns Bächthold-Stäubli. Berlin und Leipzig 1927 ff.

Hessen-Nassauisches Volkswörterbuch. Aus den für ein Hessen-Nassauisches Wörterbuch [...] von Ferdinand Wrede angelegten und verwalteten Sammlungen ausgewählt von Luise Berthold und [ab Band 4] Hans Friebertshäuser. Marburg 1927 ff.

Kluge, Friedrich: Etymologisches Wörterbuch der deutschen Sprache. Bearbeitet von Walther Mitzka. 21. Auflage. Berlin 1976.

Lexer, Matthias: Mittelhochdeutsches Handwörterbuch. Leipzig 1872–1878.

Paul, Hermann: Deutsches Wörterbuch. Bearbeitet von Werner Betz. 5. Auflage. Tübingen 1965.

Pfälzisches Wörterbuch. Begründet von E. Christmann. Bearbeitet von J. Kramer und [ab Band 4] R. Post. Wiesbaden 1965 ff.

Pfister, Hermann von: Mundartliche und stammheitliche Nachträge zu A. F. C. Vilmar's Idiotikon von Hessen [...]. Marburg 1886.

Pfister, Hermann von: Idiotikon von Hessen durch Vilmar und Pfister. Erstes Ergänzungsheft [...]. Marburg 1889.

Pfister, Hermann von: Idiotikon von Hessen durch Vilmar und Pfister. Zweites Ergänzungsheft [...]. Marburg. 1894.

Post, Rudolf: Die Mundart von Bad Salzschlirf. Einführung, Wörterbuch, Flur- und Hausnamen. Kaiserslautern 1985.

Rheinisches Wörterbuch. Bearbeitet und herausgegeben von J. Müller und [ab Band 7] H. Dittmaier. Bonn, Berlin 1928–1971.

Röhrich, Lutz: Lexikon der sprichwörtlichen Redensarten. 3. Auflage. Basel, München, Wien 1973.

Schanze, Rosemarie (Hrsg.): Sprache in Hessen. Gießen 1981. (Hessische Blätter für Volks- und Kulturforschung 11/12)

Schützeichel, Rudolf: Althochdeutsches Wörterbuch. 2. Auflage. Tübingen 1974.

Südhessisches Wörterbuch. Begründet von Friedrich Maurer. Nach den Vorarbeiten von Friedrich Maurer, Friedrich Stroh und Rudolf Mulch, bearbeitet von Rudolf Mulch und [ab Band 3] Roland Mulch. Marburg 1965 ff.

Thüringisches Wörterbuch. Aufgrund der von V. Michels begonnenen und H. Hucke fortgeführten Sammlungen bearbeitet unter Leitung von K. Spangenberg. Band 4: L–Q. Berlin o. J. Band 5: R–S. Berlin 1982.

Vilmar, A. F. C.: Idiotikon von Kurhessen. Marburg/Leipzig 1868.

Westerwäldisches Idiotikon, oder Sammlung der auf dem Westerwalde gebräuchlichen Idiotismen, mit etymologischen Anmerkungen und der Vergleichung anderer alten und neuen Germanischen Dialekte; von Karl Christian Ludwig Schmitt. Hadamar und Herborn 1800.

Wolf, Siegmund A.: Wörterbuch des Rotwelschen.. Mannheim o. J. (1956).

Wörterbuch der deutschen Gegenwartssprache. Herausgegeben von R. Klappenbach und W. Steinitz. Berlin 1964–1977.

Kleiner Wortatlas von Hessen (nördlich des Mains). Herausgegeben und bearbeitet von Hans Friebertshäuser und Heinrich J. Dingeldein. Tübingen (Hessische Sprachatlanten, Kleine Reihe. Band 4). Erscheint demnächst (1990).

Anzeigen

Kulturgeschichtliche Nachschlagewerke

Sprichwörterlexikon
Sprichwörter und sprichwörtliche Ausdrücke
aus deutschen Sammlungen vom 16. Jahrhundert
bis zur Gegenwart
Herausgegeben von Horst und Annelies Beyer.
34. Tausend. 1987.
712 Seiten mit 204 Holzschnitten. Leinen

Lateinische Rechtsregeln und Rechtssprichwörter
Zusammengestellt, übersetzt und erläutert von Detlef Liebs.
4., überarbeitete Auflage. 1986. 278 Seiten. Gebunden

Das Fest
Eine Kulturgeschichte von
der Antike bis zur Gegenwart.
Herausgegeben von Uwe Schultz
1988. 468 Seiten mit 34 Abbildungen. Gebunden

Heinrich Krauss und Eva Uthemann
Was Bilder erzählen
Die klassischen Geschichten aus Antike und Christentum
in der abendländischen Malerei
2., überarbeitete Auflage. 1988.
IX, 546 Seiten mit 88 Abbildungen. Leinen

Hansjörg Küster
Wo der Pfeffer wächst
Ein Lexikon zur Kulturgeschichte der Gewürze
1987. 318 Seiten mit 28 Abbildungen von Holzschnitten
aus dem „New Kreüterbuch" des Leonhart Fuchs.
Gebunden

Griechenland
Lexikon der historischen Stätten
Von den Anfängen bis zur Gegenwart
Herausgegeben von Siegfried Lauffer.
1989. 775 Seiten mit 14 Karten. Leinen.

Verlag C. H. Beck München